A VENDA DESAFIADORA

Matthew Dixon e Brent Adamson

A VENDA DESAFIADORA

Assumindo o controle da conversa com o cliente

TRADUÇÃO
Cristiana Serra

7ª *reimpressão*

Copyright © The Corporate Executive Board Company, 2011

Copyright das imagens de "Os benefícios de planejar o inesperado" © W.W. Grainger.
O Programa de Desenvolvimento de Desafiadores® e o Modelo Desafiador de Vendas®
são marcas registradas da The Corporate Executive Board Company.
O Método de Negociação de Venda Situacional (ssm™) é uma marca registrada do Bay Group
International, Inc.

A Portfolio-Penguin é uma divisão da Editora Schwarcz S.A.

*Grafia atualizada segundo o Acordo Ortográfico da Língua Portuguesa de 1990,
que entrou em vigor no Brasil em 2009.*

PORTFOLIO and the pictorial representation of the javelin thrower are trademarks of Penguin Group (USA) Inc.
and are used under license. PENGUIN is a trademark of Penguin Books Limited and is used under license.

TÍTULO ORIGINAL The Challenger Sale: Taking Control of the Customer Conversation
CAPA Thiago Lacaz
PROJETO GRÁFICO Mateus Valadares
PREPARAÇÃO Flavia Lago
ÍNDICE REMISSIVO Probo Poletti
REVISÃO Huendel Viana e Jane Pessoa

Dados Internacionais de Catalogação na Publicação (CIP)
(Câmara Brasileira do Livro, SP, Brasil)

Dixon, Matthew
A venda desafiadora : assumindo o controle da conversa com o cliente /
Matthew Dixon, Brent Adamson ; tradução Cristiana Serra. — 1ª ed. —
São Paulo : Portfolio-Penguin, 2013.
Título original: The Challenger Sale: Taking Control of the
Customer Conversation.

ISBN 978-85-63560-77-3

1. Administração de vendas 2. Clientes – Contatos
3. Clientes – Satisfação 4. Desempenho 5. Negociação 6. Vendas
7. Vendas e vendedores I. Adamson, Brent. II. Título.

13-06043   658.85

Índices para catálogo sistemático:
1. Estratégias em vendas : Administração de marketing 658.85
2. Negociação em vendas : Administração de marketing 658.85
3. Sucesso em vendas : Administração de marketing 658.85
4. Vendas e vendedores : Administração de marketing 658.85

Todos os direitos desta edição reservados à
EDITORA SCHWARCZ S.A.
Rua Bandeira Paulista, 702, cj. 32
04532-002 — São Paulo — SP
Telefone (11) 3707-3500
www.portfolio-penguin.com.br
atendimentoaoleitor@portfoliopenguin.com.br

*Aos membros do Corporate
Executive Board em todo o mundo,
que nos desafiam diariamente
a apresentar ideias dignas de seu
tempo e de sua atenção.*

SUMÁRIO

Prefácio, por Neil Rackham   9

Introdução. Um vislumbre surpreendente do futuro   19

1. A jornada evolutiva da venda de soluções   25
2. O Desafiador (Parte 1):
   Um novo modelo para o alto desempenho   35
3. O Desafiador (Parte 2):
   Exportando o modelo para a massa   53
4. Ensinando para diferenciar (Parte 1):
   A importância das ideias   70
5. Ensinando para diferenciar (Parte 2):
   Como construir um diálogo movido a ideias   94
6. Personalize para encontrar eco   135
7. Assuma o controle da venda   156
8. Os modelos de vendas Desafiador e Gerencial   181
9. Lições de implementação dos pioneiros   216

Posfácio. Um desafio para além da venda   237

Apêndice A: Guia de *coaching* do Desafiador (fragmento)   247

Apêndice B: Autodiagnóstico do estilo de venda   250

Apêndice C: Guia de contratação de Desafiadores:

perguntas essenciais a serem feitas na entrevista   253

Agradecimentos   259

Índice remissivo   267

PREFÁCIO

A HISTÓRIA DAS VENDAS VEM APRESENTANDO um progresso constante, interrompido aqui e ali por algumas inovações efetivas que mudaram por completo o rumo da profissão. Tais inovações, caracterizadas por uma maneira radicalmente nova de pensar e por aumentos vertiginosos nos resultados das vendas, ocorrem muito raramente. Só consigo me lembrar de três casos no último século. O primeiro teve início cerca de cem anos atrás, quando as companhias de seguros descobriram que podiam duplicar suas vendas mediante uma simples mudança de estratégia. Até essa primeira grande inovação, as apólices de seguros — assim como uma série de outros produtos, como móveis, artigos domésticos e bens de capital — eram vendidas por representantes que arregimentavam os clientes e passavam a visitá-los um por um, toda semana, a fim de coletar prêmios ou receber o pagamento das prestações. Depois de vender para uma centena de pessoas, o profissional via-se ocupado demais recolhendo pagamentos semanais para conseguir efetuar novas vendas. Foi então que algum gênio anônimo teve a ideia que se desdobraria no que hoje conhecemos como o modelo de caçadores e fazendeiros. Suponhamos que, em vez de uma mesma pessoa vender a apólice e coletar os prêmios, as duas funções fossem separadas. Haveria os *produtores*, responsáveis apenas pela venda, apoiados pelos menos experientes — e, portanto, mais baratos — *cobradores*, que iriam em seu encalço, cuidando dos clientes já existentes e recolhendo os prêmios semanais. O novo esquema obteve um sucesso estrondoso, mudando a face da indústria de seguros do dia para a noite. O conceito logo se difundiu para outras indústrias, e pela primeira vez a venda tornou-se uma função *per se*, livre do fardo da cobrança.

A segunda inovação

Se não se sabe exatamente quando as categorias de produtores e cobradores foram separadas pela primeira vez, é possível ser bastante específico quanto à data da segunda grande inovação, ocorrida em julho de 1925, quando Edward K. Strong publicou *The Psychology of Selling* [A psicologia das vendas]. Essa obra seminal introduziu a noção de técnicas de vendas, tais como características e benefícios, tratamento de objeções, fechamento e, talvez o mais importante, perguntas abertas e fechadas — revelando a possibilidade de os vendedores aprenderem certas coisas capazes de aumentar sua eficácia, dando origem à indústria de treinamento em vendas.

Olhando em retrospecto, a partir de nossa sofisticada perspectiva atual, muito do que Strong escreveu pode soar deselegante e simplista. Ainda assim, ele e seus discípulos mudariam a história das vendas para sempre. Talvez sua contribuição mais importante tenha sido a ideia de que as vendas não envolvem uma habilidade inata, mas uma série de competências que podem ser identificadas e aprendidas. Em 1925, uma ideia realmente inovadora abriu o campo das vendas para um número muito maior de pessoas e, segundo boatos da época, promoveu um aumento vertiginoso na eficácia das vendas.

A terceira inovação

A terceira grande inovação ocorreu nos anos 1970 quando os pesquisadores começaram a se interessar pela possibilidade de que as

PREFÁCIO

técnicas e competências aplicáveis às pequenas vendas talvez fossem completamente distintas daquelas que funcionavam em operações mais complexas e de maior porte. Tive a sorte de fazer parte dessa revolução. Na década de 1970, comandei um gigantesco projeto de pesquisa, que monitorou 10 mil representantes comerciais em 23 países. Acompanhamos os profissionais em mais de 35 mil visitas de vendas e analisamos o que fazia de algumas delas mais bem-sucedidas que outras em operações complexas. Com base nesse projeto de doze anos, publicamos diversos livros, sendo o primeiro deles *Alcançando excelência em vendas*. Foi o princípio do que hoje conhecemos como a era das vendas consultivas — um momento revolucionário, pois introduziu modelos mais sofisticados de venda de serviços e produtos complexos e, assim como as inovações anteriores, fomentou ganhos significativos na produtividade dos vendedores.

Os últimos trinta anos foram marcados por um sem-número de pequenos aprimoramentos no setor, mas não foram muitas as inovações que poderíamos chamar de revolucionárias. Sim, assistimos ao advento da automação, do processo de vendas e da gestão de relacionamento com o cliente. A tecnologia vem desempenhando um papel cada vez mais significativo nesse campo; graças à internet, as vendas transacionais também sofreram mudanças significativas. Todas essas transformações, porém, foram apenas quantitativas, em geral com ganhos de produtividade questionáveis, e a meu ver nenhuma delas se qualifica como uma inovação autêntica, que tenha introduzido uma maneira diferente e mais eficaz de vender.

A revolução das compras

Curiosamente houve uma revolução no outro extremo da interação de vendas: o processo de compras, que sofreu uma profunda transformação. De setor sem maiores perspectivas na década de 1980 — no qual quem não conseguisse uma promoção para o RH via sua carreira estagnar —, emergiu como força estratégica vibrante. De posse de métodos poderosos, tais como estratégias de segmentação de fornecedores e sofisticados modelos de gestão da cadeia de abastecimento, o surgimento das novas compras veio exigir mudanças fundamentais no pensamento dos vendedores.

Esperei para ver como o universo das vendas iria reagir à transformação do processo de compras. Se havia um momento oportuno para a próxima inovação, tinha de ser em resposta à revolução das compras. Entretanto, não se verificou nenhum movimento de destaque no horizonte. Era como esperar o próximo e inevitável terremoto. Você sabe que ele se dará algum dia, mas não tem como prever quando — apenas pressente que ele virá, que algo está para acontecer.

A quarta inovação?

É o que me traz a este *A venda desafiadora* e ao trabalho do Conselho Executivo de Vendas (SEC, na sigla em inglês). É ainda cedo demais para saber se essa é a inovação que estávamos esperando: só o tempo dirá. Em princípio, sua pesquisa apresenta todos os sinais de que pode ser revolucionária. Em primeiro lugar, como os exemplos citados, ela vai de encontro à sabedoria convencional. Porém, é preciso mais que isso; afinal, muitas ideias transgridem o pensamento estabelecido. O que faz com que essa seja diferente é o fato de que, como no caso das outras inovações, quando os gestores de vendas a compreendem, dizem: "Claro! É contraintuitivo, mas faz sentido. Como não pensei nisso antes?". A lógica que você vai encontrar em *A venda desafiadora* leva à conclusão inescapável de que estamos diante de uma maneira de pensar muito peculiar, e que ela funciona.

Não vou estragar a história dos autores revelando detalhes ou o argumento. É você quem deve ler. Mas vou explicar por que acredito que a pesquisa aqui apresentada constitui o mais importante avanço em vendas em muitos anos, o que talvez até justifique o raro e cobiçado rótulo de "revolução em vendas".

PREFÁCIO

UMA PESQUISA DE ALTA QUALIDADE

A pesquisa é consistente — e, acredite, não digo isso à toa. Boa parte das assim chamadas pesquisas em vendas apresentam rombos metodológicos tão grandes que um avião os atravessaria. Vivemos em um tempo em que qualquer consultor ou escritor acena com uma "pesquisa" para comprovar a eficácia daquilo que está vendendo. Pesquisas já foram um meio seguro de conquistar credibilidade; atualmente, cada vez mais constituem uma maneira certa de perdê-la. Muito acertadamente, os clientes vêm se tornando cínicos com relação às alegações mascaradas sob o título de "pesquisa", tais como "nossas pesquisas indicam que as vendas dobraram após a utilização do nosso programa de treinamento", ou "descobrimos, em nossas pesquisas, que quando os representantes aplicam nosso modelo de sete estilos de compra aos seus clientes, a satisfação destes aumenta 72%". Afirmações desse gênero, impossíveis de comprovar, desgastam a credibilidade das pesquisas legítimas.

Eu estava em um congresso na Austrália quando ouvi falar pela primeira vez que o SEC tinha em mãos dados surpreendentes, frutos de uma nova pesquisa sobre eficácia em vendas. Devo admitir que, por mais que eu respeitasse o SEC e seu belo histórico de consistência metodológica, eu já havia me deparado com pesquisas de má qualidade em número suficiente para partir da premissa de que aquela seria apenas mais uma decepção. De volta ao meu escritório, na Virgínia, convidei a equipe de pesquisadores para passar um dia comigo e esmiuçar seus procedimentos. Tinha certeza de que encontraria falhas graves em seu estudo. Dois aspectos em especial me preocupavam:

1. *A divisão dos vendedores em cinco categorias.* A pesquisa classificava os representantes comerciais em cinco perfis distintos:

Empenhado;
Desafiador;
Construtor de relacionamentos;
Lobo solitário;
Solucionador reativo de problemas.

Tal divisão me parecia ingênua e arbitrária. Qual era, indaguei à equipe, a justificativa dessas cinco categorias? Por que não sete? Ou dez? Eles me mostraram que não se trata de conceitos inventados, mas dos resultados de uma análise estatística sofisticada, a partir de um grande volume de dados. Ademais, compreenderam, ao contrário de muitos pesquisadores, que suas cinco classes não constituíam tipos rígidos de personalidade, apenas indicavam tendências comportamentais. Fiquei satisfeito por passarem em meu primeiro teste.

2. *A armadilha do alto versus baixo desempenho.* Uma ampla parcela dos estudos sobre eficácia em vendas compara os representantes de alto desempenho aos de baixo desempenho. A princípio, em minhas próprias investigações, caí nessa mesma armadilha. O resultado foi um amplo aprendizado sobre baixo desempenho. Quando pedimos às pessoas para comparar seus ídolos com aqueles que consideram um fracasso, constatamos que os perdedores são dissecados com precisão cirúrgica, ao passo que é dificílimo, se não impossível, apontar exatamente o que faz os ídolos se destacarem. Logo percebi que eu tinha em mãos uma minuciosa descrição dos fatores que levam ao mau desempenho, e nada muito além daquilo. Para que minha pesquisa adquirisse qualquer significado, precisaria comparar os profissionais de melhor desempenho com aqueles de nível médio. Foi reconfortante saber que a pesquisa do sec havia adotado exatamente a mesma abordagem.

A PESQUISA SE BASEIA EM UMA AMOSTRA IMPRESSIONANTE

A maioria das pesquisas em vendas baseia-se em amostras pequenas, compostas por cinquenta a oitenta participantes de apenas três ou quatro empresas. É mais difícil, e significativamente mais caro, realizar estudos de maior escala. Em meus estudos, usei amostras de mil ou mais elementos, não por mero amor a megaestudos, mas porque — em vista do ruído inerente aos dados derivados de vendas reais —, se quiséssemos extrair conclusões estatisticamente significativas, não nos restava outra opção. A amostra inicial da pesquisa do sec contava com setecentos integrantes, chegando depois a 6 mil — um número impressionante, segundo qualquer critério. O que impressiona ainda mais é o fato de noventa empresas terem participado da pesquisa. Com uma amostra tão ampla, podemos eliminar muitos dos fatores que costumam impedir que os resultados dos estudos sejam generalizados para o campo das vendas como um todo. As conclusões do sec não se referem a uma organização particular nem de uma indústria específica, mas são aplicáveis a todo o espectro de vendas, o que é muito importante.

OS RESULTADOS FORAM INESPERADOS

Tendo a desconfiar de pesquisas que encontram exatamente aquilo que buscavam. Os pesquisadores, como todo mundo, têm seus próprios preconceitos e ideias preconcebidas. Se sabem o que estão procurando, é certo que vão encontrar. Foi com grande satisfação que eu soube que os próprios autores do estudo ficaram atônitos ao perceber que seus resultados eram quase o oposto daquilo que esperavam — um sinal muito saudável e, com frequência, característico de pesquisas significativas. Recordemos, então, os cinco perfis:

Empenhado;
Desafiador;
Construtor de relacionamentos;
Lobo solitário;
Solucionador reativo de problemas.

A maioria dos executivos de vendas, se obrigada a escolher apenas um deles para compor sua equipe, optaria pelo Construtor de relacionamentos — e era exatamente o que os pesquisadores esperavam encontrar. Mas não. A pesquisa revelou que os Construtores de relacionamentos dificilmente apresentavam o melhor desempenho. Em contrapartida, foram os Desafiadores, difíceis de gerenciar e assertivos em sua relação tanto com os clientes quanto com seus próprios gerentes, que sobressaíram. Como você verá ao longo do livro, os Desafiadores venceram não por pouco, mas de longe — e a margem mostrou-se ainda maior nas vendas complexas.

O declínio das vendas baseadas em relacionamentos

Como explicar essas conclusões contraintuitivas? Neste livro, Matt Dixon e Brent Adamson defendem uma tese muito convincente, e acrescento aqui minha própria e modesta contribuição. A sabedoria convencional há muito defende que as vendas estão intimamente ligadas aos relacionamentos — dos quais, no caso das vendas complexas, o sucesso dependeria por completo. No entanto, ao longo dos últimos dez anos, certos indícios perturbadores vêm sugerindo que as vendas baseadas em relacionamentos estão perdendo a eficácia. Minhas próprias investigações acerca do que os clientes valorizam nos vendedores seriam um bom exemplo. Quando perguntamos a 1100 clientes o que para eles era importante em representantes comerciais, ficamos surpresos com o pequeno número de vezes que os relacionamentos foram citados. Ao que parece, a velha máxima que diz "primeiro invista no relacionamento, e a venda será uma consequência" está perdendo a validade. Não que os relacionamentos não tenham importância; acredito que a melhor explicação seja que o relacionamento e a decisão de compra se dissociaram. Hoje, é comum ouvirmos dos clientes "tenho um relacionamento ótimo com este representante comercial, mas compro do concorrente porque ele me oferece um valor melhor". Pessoalmente, creio que o relacionamento com o cliente é consequência, não causa, da venda bem-sucedida; constitui uma recompensa para o vendedor, por criar valor para o cliente. Se você ajuda seus clientes a pensar de outra maneira e lhes apresenta novas ideias — exatamente o que faz o representante Desafiador —, vai construir um bom relacionamento com o cliente.

O desafio do desafio

Este livro gira em torno da evidente superioridade dos Desafiadores em termos de impacto sobre os clientes e, portanto, nos resultados das vendas. Muita gente se assombra com tal descoberta — e imagino que alguns dos leitores terão a mesma reação. Contudo, por mais que

PREFÁCIO

a articulação da ideia do Desafiador seja novidade, sempre tivemos os indícios bem diante de nossos olhos. As pesquisas em geral mostram que os clientes dão maior valor aos representantes comerciais que os fazem pensar, que encontram maneiras criativas e inovadoras de contribuir em seus negócios. Nos últimos anos, a clientela vem solicitando maior aprofundamento e conhecimentos mais especializados. Esperam que os vendedores os ensinem, mostrando-lhes aquilo que ainda não sabem. Essas são as competências essenciais dos Desafiadores — as competências do futuro, e qualquer força de vendas que decidir ignorar a mensagem deste livro deverá fazê-lo por sua conta e risco.

Ao longo de toda minha carreira, tenho me dedicado à inovação na área de vendas. Sendo assim, não alimento a expectativa de que a publicação desta importante pesquisa vá acarretar uma revolução instantânea; afinal, toda mudança é lenta e dolorosa. Entretanto, tenho certeza de uma coisa: algumas empresas vão tomar as conclusões aqui expostas e implementá-las bem. Obterão ganhos imensos e uma considerável vantagem competitiva, por terem incorporado o desafio à sua força de vendas. Como revela a pesquisa do SEC, vivemos num tempo em que a mera inovação nos produtos não constitui garantia de êxito corporativo. O modo como se vende tornou-se mais importante do que aquilo que se vende. A eficácia da equipe de vendas constitui uma vantagem competitiva mais sustentável do que uma bela linha de produtos. Este livro oferece um referencial bem articulado para a estruturação de uma força de vendas campeã. Meu conselho é: leia, reflita, implemente. Você e sua empresa vão gostar do resultado.

NEIL RACKHAM
Autor de *Alcançando excelência
em vendas: Spin Selling*

Introdução
Um vislumbre surpreendente do futuro

NO INESQUECÍVEL INÍCIO DE 2009, quando a economia global despencou, os gestores de vendas B2B (*business-to-business*) de todo o mundo se depararam com um problema de dimensões épicas, e um mistério ainda maior.

Os clientes desapareceram de uma hora para outra. O comércio estava estagnado. O crédito entrou em colapso e o dinheiro em caixa praticamente evaporou. Foi um momento difícil para todos os que atuavam no meio empresarial — mas, para os gestores de vendas, foi o mais absoluto pesadelo. Imagine ter de acordar todas as manhãs, arregimentar suas tropas e enviá-las para uma batalha em que não tinham a menor possibilidade de vencer. Identificar oportunidades onde não havia nada para encontrar. É verdade que toda venda é sempre uma batalha — a conquista de um território, mesmo em face das maiores resistências. Dessa vez, contudo, era diferente. Uma coisa é vender para clientes relutantes, às vezes, até nervosos. Outra, completamente distinta, é não ter para quem vender. Era esse o caso daqueles primeiros meses de 2009.

Justamente aí, porém, estava o mistério. Apesar dos dentes arreganhados do mais hostil ambiente para vendas em décadas, se não de todos os tempos, alguns representantes comerciais — em número restrito, mas munidos de um talento sem igual — estavam conseguindo vender. De fato, estavam vendendo aos montes. Enquanto outros se digladiavam para assinar até o mais humilde dos contratos, esses profissionais fechavam vendas que seriam inimagináveis mesmo numa economia em expansão. Pessoas de sorte? Tinham nascido com uma boa estrela? E, mais importante, seria possível capturar essa magia, engarrafá-la e exportá-la para seus colegas? Para muitas empresas, sua própria sobrevivência dependia da resposta.

Foi nesse contexto que o SEC — programa do Corporate Executive Board [Corporação do Conselho Executivo] — lançou aquele que se tornaria um dos mais significativos estudos sobre a produtividade dos representantes comerciais em décadas. Fomos incumbidos pelos membros do SEC — gestores de vendas das maiores e mais conhecidas empresas do mundo — de identificar o que exatamente distinguia esse grupo tão especial de profissionais. Agora, tendo nos debruçado exaustivamente sobre essa questão durante a maior parte de quatro anos inteiros, cobrindo dezenas de empresas e milhares de representantes comerciais, chegamos a três conclusões cruciais que, na prática, vieram reescrever os manuais de vendas e levar os executivos de vendas B2B de todo o mundo a uma revisão total de sua maneira de vender.

Nossa primeira descoberta foi algo que a princípio nem mesmo estávamos procurando. Ao que parece, todos os representantes comerciais B2B do planeta se enquadram em um de cinco perfis específicos, os quais correspondem a determinados conjuntos de competências e comportamentos que basicamente definem seu modo de interagir com os clientes. É uma constatação interessante e, assim que cada um desses perfis for apresentado, você poderá se identificar e reconhecer seus colegas. Essas cinco categorias constituem uma maneira incrivelmente prática de dividir o mundo em um conjunto gerenciável de técnicas alternativas de vendas.

Dito isso, a rigor, a segunda descoberta é o que vira tudo de pernas para o ar. Ao contrapor cada um desses perfis com seu desempenho efetivo em vendas, constata-se que há um vencedor e um perdedor muito evidentes: os resultados de um deles superam de maneira espetacular os outros quatro, ao passo que o outro fica dramaticamente para trás. Todavia, há nessa observação algo bem perturbador. Ao apresentá-la a gestores de vendas, encontramos, inúmeras vezes, a mesma reação de assombro — pois descobrem que apostaram todas as fichas no perfil com menos chances de ganhar. Só essa constatação já bastou para jogar por terra as concepções de muitos gestores acerca do tipo de profissional necessário para sobreviver e prosperar em condições econômicas hostis.

Isso nos leva à terceira e última conclusão central deste trabalho — sem dúvida, a mais explosiva de todas. Ao nos aprofundarmos na análise dos dados, deparamos com um fato ainda mais surpreendente. Embora nossa proposta ao iniciar nossa investigação quatro anos antes, em plena recessão, fosse identificar a fórmula do representante de vendas bem-sucedido, todos os dados apontaram para algo muito mais substancial. O perfil com maiores chances de êxito não alcançava o sucesso devido à economia em baixa, mas independente dela. Esses profissionais deviam seus bons resultados ao conhecimento e domínio que tinham das vendas complexas e não de uma economia complexa. Em outras palavras, uma vez desvendado o mistério de seu desempenho em uma economia em queda, descobrimos algo muito maior do que havíamos esperado. Os melhores representantes de vendas — aqueles que carregaram suas respectivas empresas nas costas durante a crise — não são apenas os heróis de hoje, mas também os de amanhã, na medida em que são mais capazes de alavancar as vendas e agregar valor para os clientes em ambientes econômicos de todos os tipos. O que descobrimos, em última instância, foi uma receita muito aprimorada para o êxito dos vendedores de soluções.

Demos a esses profissionais o nome de Desafiadores. Esta é a história deles.

A venda desafiadora

1
A jornada evolutiva
da venda de soluções

NO COMEÇO DE 2009, a equipe do SEC se propôs a encontrar uma resposta para a pergunta mais premente dos gestores de vendas naquela época: como vender em meio à pior crise econômica em décadas?

Era uma interrogação cercada, naturalmente, de um profundo senso de urgência e preocupação — e até medo — mas também de um verdadeiro mistério. Em um contexto em que as vendas B2B estavam praticamente estagnadas, para surpresa dos executivos de vendas certos representantes comerciais continuavam fechando acordos típicos dos melhores tempos, o que não fazia o menor sentido em uma situação tão grave. O que estariam fazendo de diferente? Como continuavam vendendo bem enquanto os demais praticamente não vendiam mais nada?

Ao nos debruçarmos sobre essa questão, fizemos uma descoberta surpreendente. O que fazia a diferença, no caso desses profissionais que se destacavam, não era tanto sua capacidade de vender em plena recessão, mas seu domínio das assim chamadas vendas complexas — que implicam em um ônus considerável, tanto para os representantes comerciais quanto para os clientes, no sentido de pensar e agir de maneira original. Esse modelo, também conhecido como "venda de soluções" ou "abordagem de soluções" (ou simplesmente "soluções"), passou a dominar as vendas e as estratégias de marketing no decorrer dos últimos dez a vinte anos.

O que descobrimos em nossa pesquisa, porém, apontou para um elemento da maior importância no que diz respeito à venda de soluções: o ritmo vertiginoso de sua evolução. Enquanto os fornecedores se empenhavam em vender "soluções" cada vez maiores, mais complexas, mais desestabilizadoras e dispendiosas, os clientes B2B passavam a comprar com mais cuidado e relutância do que nunca, o que acabou por reescrever o passo a passo do processo de compras. O resultado foi que técnicas de vendas tradicionais e de eficácia comprovada deixaram de funcionar. Profissionais de desempenho até então razoável agora só não se debatem nas vendas mais objetivas, deixando um rastro alarmante de acordos pela metade e fazendo malabarismos para adaptar-se às cambiantes demandas dos clientes e a comportamentos de compra em constante mutação.

Sob esse aspecto, a crise econômica que preocupava os experientes executivos de vendas a ponto de impulsionar o início deste estudo revelou-se como uma pista falsa. A recessão apenas exacerbou a lacuna crescente que separava os representantes de desempenho mediano daqueles de desempenho extraordinário; não foi sua causa. Com efeito, a história que contamos aqui nada tem a ver com economia. Trata, sim, da evolução da venda de soluções e das competências necessárias para assegurar o êxito comercial num futuro previsível, independente das condições econômicas. O universo da venda de soluções segue em transformação, e a pesquisa do SEC aponta com clareza para um novo leque de competências de vendas que têm chances bem maiores de obter resultados comerciais de excelência do que aquelas enfatizadas na venda de produtos tradicionais ou nos primórdios da venda de soluções. Para compreender plenamente sua importância, será útil começar por uma revisão da própria história desse modelo.

O caminho até a venda de soluções

A venda de soluções abrange diversas possibilidades, mas em geral descreve a substituição do foco nas vendas transacionais de produtos individuais (que normalmente têm por referência o preço ou o volume) pelo foco na venda consultiva mais ampla, de "pacotes" de produtos e serviços. O segredo de seu sucesso é a criação de ofertas conjugadas, que não atendem apenas as necessidades gerais do cliente de forma ímpar e valiosa, mas também não podem ser reproduzidas com facilidade pela concorrência. As melhores soluções, portanto, são não apenas exclusivas, mas sustentáveis, permitindo que o fornecedor responda aos desafios propostos pelo cliente de maneira inédita ou mais econômica que a dos concorrentes.

Qual a importância disso? A venda de soluções está intimamente relacionada às tentativas dos fornecedores de escapar à pressão irresistível exercida pelo processo de comoditização, à medida que produtos e serviços individuais tornam-se, com o passar do tempo, cada vez menos diferenciados. Dada a dificuldade crescente para que um concorrente disponibilize todo o espectro de recursos compreendido em um pacote de soluções bem elaborado, fica mais fácil sustentar preços elevados nesse tipo de venda que na de produtos tradicionais.

Não admira que, por isso mesmo, a nova abordagem tenha ganhado ampla popularidade no segmento B2B. Com efeito, para se ter uma ideia do quanto vem se disseminando a venda de soluções, em um levantamento recente do SEC pedimos a gestores de vendas que descrevessem sua principal estratégia dentre um continuum de opções que iam da venda tradicional de produtos, num extremo, à venda de soluções inteiramente personalizada, no outro. O resultado? Três quartos dos que responderam relataram a intenção de serem provedores de soluções de algum tipo para a maioria de seus clientes. Basicamente, a venda de soluções, qualquer que seja a forma, tornou-se a estratégia de vendas preponderante em quase todas as indústrias.

Figura 1.1. Passagem da venda de produtos para a de soluções

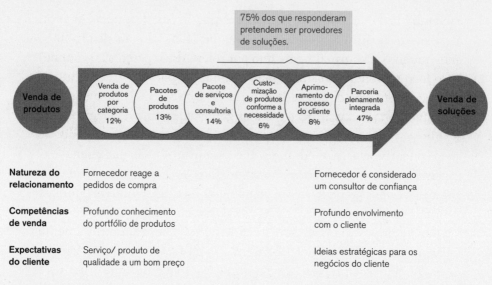

FONTE: Pesquisa do SEC.

Não discutimos o valor dessa transição a longo prazo para a venda de soluções — sobretudo como forma de escapar da pressão implacável exercida pelo processo de comoditização — mas, de todo modo, é uma estratégia que acarreta uma série de desafios reais. Destes, os dois principais explicam como — e por que — se deu a imprescindível evolução do modelo de soluções ao longo do tempo. O primeiro é o ônus que as soluções implicam para o cliente. O segundo, o ônus envolvido para o vendedor.

O ônus das soluções para o cliente

Por definição, a passagem para a venda de soluções leva o cliente a esperar que você efetivamente "solucione" problemas específicos, em vez de se limitar a fornecer produtos confiáveis. É uma tarefa árdua, que requer não só que você compreenda, tão bem ou melhor que o próprio cliente seus problemas ou dificuldades subjacentes, mas também que

A JORNADA EVOLUTIVA DA VENDA DE SOLUÇÕES

indique novas e melhores maneiras de enfrentar esses desafios, identifique vantagens claras do uso de recursos limitados para solucioná-los (em contraposição a propostas concorrentes) e determine quais serão as referências corretas para mensurar seu êxito. A única maneira de dar conta de tudo isso é crivando o cliente de perguntas. Assim, os representantes passam um tempo enorme perguntando coisas como "O que tem tirado seu sono à noite?", na tentativa de compreender verdadeiramente suas dificuldades.

O problema dessa "investigação" toda é que não raro ela dá a sensação de um pingue-pongue interminável entre cliente e fornecedor. O cliente explica suas necessidades; o representante comercial resume o que entendeu; o primeiro confirma se está certo; o segundo cria uma proposta; o comprador a analisa e corrige, e assim por diante.

Esse processo complicado e, com frequência, bastante demorado exige do cliente um enorme grau de envolvimento a cada passo, onerando-o sob dois aspectos distintos: primeiro, em termos de tempo; segundo, de investimento. Toda essa dança não só demanda do cliente um substancial comprometimento com uma vasta gama de envolvidos, reuniões e apresentações como, do ponto de vista do representante, tanto esforço ocorre num momento muito inicial, bem antes de se poder vislumbrar no horizonte algum valor. Com efeito, não deixa de ser, da parte do representante, um ato de fé no retorno que todo esse trabalho trará no futuro.

Em virtude disso, ocorre o que chamamos de "fadiga das soluções". À medida que cresce a complexidade das soluções, aumenta também o ônus para os clientes, levando-os a se relacionar de maneira muito peculiar com seus fornecedores quando se trata de negociações complexas. Assim, no tocante à transformação acelerada do comportamento de compra dos clientes, quatro tendências se destacam.

ASCENSÃO DAS VENDAS BASEADAS EM CONSENSO

Em primeiro lugar, assistimos a um considerável aumento da necessidade de consenso para fechar um negócio. Dado o grau de incerteza quanto ao retorno da compra de uma solução complexa, mesmo executivos de nível C com razoável autoridade hesitam em assinar uma compra de grandes proporções sem a cobertura de sua equipe. Nossas pesquisas no SEC indicam que a aprovação geral da equipe a um determinado fornecedor é a primeira coisa que os gerentes procuram ao tomar uma decisão de compra (descoberta que discutiremos em mais detalhes adiante).

É evidente que a necessidade de consenso tem profundas implicações para a produtividade das vendas. O representante passa a ter de reservar tempo para localizar todos esses indivíduos e vender-lhes sua solução, e o risco de que um deles diga "não" aumenta a cada novo envolvido com quem o vendedor entra em contato.

MAIOR AVERSÃO A RISCO

Em segundo lugar, à medida que os contratos crescem em complexidade e custo, a maioria dos clientes passa a se preocupar bem mais com o retorno sobre seu investimento. Assim, muitos requisitam com insistência que seus fornecedores explicitem os riscos envolvidos nessas soluções, percebidos como mais altos. Não há nada de novo em clientes solicitando entrega *just-in-time* ou produção sob demanda, mas cada vez mais são revistas as próprias medidas usadas por eles para avaliar o quanto a implementação de determinada solução foi bem-sucedida. Desse modo, no universo das soluções complexas, o êxito costuma ser mensurado pelo desempenho da empresa compradora e não dos produtos do fornecedor.

Portanto, os fornecedores que pretenderem crescer no negócio de soluções terão de atacar o risco de frente, incorporando-o diretamente à sua proposta de valor, visto que um número cada vez maior de clientes já não se dispõe mais a simplesmente aceitar que as "soluções" vão de fato proporcionar o tipo de valor prometido de primeira pelos fornecedores.

A JORNADA EVOLUTIVA DA VENDA DE SOLUÇÕES

MAIOR DEMANDA POR CUSTOMIZAÇÃO

Em terceiro lugar, o aumento da complexidade dos contratos é acompanhado de uma tendência natural dos clientes a querer modificá-lo de modo a satisfazer mais integralmente suas necessidades específicas. Embora os fornecedores tendam a ver a customização apenas do ponto de vista do custo, os clientes a consideram parte da promessa da venda de uma "solução": "Se você vai 'resolver' meu problema, é disto que eu preciso. Por que me custaria mais caro? Afinal, se não fizer isso, não será uma 'solução' de verdade, não é?". É difícil discutir com esse tipo de lógica. Customização: todo mundo quer, mas ninguém quer pagar mais por ela.

A ASCENSÃO DOS CONSULTORES EXTERNOS

Por fim, nos últimos anos assistimos ao vertiginoso e perturbador aumento do número de consultores externos contratados pelos clientes para ajudá-los a "extrair o maior valor possível da decisão de compra". Prática bem estabelecida em determinados setores — como o de seguros de saúde corporativos nos Estados Unidos, por exemplo —, essa tendência decolou em todo o mundo no fim de 2009, impulsionada pela necessidade da maioria das empresas em cortar gastos, por um lado, e, por outro, pelo anseio ainda mais urgente da leva de especialistas recém-demitidos da indústria por encontrar uma ocupação. De modo geral, esses novos consultores vendiam seus serviços alardeando sua capacidade de ajudar as empresas a economizar. Nesse caso, "extrair o maior valor possível da decisão de compra" a rigor não queria dizer nada além de fazer tudo o que estivesse ao seu alcance para reduzir o preço dos fornecedores, a ponto de auditar contratos anteriores em busca de possibilidades de renegociação.

Com o passar do tempo, no entanto, organizações maiores também começaram a se envolver mais profundamente no processo de compra. Em seu caso, "extrair o maior valor possível da decisão de compra" normalmente significa algo mais próximo de ajudar os clientes a transitar pela complexidade de soluções. O fato é que, enquanto os fornecedores procuram vender soluções cada vez mais amplas para problemas de complexidade crescente, não raro tal complexidade alcança tamanha magnitude que os próprios clientes se veem sem condições de percorrer — e muito menos de avaliar — por conta própria os possíveis cursos de ação. Precisam de ajuda. Contudo, em vez de recorrer aos próprios fornecedores, lançam mão de especialistas externos "neutros".

Dessa forma, hoje os fornecedores são frequentemente confrontados com novos e agressivos intermediários independentes, ávidos por seu quinhão de "valor" na venda — e pode ter a certeza de que sua mordida será dada no lado do fornecedor, não no do cliente, já que é para este que tais consultores trabalham. Neste contexto, pode-se facilmente acabar com todas as atividades do cliente nas mãos, mas não ver a cor do seu dinheiro.

Essas quatro tendências no comportamento de compra dos clientes acarretaram uma dura realidade para as organizações de vendas em todo o mundo — e sobretudo para os profissionais que as representam: embora o cenário econômico tenha melhorado, vender não ficou mais fácil. São as leis da venda: os fornecedores partiram para a jogada das soluções e os clientes contra-atacaram, buscando modos de reduzir tanto a complexidade quanto o risco que o investimento dos fornecedores na venda de soluções lhes impôs.

Uma lacuna de talento cada vez maior

Que efeitos tem isso tudo para o desempenho individual dos profissionais de vendas? O impacto tem sido, para dizer o mínimo, drástico.

Em um estudo recente, nossa equipe no SEC realizou uma análise das consequências do modelo de vendas de uma empresa — nesse caso, venda transacional versus venda de soluções — sobre a distribuição de desempenho de seus representantes de vendas. O que descobrimos foi alarmante e bastante perturbador.

Em um ambiente de vendas transacional, a lacuna de desempenho entre os melhores vendedores e os medianos é de 59% — isto é, os profissionais médios vendem cerca de metade em relação àqueles que se destacam. Já nas empresas com venda de soluções, a distribuição é bem diferente: os vendedores de desempenho extraordinário superam os de resultados médios em quase 200%, uma lacuna quatro vezes maior. Em outras palavras, à medida que as vendas ganham em complexidade, a diferença entre os melhores profissionais e os medianos aumenta exponencialmente.

Figura 1.2. Profissionais de médio e de alto desempenhos em ambientes de vendas transacionais (à esq.) e de soluções (à dir.)

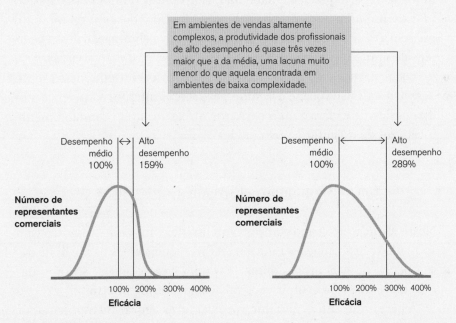

FONTE: Pesquisa do SEC.

Isso nos leva a três conclusões. Primeiro, como fornecedor de soluções, você precisa encontrar uma maneira de cobrir seus melhores vendedores de todos os mimos possíveis e imagináveis — afinal, eles carregam um piano nas costas. Não faz muito tempo, um diretor de vendas de uma prestadora de serviços empresariais revelou-nos que, dos seus cem representantes comerciais, dois eram responsáveis por 80% da receita da empresa. Mesmo que a situação na sua organização não chegue a esse extremo, em muitos casos a passagem para a venda de soluções sem dúvida ocasionou o agravamento radical dos problemas de dependência em relação aos protagonistas da força de vendas. Não é só um piano que esses profissionais de resultados muito acima da média carregam nas costas; em geral, carregam a empresa inteira.

Em segundo lugar, quanto mais complexo se torna seu modelo de vendas, maior valor terá o estreitamento da lacuna que separa seus vendedores de nível médio dos excepcionais. No universo transacional, chegar à metade do caminho entre o bom e o excelente já é uma melhora de 30%, o que não é nada mal. Entretanto, o valor desse mesmo movimento num ambiente de soluções corresponde a um rendimento quase 100% maior. Em outras palavras, agora a eliminação dessa lacuna vale muito mais do que antes.

Por fim, caso essa falha não seja sanada, as consequências serão desastrosas. Caso você se descuide, seus representantes comerciais medianos ficarão cada vez mais para trás, até se tornarem completamente incapazes de executar o novo modelo.

Um novo caminho pela frente

Neste mundo em que o comportamento de compra dos clientes vem sofrendo transformações radicais e a divergência entre os níveis de desempenho de seus profissionais de vendas é crescente, se sua abordagem de vendas não evoluir você vai acabar ficando pra trás.

A pergunta, então, é: o que você vai fazer agora? Se quiser seguir em frente, terá de munir seus vendedores dos meios necessários para gerar novas demandas em um mundo de clientes relutantes e avessos ao risco — e que estão tão empenhados em comprar soluções complexas quanto você está empenhado em vendê-las. Nesse contexto, será de fato necessário um tipo muito especial de profissional de vendas. Enquanto o universo de vendas mudava radicalmente ao longo dos últimos dez ou vinte anos, nossa pesquisa mostra que os melhores vendedores se mantiveram atualizados graças a um conjunto peculiar de competências poderosas. É a elas que nos vamos nos deter agora.

2
O Desafiador (Parte 1): Um novo modelo para o alto desempenho

A NECESSIDADE DE COMPREENDER o que os representantes comerciais de excelência fazem para se diferenciar de seus colegas de desempenho mediano nunca foi mais urgente. O universo das vendas está mudando. A fórmula de sucesso em vendas que vigorava até a crise já não funciona em uma economia pós-recessão. Dito isso, a própria economia não passa de um pano de fundo para esta história. O verdadeiro enredo se desenrola em torno da drástica transformação sofrida pelos comportamentos de compra dos clientes ao longo dos últimos cinco anos, tal como analisamos no capítulo anterior — tudo em resposta ao empenho dos fornecedores para vender soluções cada vez maiores, mais complexas, mais desestabilizadoras e mais dispendiosas.

Não obstante, o colapso econômico global serviu, no mínimo, para ressaltar o agudo e crescente contraste entre representantes médios e extraordinários. Mesmo em plena crise, quando a maioria dos vendedores estava muito aquém de suas metas, havia profissionais que — inexplicavelmente — não só conseguiam alcançar os resultados almejados, como os superavam. O que eles faziam de especial? Em geral, a tendência em vendas é simplesmente atribuir a diferença ao talento natural e partir do princípio de que os que se destacam nascem com um quê a mais e pronto. Não dá para pegar sua habilidade, engarrafá-la e borrifá-la sobre os profissionais de resultados medianos, fechando a lacuna que os separa de seus colegas de desempenho excepcional. Não é?

Bem, e se der? E se for possível identificar os aspectos replicáveis do que realmente faz a diferença dos profissionais de destaque, capturar sua magia e exportá-la para o resto de sua organização de vendas? Imagine um mundo em que todos os seus vendedores — ou ao menos um número bem maior deles — apresentasse resultados de excelência. Que valor isso teria para você? Que significado teria para o desempenho geral da sua empresa?

Bem, em 2009 — num momento em que, a princípio, só os melhores conseguiam vender — poderia significar a diferença entre a sobrevivência e a falência. Foi nesse contexto de riscos altíssimos que partimos em busca da resposta à pergunta: Que competências, comportamentos, conhecimentos e atitudes são mais decisivos para o alto desempenho?

Em busca de respostas

Em nossa investigação, pedimos a centenas de gerentes de vendas, oriundos de noventa empresas em todo o mundo, que avaliassem, cada um, três representantes de suas equipes — dois de desempenho mediano e um de desempenho excepcional — em 44 atributos distintos. E, embora o modelo inicial tenha sido construído a partir de uma análise dos primeiros setecentos profissionais cujos dados recebemos — representando as principais indústrias, regiões e modelos mercadológicos —, desde então, com o prosseguimento do nosso estudo diagnóstico através da SEC Solutions, unidade de implementação do SEC, esse número já ultrapassou os 6 mil vendedores em todo o mundo. Entre outros fatores, a continuidade do levantamento nos permitiu averiguar se houve alguma mudança na história revelada por esses dados ao longo do tempo, sobretudo à luz da recente e ainda lenta, mas contínua, recuperação econômica. E por motivos que analisaremos no momento oportuno, pudemos verificar com bastante

O DESAFIADOR (PARTE 1)

clareza que nossas descobertas permanecem válidas, seja qual for o cenário econômico vigente.

Mas em que exatamente consistiu nossa pesquisa? A tabela a seguir contém uma amostra dos atributos que testamos em nosso estudo. Pedimos aos gerentes que avaliassem as atitudes dos profissionais escolhidos, inclusive em que medida se empenhavam em buscar uma solução para as dificuldades dos clientes e sua tolerância ao risco de desaprovação. Perguntamos sobre suas competências e comportamentos, como tino comercial e capacidade de diagnóstico de necessidades. Examinamos suas atividades, como a tendência a acompanhar o processo de venda e realizar uma análise minuciosa das oportunidades. Por fim, indagamos sobre seu conhecimento tanto do segmento de atuação de seus clientes quanto dos produtos de sua própria empresa.

Amostra parcial de variáveis testadas

Atitudes	Competências/ Comportamentos	Atividades	Conhecimento
• Empenho em solucionar dificuldades	• Tino comercial	• Adoção do processo de venda	• Conhecimento da indústria
• Tolerância ao risco de desaprovação	• Avaliação das necessidades do cliente	• Avaliação de oportunidades	• Conhecimento do produto
• Acessibilidade	• Comunicação	• Preparação	
• Motivação para atingir metas	• Uso de recursos internos	• Geração de *leads*	
• Foco nos resultados	• Negociação	• Administração	
• Fidelidade à empresa	• Gerenciamento de relacionamentos		
• Curiosidade	• Venda de soluções		
• Iniciativa própria	• Trabalho em equipe		

Em termos demográficos, a pesquisa cobriu uma vasta gama de modelos de vendas — de caçadores a fazendeiros, de vendedores de campo a vendedores internos, de gerentes de conta a representantes mais gerais, bem como vendedores diretos e indiretos. Ademais, controlamos com atenção fatores como tempo de casa, região e tamanho da conta, a fim de assegurar que os resultados não só tivessem validade para toda a amostra, mas também para todo o espectro de empresas integrantes do SEC.

Por fim, como estávamos trabalhando com representantes comerciais, dispúnhamos de uma forma muito prática de mensuração do desempenho real: os resultados individuais de cada vendedor em relação às metas. A conjugação de todos esses dados nos proporcionou um retrato muito bem fundamentado e robusto do desempenho dos profissionais de vendas, que nos permite responder à pergunta: "Dentre todas as atribuições de que o representante comercial poderia fazer bem, quais são as mais relevantes para seu desempenho?". É uma descrição extremamente profunda do que se pode considerar "bom" em termos de competência e comportamento desses profissionais.

Há que assinalar também o que nós não estudamos. Este trabalho definitivamente não constitui uma análise de tipos de personalidade ou qualidades pessoais dos vendedores — o tipo de elemento difícil de medir e ainda mais difícil de aplicar. Se disséssemos que o "carisma" tem enorme importância para o sucesso nas vendas, você talvez não discordasse, mas dificilmente saberia o que de concreto fazer com essa informação. Claro, com o tempo é provável que você encontrasse novas colocações em que pudesse encaixar todos os seus vendedores sem carisma, escalando outros mais sedutores para o lugar deles. Por mais benefícios que isso acarretasse para seu desempenho futuro, porém, sua aplicação prática, em termos de aprimoramento do desempenho atual, seria praticamente inviável. Em vez disso, preferimos fornecer orientações quanto às iniciativas que podem ser tomadas de imediato, com relação aos profissionais de que você já dispõe (ainda que esses dados tenham consequências inquestionáveis para suas contratações daqui por diante).

Assim, se você voltar àquela lista de variáveis, vai observar que todos os atributos que testamos se referem a comportamentos manifestos dos vendedores. Em outras palavras, o quanto é mais ou menos provável que um profissional faça "X"? Ou qual a sua eficácia em fazer "Y"? Essa foi a nossa opção porque competências e comportamentos são fatores com relação aos quais se podem tomar providências imediatas.

O DESAFIADOR (PARTE 1)

O sujeito pode ser ou não carismático, mas com um bom *coaching*, por exemplo, pode incrementar seu acompanhamento do processo de vendas. Ou, mediante o aprimoramento de ferramentas e treinamentos, pode aumentar seu conhecimento dos produtos ou da indústria.

Trata-se de um estudo eminentemente prático. Não foi criado a fim de explicar o que torna melhores os seus profissionais mais extraordinários, mas como tornar melhores os seus vendedores de resultados médios. Considere o valor comercial potencialmente gigantesco hoje represado nos 60% intermediários de sua força de vendas. Quanto não valeria ajudar cada um desses profissionais a tornar-se apenas um pouquinho melhor? Nosso estudo concentrou-se nas iniciativas que podem ser tomadas desde já para ajudar os vendedores medianos com que sua empresa já conta a se aproximarem mais dos profissionais excepcionais que você gostaria que fossem.

E quais foram as nossas conclusões? Quais desses muitos atributos são mais relevantes? No patamar da excelência, nossa história gira em torno de três descobertas básicas, cada qual representando uma quebra de paradigma radical em termos do que a maioria dos executivos de vendas considera fundamental para o êxito nesse campo. Vamos examiná-los um a um.

Descoberta nº 1: Há cinco tipos de vendedores

Nossa primeira providência foi realizar uma análise fatorial dos dados. Em poucas palavras, trata-se de um método estatístico que agrega um grande número de variáveis em uma quantidade menor de categorias, dentro das quais elas ocorrem e se comportam de modo coletivo. Por exemplo, se nosso objeto de estudo fossem ecossistemas, uma análise fatorial de cada variável possível nos revelaria que elementos como calor intenso, areia, aridez, escorpiões e cactos tendem a aparecer juntos na natureza. E em vista da tendência a encontrá-los reunidos, daríamos a essa categoria um nome — no caso, "deserto".

Ao realizar a análise fatorial dos dados que levantamos sobre re-

39

presentantes comerciais, fizemos uma descoberta verdadeiramente intrigante. A análise indicou com muita clareza a tendência de determinadas características a se agrupar. Os 44 atributos testados dividem-se em cinco categorias distintas, cada qual correspondendo a uma combinação muito específica de características. Quando um profissional revela-se bom em um atributo de determinada categoria, é muito provável que também se saia bem em todos os demais itens da categoria em questão.

Figura 2.1. Os cinco perfis dos representantes comerciais

Empenhado (21% da amostra)	Desafiador (27% da amostra)	Construtor de relacionamentos (21% da amostra)	Lobo solitário (18% da amostra)	Solucionador reativo de problemas (14% da amostra)
• Sempre disposto a ir além	• Sempre tem uma visão de mundo diferente	• Tem defensores apaixonados da organização-cliente	• Segue os próprios instintos	• Responde de maneira confiável a todos os envolvidos no processo, internos e externos
• Não desiste com facilidade	• Compreende as atividades do cliente	• Generoso em dedicar seu tempo a ajudar os outros	• Autoconfiante	• Trata de solucionar todos os problemas
• Motivado	• Adora discutir	• Se dá bem com todos	• Difícil de controlar	• Detalhista
• Interessado em feedback e desenvolvimento	• Instiga o cliente			

FONTE: Pesquisa do SEC.

A figura 2.1 apresenta esses cinco perfis, junto com as variáveis associadas a cada um. Esses grupos não são necessariamente estanques. Retomando o exemplo dos ecossistemas, basta lembrarmos que todos os desertos têm calor intenso e areia, mas calor intenso e areia não são exclusivos dos desertos; são encontrados também em outros ecossistemas, ainda que em diferentes medidas. Em nosso estudo, todos os profissionais avaliados alcançam um nível mínimo de desempenho em

O DESAFIADOR (PARTE 1)

todos os atributos testados; por exemplo, em alguma medida, todos adotam um processo de vendas formal. Todos apresentam um grau mínimo aceitável de conhecimento dos produtos e da indústria. Em quase todos os casos, porém, é um subconjunto específico desses atributos que define sua abordagem primária junto aos clientes.

Costumamos comparar esses perfis às diferentes habilitações de determinado curso universitário. Para graduar-se, todo estudante deve cumprir um ciclo básico em ciências, língua, história, matemática etc. Por outro lado, muitos têm de escolher também uma "habilitação" — sua especialização, que os distingue dos demais. Nossos cinco perfis são como "habilitações" específicas no campo das vendas.

Os cinco perfis não são grupos que montamos com base em nossa interpretação dos dados ou nossa visão de mundo. Deixamos que a própria análise trouxesse sua história à tona. Embora sejam derivados da estatística, descrevem de maneira precisa e completa os cinco tipos mais comuns encontrados na vida real. E, curiosamente, sua distribuição em nossa amostra se deu com relativa uniformidade.

Então, quem são esses diferentes profissionais? Ao percorrer as cinco categorias, pergunte-se: qual desses cinco perfis você acha que melhor descreve a maior parte da sua força de vendas? Em qual delas sua organização apostou as fichas, ou, em termos mais práticos, que tipo de representante comercial vocês estão empenhados em recrutar neste exato momento? De qual desses modos vocês mais procuram fazer com que seus representantes ajam?

EMPENHADO

Os empenhados são exatamente o que o nome diz. São os primeiros a chegar, os últimos a sair e mostram-se sempre dispostos a ir além. São os vendedores que "dão duro"; motivados, não desistem com facilidade. Dão mais telefonemas por hora e fazem mais visitas por semana do que qualquer outro integrante da equipe — e, entusiasmados, sempre solicitam feedback, em busca de oportunidades para aprimorar sua atuação.

O principal executivo de vendas de uma empresa global de logística os descreveu da seguinte maneira: "Esses caras acreditam que, se fizerem as coisas certas do jeito certo, os resultados almejados serão inevitáveis. Se fizerem ligações suficientes, enviarem e-mails suficientes e responderem a licitações suficientes, no fim do trimestre as contas vão fechar. São os únicos a realmente prestar atenção quando martelamos a importância do processo de vendas".

CONSTRUTOR DE RELACIONAMENTOS

Como sugere o nome, as preocupações centrais dos Construtores de relacionamentos são a construção e o fortalecimento de relações pessoais e profissionais e a conquista de defensores na organização-cliente. Muito generosos com seu tempo, dedicam-se a garantir a satisfação do cliente. Sua postura é basicamente de acessibilidade e serviço. "Qualquer que seja a sua necessidade", dizem aos clientes, "estou aqui para atendê-la. É só dizer."

Não admira que um VP (vice-presidente) de vendas que entrevistamos há não muito tempo tenha nos dito: "Nossos clientes adoram nossos Construtores de relacionamentos — que investem muito, às vezes, ao longo de anos, na consolidação de seus relacionamentos com os clientes. Temos a sensação de que isso faz uma enorme diferença para os nossos negócios".

LOBO SOLITÁRIO

Os Lobos solitários são velhos conhecidos de todos os que trabalham com vendas. Muito autoconfiantes, tendem a seguir seus próprios instintos, não as regras. Sob muitos aspectos, são as "estrelas" da força de vendas — os "caubóis" que ou fazem as coisas "do seu jeito" ou não fazem. Costumam levar os gestores de vendas à loucura; não cumprem os procedimentos, não fazem relatórios, não fazem registro de CRM (gestão de relacionamento com o cliente).

O DESAFIADOR (PARTE 1)

"Sinceramente", admitiu um diretor de vendas, "eu os demitiria se pudesse, mas não posso, porque seus resultados são arrasadores." É o que acontece na maioria das empresas. Na média, os Lobos solitários tendem a se sair muito bem, apesar de zombarem abertamente do sistema; e, se não fosse por seu belo desempenho, provavelmente já estariam no olho da rua.

SOLUCIONADOR REATIVO DE PROBLEMAS

O Solucionador reativo de problemas é profundamente confiável e detalhista. Embora todos os representantes comerciais sejam, de um modo ou de outro, voltados para a solução dos problemas do cliente, esses profissionais são naturalmente propensos a assegurar que todas as promessas feitas sejam efetivamente cumpridas depois do fechamento do acordo. Tendem a concentrar-se especialmente no acompanhamento pós-venda, empenhando-se em garantir que eventuais problemas relacionados à implementação e execução do serviço sejam total e imediatamente resolvidos.

Uma integrante do SEC descreveu o Solucionador reativo de problemas como "um funcionário da central de atendimento ao cliente disfarçado de representante comercial". Em suas palavras, "eles chegam ao escritório pela manhã cheios de planos para gerar novas vendas, mas basta um cliente telefonar com algum problema que eles largam tudo para resolvê-los, em vez de transferi-los para quem é pago para cuidar disso. Tratam de encontrar maneiras de satisfazer os clientes já existentes, mas à custa da geração de novos negócios".

DESAFIADOR

Os Desafiadores são os debatedores da equipe. Têm ideias acerca dos negócios do cliente, que usam para instigá-lo e mostrar-lhe novos modos de aumentar a eficácia da empresa. Não têm medo de expor seus pontos de vista, mesmo quando são diferentes e potencialmente controversos. Os Desafiadores são assertivos — e tendem a "pressionar" um pouco os clientes — tanto em suas ideias quanto em itens como formação de preços. E como muitos gestores de vendas irão confirmar, não guardam sua postura desafiadora apenas para os clientes. Tendem a provocar também os gerentes e líderes de sua própria organização — não de maneira importuna ou agressiva, note-se bem (do contrário, os teríamos batizado de "Cretinos"), mas de um modo que obriga seus interlocutores a refletir acerca de questões complexas de um ponto de vista incomum.

Nas palavras de um membro, "contamos com alguns Desafiadores em nossa empresa e quase todos parecem dispor de um tempo cativo na agenda do nosso principal executivo de vendas (ou cso) a fim de discutir o que andam vendo e ouvindo no mercado — e o cso adora. Estão sempre pondo ideias frescas na mesa, obrigando-o a confrontar constantemente sua estratégia com a realidade".

Descoberta nº 2:
Um vencedor e um perdedor

Parando para olhar esses cinco perfis, você pode se perguntar: qual deles você escolheria ter na sua equipe? Sob muitos aspectos, todos parecem bons.

Contudo, por mais interessante que seja o fato de que todos os representantes se enquadram em um desses cinco tipos, na verdade foi nossa segunda descoberta que se revelou assombrosa. Ao contrapor cada um deles à sua produtividade concreta, constatamos algo surpreendente: um desses tipos apresenta um desempenho muito acima dos outros quatro, ao passo que outro fica drasticamente para trás, e esse resultado vai radicalmente de encontro à sabedoria convencional. Quando a maioria dos gestores de vendas examina o desempenho de cada perfil, confessa que apostou a maior parte das suas fichas naquele que tinha menos chances de vencer.

E quem é o campeão? A resposta é o Desafiador, e com ampla vantagem. Vamos dar uma olhada na figura 2.2.

O DESAFIADOR (PARTE 1)

Figura 2.2. Profissionais de médio e alto desempenho por perfil

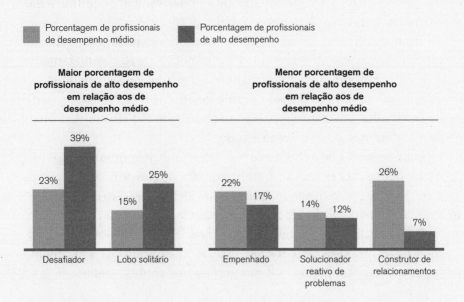

FONTE: Pesquisa do SEC.

Ao comparar os cinco perfis de vendedores com seu desempenho efetivo, nossa primeira providência foi separar os de desempenho médio daqueles de resultados excepcionais e analisar cada grupo isoladamente. Para identificar os profissionais que se destacavam por seus resultados, pedimos às empresas participantes que nos informassem quais de seus representantes na amostra se situavam nos 20% superiores de sua força de vendas, tomando como referência o desempenho em relação às metas. Uma vez classificados todos os profissionais da nossa amostra de acordo com seus resultados, determinamos a distribuição de cada grupo entre os cinco perfis. E fizemos uma constatação fascinante.

Primeiro, a distribuição dos profissionais medianos pelas cinco categorias é bastante equilibrada. Não há predomínio de nenhum perfil entre os representantes de vendas médios; ou seja, eles não permanecem na média por tenderem a um perfil específico, mas sim por serem medianos. Aparecem em todas as cinco categorias e obtêm resultados médios em todas elas. Em outras palavras, não há uma única maneira de ser mediano, mas cinco; a mediocridade assume várias formas. É o que se vê na figura 2.2, pela distribuição relativamente equitativa das barras em tom mais claro entre os cinco perfis.

Já ao examinar a distribuição dos profissionais de desempenho excepcional por esses mesmos cinco perfis, nota-se algo completamente diferente. Embora haja cinco maneiras distintas de ser mediano, há claramente um modo preponderante de atingir a excelência: o perfil do Desafiador, que corresponde a quase 40% de todos os profissionais de alto desempenho em nosso estudo.

Lembre-se de que o Desafiador é aquele vendedor que adora discutir; aquele que usa suas ideias acerca dos negócios do cliente não apenas para atendê-lo, mas para ensiná-lo, instigar suas ideias e muni-lo de novas e diferentes maneiras de pensar sobre sua empresa e sua atuação no mercado.

Sendo assim, o que efetivamente os distingue? Em nossa análise, dos cerca de 44 atributos testados, seis deles se mostraram estatisticamente significativos para definirmos um profissional como Desafiador:

- Oferece ao cliente pontos de vista ímpares;
- É muito talentoso na comunicação de mão dupla;
- Conhece os valores que motivam cada cliente;
- É capaz de identificar os motores econômicos dos negócios do cliente;
- Sente-se à vontade discutindo sobre dinheiro;
- Não tem dificuldade em pressionar o cliente.

À primeira vista, a lista acima pode parecer um estranho misto de qualidades sem relação entre si. Com efeito, quando compusemos o conjunto de atributos a serem testados, era improvável que alguém escolhesse esses seis em particular como componentes básicos da excelência no desempenho. No entanto, esse foi o resultado da análise. Cada um desses atributos representa uma maneira específica por meio da qual os Desafiadores superam seus colegas medianos.

Isto posto, se reunirmos os atributos em três categorias percebemos que eles traçam um retrato muito claro de quem é o Desafiador. O que realmente o define é sua capacidade de fazer três coisas: ensinar, personalizar e assumir o controle:

O DESAFIADOR (PARTE 1)

- Graças ao seu ponto de vista ímpar acerca dos negócios do cliente e seu talento para a promoção de vigorosos diálogos de mão dupla, os Desafiadores são capazes, no decorrer da venda, de ensinar para diferenciar.
- Graças ao seu conhecimento dos valores e interesses econômicos que movem o cliente, são capazes de personalizar de modo a encontrar eco, transmitindo a mensagem certa para a pessoa certa dentro da organização-cliente.
- Por fim, os Desafiadores sentem-se à vontade falando sobre dinheiro e, quando necessário, são capazes de pressionar um pouco o cliente. Nesse sentido, assumem o controle da venda.

Estes são os atributos essenciais do Desafiador — as capacidades de ensinar, personalizar e assumir o controle. São as molas mestras do que batizamos de Modelo Desafiador de Vendas, e o restante deste livro fornecerá um passo a passo para a incorporação desses recursos à sua força de vendas.

Contudo, antes de passarmos a uma análise mais detalhada dos Desafiadores, façamos um breve exame de nossos resultados gerais. Afinal, por mais que executivos de vendas de todo o mundo tenham o sentimento de "Eureca!" ao descobrir que o Desafiador tem chances muito maiores de atingir a excelência que os demais perfis, é igualmente surpreendente — e, francamente, muito mais perturbador — para esses gestores descobrir que o Construtor de relacionamentos fica tão para trás. Em nosso estudo, apenas 7% de todos os profissionais de desempenho excepcional enquadravam-se na categoria do Construtor de relacionamentos, resultado muito inferior ao dos demais perfis. Essa constatação deve pôr em alerta vermelho todos os gestores de vendas que estimulam seus subordinados a investir no "estreitamento dos laços" com os clientes, ou, como disse certa empresa aos seus representantes comerciais no auge da recessão, a "abraçar seus clientes".

Antes de prosseguirmos, é preciso enfatizar que essas conclusões de modo algum sugerem que o relacionamento com os clientes seja irrelevante para as vendas, o que seria uma dedução ingênua. Claro que são fundamentais, sobretudo no caso das vendas complexas, nas quais os representantes estabelecem relações com vários participantes do processo. Caso seus clientes não saibam quem você é, ou, pior, se logo de cara antipatizarem com você, será imprescindível corrigir essa situação antes de qualquer outra coisa. Ao mesmo tempo, porém, se sua estratégia, como vendedor, consistir basicamente em estar à disposição para cuidar do que quer que seu cliente venha a precisar, empenhando-se em realizar todos os seus desejos, você certamente está seguindo para um desastre, dado o mundo em que vivemos — em que seus clientes mostram-se mais relutantes do que nunca em comprar suas soluções, por todas as razões expostas no capítulo 1. Nesse contexto, por mais crucial que possa ser a força dos seus laços com o cliente, a mera familiaridade não será suficiente para fechar o negócio. Um telefonema trimestral para saber notícias pode ser uma ótima maneira de encontrar oportunidades, mas talvez já não seja tão útil para aproveitá-las. Assim sendo, em um mundo em que as oportunidades encontráveis andam praticamente extintas, os Construtores de relacionamentos estão fadados ao fracasso.

Figura 2.3. Perfil Desafiador versus Construtor de relacionamentos

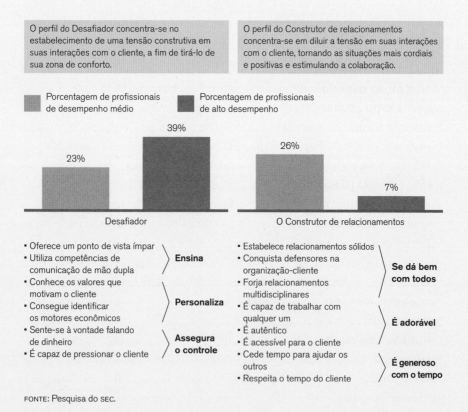

FONTE: Pesquisa do SEC.

O DESAFIADOR (PARTE 1)

Mas será que o Desafiador é mesmo tão diferente assim do Construtor de relacionamentos? Sem dúvida. Se você examinar os atributos que definem o primeiro e os comparar àqueles que definem o segundo, tal como mostramos na figura 2.3, você verá por quê.

Os profissionais Desafiadores são bem-sucedidos por todos os motivos que acabamos de expor: são excepcionais na didática, na personalização e na apropriação do controle. Em contrapartida, enquanto o Desafiador trata de tirar o cliente de sua zona de conforto, o Construtor de relacionamentos procura ser aceito dentro dela. Empenha-se em forjar relacionamentos pessoais fortes em toda a organização-cliente, sabe ser adorável e é generoso com o próprio tempo. Adota uma mentalidade de serviço. Enquanto o Desafiador cuida do valor para o cliente, o Construtor de relacionamentos preocupa-se com a conveniência para o cliente.

O profissional Desafiador se destaca graças à manutenção de certa tensão construtiva no decorrer da venda. O Construtor de relacionamentos, por sua vez, se esforça para eliminar ou diluir a tensão, não criá-la — uma abordagem diametralmente oposta. Sem dúvida, a interação com o Construtor de relacionamentos é, na maioria dos casos, muito profissional, mas não ajuda o cliente a avançar de fato em direção às suas metas. São pessoas adoráveis, mas não muito eficazes. O Desafiador, em contrapartida, está ciente do valor gerado, para sua própria organização e para o cliente, ao sustentar a tensão um pouco mais, de modo a induzir o cliente a ver de outra maneira seus próprios negócios, os meios de que o vendedor dispõe para ajudá-lo (seja a economizar ou ganhar dinheiro) e, em última instância, o valor que lhe oferece como fornecedor.

Nas palavras de um diretor global de vendas do setor hoteleiro, ao comentar esses resultados: "É bem difícil encarar esses dados. Nos últimos dez anos, nossa estratégia declarada foi contratar Construtores de relacionamentos eficazes. Afinal, estamos no ramo de hotelaria. Durante algum tempo, funcionou bem. Desde o colapso da economia, porém, meus Construtores de relacionamentos não podiam estar mais perdidos. Não conseguem vender mais nada. E, olhando isto aqui, agora entendo por quê".

Descoberta nº 3:
Os Desafiadores são os vendedores de soluções por excelência, não os vendedores da recessão

A drástica diferença entre os Desafiadores e os representantes comerciais de todas as outras categorias nos leva à nossa terceira e, sem sombra de dúvida, mais radical conclusão. Como seria meio inevitável a essa altura do campeonato, surge quase que naturalmente uma dúvida acerca da "capacidade de permanência" do perfil Desafiador. Afinal, fizemos todas essas deduções, em princípio, em um momento muito específico e particularmente ruim da economia. Não será possível, então, que a superioridade do desempenho dos Desafiadores não passe de um fenômeno temporário — um fruto da Grande Recessão e da brutalidade do ambiente de vendas por ela engendrado? Sendo assim, quem sabe não retornamos em dois ou três anos e descobrimos que algum outro perfil — talvez um que ainda não tenha sido identificado — tem mais chances de obter os melhores resultados? Com base no que revela nossa pesquisa, não acreditamos que esse seja o caso. Para mostrar por quê, vamos mudar nossa perspectiva para o longo prazo por um momento, e dar uma olhada em nossas conclusões a respeito do Desafiador no contexto da transição mais ampla para a venda de soluções.

Se analisarmos os dados segundo outro critério — a complexidade das vendas — encontramos algo ainda mais drástico. Depois da nossa análise inicial, retornamos aos dados e dividimos os profissionais de alto desempenho segundo a complexidade das propostas que vendiam (ver figura 2.4), comparando os que se destacavam vendendo produtos relativamente simples e independentes, com ciclo de venda mais curto, àqueles que vendiam pacotes mais complexos de produtos e soluções, em um ciclo de vendas relativamente mais longo.

Nas vendas complexas, o predomínio dos Desafiadores é absoluto, com mais de 50% de todos os profissionais que se enquadram nessa categoria. O único grupo que chega a se aproximar é o dos Lobos solitários — que a maioria dos gestores de vendas concordará que são difíceis de encontrar e ainda mais difíceis de controlar. Ao mesmo tempo, os Construtores de relacionamentos são praticamente anulados — a probabilidade de que eles obtenham resultados de excelência na venda de soluções complexas cai para próximo de zero.

Isso explica por que tantas organizações se debatem com a migração para soluções — universo que, quase por definição, gira em torno de vendas desestabilizadoras. Você não diz para o cliente comprar seu produto e colocá-lo na prateleira, junto com todos os outros comprados anteriormente. Pelo contrário, ele terá de modificar seu comportamento — deixar de agir de determinada maneira e começar a agir de outra. Para tanto, porém, você terá de fazer seu cliente ver seu modus operandi de outra forma. Terá de lhe mostrar uma nova forma de olhar suas próprias atividades. Desse ponto de vista, não surpreende que, neste contexto mais complexo, apenas um perfil se saia bem — e vá muito mais longe que os demais.

Figura 2.4. Alto desempenho por perfil de vendedor em ambientes de vendas de baixa e alta complexidade

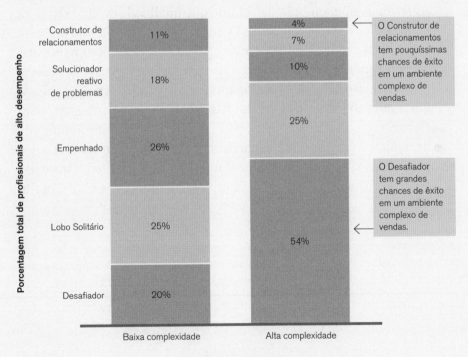

FONTE: Pesquisa do SEC.

Se você não estiver desenvolvendo ou contratando representantes comerciais Desafiadores, é bem provável que sua empresa deixe muito a desejar à medida que seus contratos se tornam mais complexos. Os Desafiadores não são apenas os vendedores da recessão de hoje; são os vendedores de soluções de amanhã. Se você pretende crescer pela venda de soluções, vai precisar dos Desafiadores.

Se parar para pensar nos seus melhores vendedores — aqueles que assinam os maiores contratos dos clientes mais complexos —, você vai vislumbrá-los. É muito possível que sejam seus maiores Desafiadores.

Essa descoberta também encerra uma lição para você refletir sobre os aspectos menos complexos e mais transacionais de suas atividades. Neles (muitas vezes relacionados à área interna ou de televendas da sua empresa), provavelmente não fará sentido investir muito no desenvolvimento de Desafiadores, uma vez que os dados indicam que os Empenhados, aí, têm mais chances de êxito. Se o sucesso nas vendas for mais uma questão de volume que qualidade de chamadas, os Empenhados serão perfeitos. Os Desafiadores são cruciais no universo complexo da venda de soluções, mas não são imprescindíveis para todas as áreas de negócios.

A conclusão geral de nossa pesquisa é a seguinte: se você pretende adotar uma abordagem de vendas baseada em valor ou orientada para soluções, sua capacidade de desafiar os clientes será absolutamente vital para seu progresso. Será, portanto, imperativo compreender o que exatamente faz de um profissional um Desafiador. Afinal, uma coisa é dizer aos seus vendedores "seja um Desafiador!" — e outra, muito diferente, é explicar-lhes exatamente o que você quer que eles façam.

3
O Desafiador (Parte 2): Exportando o modelo para a massa

O DESAFIADOR É DEFINIDO PELA CAPACIDADE de fazer três coisas: ensinar, personalizar e assumir o controle — tudo isso por meio da tensão construtiva.

Essas são as molas mestras do que chamamos de Modelo Desafiador de Vendas, uma abordagem baseada no modo de agir desse tipo de profissional. Temos trabalhado nessa metodologia junto a empresas de um amplo leque de indústrias — tão diversas como Talecris Biotherapeutics, PMI, Brinks e a unidade de soluções da Thomson Reuters — a fim de implementá-la em suas próprias organizações de vendas. É baseada na premissa de que, com o treinamento, *coaching* e ferramentas de vendas adequados, a maioria dos vendedores (mesmo os amorosos Construtores de relacionamentos) torna-se capaz de assumir o controle da conversa com o cliente, como um Desafiador.

O Modelo Desafiador de Vendas é simples na teoria, mas complexo na prática, como podem atestar os pioneiros em sua adoção. O restante deste livro será dedicado a compartilhar as melhores práticas comprovadas, ferramentas e lições aprendidas a fim de ajudar empresas, líderes, gerentes e representantes comerciais a implementar nosso modelo.

Antes de iniciarmos nossa jornada, porém, é interessante discutir

A VENDA DESAFIADORA

alguns dos princípios básicos que fundamentam o modelo e que serão nossos temas ao longo de todo este livro.

PRINCÍPIO Nº 1: DESAFIADORES NÃO SÃO APENAS NATOS, PODEM SER DESENVOLVIDOS

Uma das dúvidas que encontramos com maior frequência é se ser um Desafiador é uma questão de natureza ou criação. Em outras palavras, é preciso nascer Desafiador, ou é possível tornar-se um? Há algumas maneiras de responder a essa pergunta.

Uma das coisas que nossa pesquisa nos mostrou é que todos os profissionais estudados tinham traços do "gene" do Desafiador, e essa não foi a única "habilitação" identificada. Como, porém, adotamos especificamente como foco suas competências, atitudes, comportamentos e conhecimentos, acreditamos que com ferramentas, treinamento, *coaching*, sistema de recompensas e reconhecimento adequados você terá grandes chances de preparar muitos dos seus vendedores com menos ênfase em Desafio (e talvez até aqueles que cumpram apenas alguns créditos nessa área) a assumir, diante do cliente, uma atitude mais Desafiadora. Por mais que alguns profissionais não consigam realizar a transição, um número muito maior o fará caso você invista o tempo e energia necessários para ajudá-los a chegar lá.

Ademais, a ideia de que os Desafiadores já nascem assim e não são desenvolvidos é um tanto quanto irrelevante. Mesmo que não seja possível recombinar seu DNA, se conseguirmos modificar o comportamento dos representantes não Desafiadores ao menos em caráter temporário, durante sua interação com os clientes ("flexibilizando", nas palavras de um dos membros do SEC), o tempo investido provavelmente terá sido bem gasto. Afinal, não conhecemos nenhum gestor de vendas que prefira dispensar todos os seus representantes comerciais, exceto meia dúzia deles, e contratar uma força de vendas inteiramente nova — quer dizer, nenhum gerente de vendas que não esteja querendo perder o emprego.

Nosso princípio operacional consistiu em munir os membros do SEC das ferramentas e dos treinamentos necessários para aprimorar

O DESAFIADOR (PARTE 2)

de imediato a força de vendas existente. É uma meta válida, que as melhores organizações alcançaram com êxito. Dispomos de amplas evidências de que os Desafiadores podem ser desenvolvidos. Assistimos a esse processo em primeira mão: nosso próprio grupo da SEC Solutions (ramo de consultoria do SEC) logrou um êxito considerável ajudando os membros a desenvolver Desafiadores em suas próprias organizações.

Se você é representante comercial, quer seja ou não um Desafiador nato, essa discussão do Modelo Desafiador de Vendas contém sugestões que vão ajudá-lo a fomentar sua eficácia pessoal como vendedor. Por mais que sua abordagem atual se diferencie do nosso modelo, saiba que tais diferenças não são intransponíveis nem se encontram, de modo algum, cristalizadas. Compreender que essas lacunas existem e, mais importante, que cabe a você decidir fechá-las, é um aspecto fundamental da jornada.

PRINCÍPIO Nº 2: A COMBINAÇÃO DE COMPETÊNCIAS É O QUE IMPORTA

Uma das principais lições de nosso trabalho é que é a combinação de atributos — a capacidade de ensinar, personalizar, assumir o controle, isso tudo alavancando, ao mesmo tempo, a tensão construtiva — que distingue os Desafiadores dos demais.

Se você ensinar sem personalizar, acabará sendo irrelevante; se personalizar sem ensinar, correrá o risco de ser igual a todos os outros fornecedores; se assumir o controle sem oferecer valor, se arriscará a parecer apenas importuno. Daí o diagrama de Venn da figura 3.1 — um retrato gráfico do que seria um "bom" desempenho em vendas, que pode ser considerado a representação da "nova excelência de resultados". Já que essas competências ganham eficácia quando usadas juntas, insistimos muito com os membros do SEC para que evitem a tentação de "escolher" os aspectos do modelo que lhes parecem mais atraentes.

Todavia, do mesmo modo como a natureza abomina o vácuo, também as empresas têm horror a investimentos redundantes. Por essa razão, com frequência ouvimos líderes comerciais considerarem a possibilidade de pular algum elemento do modelo em função de iniciativas recentes. Por exemplo, há empresas que pretendem se concentrar na personalização e no controle, por terem investido pouco antes no desenvolvimento de novos materiais promocionais. Embora não possamos determinar a aplicação dada por cada empresa ao modelo, temos de ser francos com relação a essas execuções parciais: o investimento em elementos isolados pode acarretar uma melhoria de desempenho em comparação com a situação atual; mas, para funcionar de fato, todos os seus componentes têm de ser desenvolvidos. Não há como encurtar o caminho para a plena realização dos possíveis ganhos de desempenho oferecidos pelo modelo.

Figura 3.1. Principais competências no Modelo Desafiador de Vendas

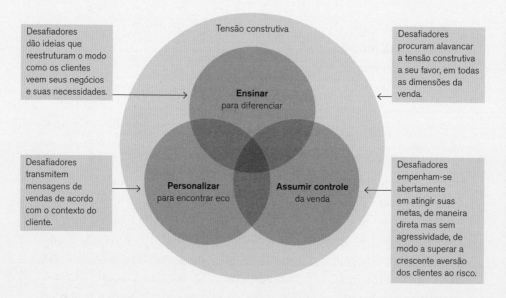

FONTE: Pesquisa do SEC.

O DESAFIADOR (PARTE 2)

PRINCÍPIO Nº 3: DESAFIAR DEPENDE DE RECURSOS ORGANIZACIONAIS E NÃO APENAS DE COMPETÊNCIAS PESSOAIS

Não são poucas as organizações que partem do princípio de que a migração para o Modelo Desafiador de Vendas depende apenas do aprimoramento de competências individuais dos vendedores. Para quem quer que o modelo de fato funcione nada poderia estar mais longe da verdade. Com efeito, esta jornada envolve tanto a instauração de recursos organizacionais quanto o desenvolvimento de competências individuais.

Nenhuma organização quer que cada um de seus representantes desenvolva por conta própria sua didática, por exemplo (recurso que discutiremos em maiores detalhes nos próximos capítulos). Por mais que alguns dos Desafiadores já existentes possam administrar com eficiência esse aspecto, a organização que deixar essa função didática individual a cargo de seus representantes se verá arrastada nas mais diferentes direções, na medida em que estes prometerem aos clientes soluções para uma infinidade de problemas — inclusive muitos que a empresa nem tem condições de resolver.

A função didática é, sem dúvida, uma competência, mas o conteúdo ensinado — os aspectos que os clientes aprendem a valorizar, a ideia em torno da qual se reestrutura o modo como eles veem suas próprias atividades — tem de ser passível de expansão gradual e repetição, e, como tal, deve ser criado pela organização; na maioria das vezes, é tarefa da área de marketing.

O mesmo se pode dizer da personalização. Embora nesse ponto o profissional de vendas tenha um papel inquestionável no sentido de reconhecer como adaptar a mensagem transmitida a cada cliente, a própria organização tem também uma responsabilidade considerável. Em primeiro lugar, as organizações podem alavancar seus recursos de pesquisa e inteligência para ajudar os Desafiadores em desenvolvimento a adequar melhor suas mensagens à indústria e ao contexto empresarial de cada cliente. Cabe também à organização a responsabilidade de identificar que mensagens encontrarão maior eco junto aos vários envolvidos. Uma mensagem "tamanho único" dificilmente seria susten-

A VENDA DESAFIADORA

tável para a maioria dos fornecedores, exceto para aqueles que vendem em uma só linha de negócios ou para uma lista de clientes de grande homogeneidade. De todo modo, a segmentação dos vários envolvidos do lado do cliente, mais uma vez, é tanto um recurso organizacional quanto uma competência individual.

Se a personalização é metade individual e metade organizacional, o único componente do modelo Desafiador que pode ser considerado de fato uma competência majoritariamente individual é a apropriação do controle. É aqui que o aprimoramento das habilidades dos vendedores dará frutos mais rentáveis, e no capítulo 7 explicaremos a melhor maneira de incorporar esse comportamento à sua linha de frente. Entretanto, nunca é demais lembrar que, mesmo aqui, a organização tem uma função a desempenhar; ou seja, os profissionais Desafiadores, quando munidos de mensagens fornecidas por suas organizações, estarão em condições muito melhores de assumir o controle da conversa com o cliente. Do mesmo modo, pesquisas recentes do SEC mostram que a organização desempenha um papel importante na preparação de seus representantes comerciais para que identifiquem e estabeleçam um vínculo adequado com os envolvidos certos do lado do cliente — uma questão fundamental para assumir o de controle da venda.

PRINCÍPIO Nº 4: A CONSTRUÇÃO DE UMA
FORÇA DE VENDAS DESAFIADORA É UMA LONGA VIAGEM,
NÃO UMA CAMINHADA ATÉ A ESQUINA

Um grande erro que vemos as organizações cometerem em suas tentativas de se tornarem mais Desafiadoras é partir do princípio de que a mudança ocorrerá de forma instantânea. Aderir ao modelo Desafiador é uma transformação comercial que, segundo os pioneiros em sua adoção, leva tempo para acertar. Justamente por que exigir mudanças tanto nos recursos organizacionais quanto nos comportamentos e competências de cada vendedor é um grande desafio.

Oferecer uma sucessão de treinamentos das competências dos De-

58

O DESAFIADOR (PARTE 2)

safiadores para os representantes de vendas sem investir ao mesmo tempo na elaboração do discurso com que vão apresentar aos clientes ou preparar os gerentes da linha de frente para reforçar os comportamentos e competências certos também pode fomentar um pequeno aumento de produtividade nas vendas, mas dois resultados são praticamente garantidos: a melhoria no desempenho ficará muito aquém do que poderia ter sido se a proposta fosse executada da forma adequada, e é muito provável que seja vista apenas como o "treinamento do mês", fadado a logo cair no esquecimento ou ser rejeitado pela maioria dos funcionários.

Os pioneiros atestam que a adoção do Modelo Desafiador de Vendas é uma longa viagem. Os que enveredaram por esse caminho medem o tempo até a plena implementação em anos, não em semanas ou meses. Com efeito, boa parte do esforço inicial será dedicada a vender o novo modelo para a liderança da própria empresa. Em outras palavras, o modelo Desafiador não é como uma atualização automática de software; é um novo sistema operacional inteiro a ser instalado na organização comercial. Para quem deseja resultados rápidos, é melhor procurar outra opção.

Entretanto, se você está pronto a conduzir sua organização nesta jornada transformadora, continue lendo. As vantagens oferecidas aos primeiros a chegar são enormes. O modelo Desafiador proporciona uma via de escape inédita e poderosa para o terreno pantanoso da venda de soluções, onde organizações de vendas das mais diversas indústrias e lugares do mundo acabam atoladas por anos.

O Modelo Desafiador de Vendas funciona?

Assim que divulgamos as conclusões da nossa pesquisa, começamos a receber o retorno dos membros do SEC sobre como seus vendedores estavam utilizando os princípios do Modelo Desafiador de Vendas com seus clientes — em geral, com efeitos extraordinários. Vamos examinar os fundamentos desse modelo, um de cada vez, para dar uma ideia melhor de como ele funciona quando bem aplicado.

ENSINANDO PARA DIFERENCIAR

O que realmente distingue o profissional Desafiador é sua capacidade de ensinar aos clientes algo novo e valioso acerca de como se inserem no mercado. Nossa pesquisa acerca da fidelidade dos clientes, que discutiremos em detalhes no próximo capítulo, mostra que é exatamente esse comportamento que os conquista a longo prazo.

Ensinar significa oferecer ao cliente perspectivas ímpares sobre seus negócios e comunicá-las de uma maneira apaixonada e precisa, que seja atraente para ele. Esses novos pontos de vista se aplicam não só aos produtos e soluções oferecidos, mas às formas de incrementar a eficácia do cliente em seu mercado — sugestões que ele poderá usar para cortar despesas operacionais, entrar em novos mercados ou reduzir riscos.

Para entender como funciona na prática essa abordagem didática, vamos dar alguns exemplos. O primeiro foi trazido por um de nossos integrantes, um fabricante de móveis de escritório. Um executivo de vendas da empresa contou-nos o caso de uma de suas representantes, empenhada em ganhar pontos com um cliente em potencial, que tinha acabado de construir uma nova sede e escolhera um concorrente para mobiliar o prédio. O fornecedor parecia ter sido riscado do processo, mas a vendedora — recém-contratada — ainda farejava ali a oportunidade de estabelecer uma cabeça de ponte na nova sede, antes da chegada do concorrente. Após alguma persistência, ela conseguiu marcar uma reunião com o responsável pelos imóveis e instalações da empresa.

Uma das principais prioridades desse cliente em potencial era criar espaços colaborativos, onde os funcionários pudessem interagir de maneira mais eficaz entre si. Ao passar os olhos pelas plantas, ela comentou: "Sabe, temos fortes indicadores de que a colaboração não acontece em grupos de oito, mas em duplas e trios; e, a partir de sete, deixa de ser produtiva. Talvez vocês estejam projetando salas de reunião do tamanho errado".

"É bom saber disso", retorquiu o cliente, "mas as salas já estão prontas. O que podemos fazer agora?"

Alavancando o conhecimento que tinha sobre seus produtos, a ven-

O DESAFIADOR (PARTE 2)

dedora propôs que se instalassem paredes móveis no meio das salas de reunião, dividindo-as em salas que acomodariam grupos menores, de três a quatro integrantes. Em seguida, mencionou um produto oferecido por sua empresa que poderia facilitar a colaboração entre eles. Assim, com base em uma percepção individual, ela apontou para o cliente um problema que ele nem sabia que tinha, conquistou sua atenção e mudou por completo os rumos da conta.

Outro bom exemplo vem de uma companhia farmacêutica global. Qualquer um que conheça essa indústria sabe da verdadeira corrida armamentista em que seus protagonistas estão atolados há anos: são representantes demais se digladiando para conseguir tempo para conversar com médicos em número muito menor. Nesse ambiente agressivo de vendas, a empresa em questão estava tentando inovar e tornar-se a preferida dos médicos para conversar. No entanto, as pesquisas indicavam que, aos olhos dos clientes, os fornecedores eram indistinguíveis uns dos outros.

Para diminuir o ruído, a empresa tratou de preparar seus representantes para dar novas ideias aos médicos — ensinando-os não acerca dos produtos vendidos, mas de como aumentar a eficácia de sua própria prática clínica. Com base no vasto conhecimento da empresa sobre gestão de doenças, sua equipe de marketing criou uma série de "jornadas dos pacientes" para seus representantes compartilharem com os médicos, apresentando o ciclo inteiro de determinadas doenças, desde o surgimento dos sintomas até o acompanhamento após a convalescença.

Para o médico, uma visão geral do ciclo completo da doença pode ser muito esclarecedora. Por exemplo, a empresa sabe que pacientes com determinada enfermidade apresentam uma média de 2,5 agudizações — em geral acarretando uma ida a um pronto-socorro — por ano. Como, porém, o médico de família talvez nem saiba que essas emergências tendem a acontecer entre uma consulta e outra, acaba tratando seus pacientes de um quadro muito menos grave do que a situação real exigiria. Uma vez sabendo dessa nova informação, podem adequar o tratamento de modo a evitar ou reduzir consideravelmente essas agudizações, aumentando muito a qualidade do atendimento oferecido. É o tipo de conhecimento valorizado pelos profissionais de saúde, tendo proporcionado a esse fornecedor específico um acesso aos médicos que até então não existia.

Um último exemplo. Hoje em dia, em vendas, discute-se muito como os representantes podem "chegar antes da licitação". Este caso ilustra bem como a função didática pode ser usada não só para chegar antes de uma licitação, mas até mesmo para reestruturá-la a favor de determinado fornecedor.

A história aconteceu com uma empresa prestadora de serviços de gestão de benefícios, que foi informada por um cliente de longa data, não faz muito tempo, da decisão de abrir uma licitação para o contrato, numa tentativa de redução de custos. Frustrados por um cliente tão antigo tentar envolvê-los em uma guerra de preços, os fornecedores responderam que não estavam interessados naquele tipo de parceria com um cliente, isto é, baseada em preço, informando-lhe que não participariam da licitação. Antes, porém, tomaram uma iniciativa bastante peculiar.

Explicaram ao cliente que, mesmo não participando, tinham em tão alta conta a duradoura relação profissional que os unia que de muito bom grado se dispunham a ajudá-los na elaboração de sua licitação, a fim de garantir que o cliente não deixasse de solicitar os elementos certos de seu próximo fornecedor.

Satisfeito com a perspectiva de uma consultoria gratuita, o cliente se reuniu com representantes do fornecedor e, em algumas horas, levantaram os pontos que deveriam constar das propostas. A conversa girou em torno de orientações do gênero "se algum fornecedor lhes disser essas três coisas, eles estarão errados, e pelas seguintes razões"; "se disserem que vocês precisam dessas quatro coisas, não é verdade, por causa disso, disso e disso"; "é fundamental que sua licitação preveja estes dois pontos, por tal e tal motivo"; e "se alguma empresa alegar que essas duas coisas não são necessárias, diga que eles estão errados, por isso e por isso. Vão tentar fazer vocês comprarem o que eles querem vender, mas eis o porquê de vocês terem de insistir nesses dois pontos-chave".

Para o cliente, foram orientações preciosas, pois ele jamais teria pensado em nada daquilo por conta própria. Uma vez estruturada a

O DESAFIADOR (PARTE 2)

licitação, a equipe do fornecedor deu uma olhada no texto e concluiu: "Bem, se essa é a licitação que vocês vão abrir, então gostaríamos de participar, pois ela descreve exatamente o tipo de parceria que gostaríamos de ter com vocês".

Este último exemplo em particular mostra por que a abordagem didática funciona tão bem. As ideias dos profissionais de vendas devem ser minuciosamente vinculadas às peculiaridades do fornecedor. Sem a menor sombra de dúvida, a capacidade de um representante comercial de apresentar esse tipo de proposta exclusiva é a arma mais poderosa do Desafiador — e é, na verdade, a pedra angular da fidelidade do cliente B2B. Trataremos mais a fundo da didática nos dois capítulos seguintes.

PERSONALIZANDO PARA ENCONTRAR ECO

Embora a função didática seja, mais que todas as outras, o atributo que define o Desafiador, é a capacidade de personalizar a mensagem para os mais diversos tipos de clientes — bem como a indivíduos distintos dentro da organização-cliente — que faz com que o conteúdo ensinado encontre eco e envolva o comprador.

A personalização vai depender do conhecimento que o profissional de vendas tem das prioridades do seu interlocutor — os resultados específicos que aquela pessoa em particular mais valoriza, os objetivos que se espera que ela atinja para a empresa e os vários motores econômicos com mais chances de afetá-los.

Quando o Desafiador senta para conversar com um diretor de marketing, sabe como estruturar sua comunicação de modo que sua fala esteja de acordo com as prioridades daquele diretor. Quando se reúne com alguém da área operacional, sabe como deve adaptá-la. Não se trata, porém, de mera questão de tino comercial, mas de agilidade mental, no sentido da capacidade que deve ter o profissional de vendas de adequar-se ao ambiente específico de cada interlocutor. O que é importante para o outro? Como seu desempenho é mensurado? Onde ele se encaixa na estrutura da organização-cliente?

63

A VENDA DESAFIADORA

Um exemplo que demonstra o potencial de uma personalização bem-feita foi dado por aquele membro do SEC de uma prestadora de serviços empresariais. Dois de seus representantes vinham trabalhando juntos em uma conta havia uns seis meses, construindo uma relação com líderes de toda a organização, preparando-se nesse meio-tempo para a apresentação de uma grande proposta para o principal executivo e a alta gerência da empresa. Ao fim de uma série de reuniões e apresentações, a dupla chegou àquela que lhe pareceu ser a proposta mais adequada às maiores necessidades do cliente — uma solução terceirizada que proporcionaria à empresa uma redução de gastos.

Uma semana antes de sua apresentação para o principal executivo e sua equipe, entretanto, os dois profissionais tomaram parte da conferência anual de vendas da sua própria empresa, que teve por tema o desenvolvimento das competências do Desafiador na organização de vendas. Na sessão sobre personalização, ambos se deram conta de que não haviam investigado a fundo as motivações pessoais e os objetivos profissionais do CEO (diretor executivo), e talvez não estivessem em condições de estruturar seu discurso da melhor maneira possível.

Assim sendo, convocaram uma reunião de última hora com alguns integrantes centrais da organização-cliente a fim de entender melhor os interesses do CEO, na tentativa de ter alguma ideia que os ajudasse a chamar pessoalmente sua atenção. Nesse encontro, fariam uma descoberta inestimável: ele estava extremamente preocupado com os baixos índices de satisfação do cliente dos quais a empresa havia acabado de tomar conhecimento. Ademais, era um aficionado por tecnologia.

Em vez de chegarem para a reunião com o discurso que haviam preparado originalmente, centrado na redução de gastos, eles mudaram o foco para o fato de que a solução que estavam propondo não só cortaria custos como também aumentaria a satisfação dos clientes e diminuiria o tempo de resposta em caso de problemas, graças a novas tecnologias desenvolvidas pelo fornecedor. E mais: essa mesma tecnologia proporcionaria a todos, do CEO aos gerentes de linha, acesso em tempo real a eventuais dificuldades no atendimento aos clientes e atrasos na resolução de problemas.

O CEO imediatamente se ajeitou na cadeira e acompanhou com

O DESAFIADOR (PARTE 2)

profunda atenção tudo o que os dois vendedores tinham a dizer. O que não teria passado de uma apresentação corriqueira de um fornecedor tornou-se um debate acalorado em torno de uma das preocupações mais palpitantes do CEO — que, no fim da reunião, agradeceu aos dois por terem lançado novas luzes sobre um problema persistente de sua empresa além de apresentarem recursos que ele não sabia que o fornecedor possuía. Enquanto os concorrentes se ativeram às suas propostas-padrão, aquela prestadora de serviços fechou a venda graças à adequação de sua mensagem ao tema mais premente para o CEO naquele momento. Numa época em que o consenso é mais importante do que nunca para fechar um negócio, não admira que vença aquele capaz de melhor personalizar seu discurso para um amplo leque de envolvidos na organização-cliente, de modo a propiciar esse consenso. Vamos explorar esse assunto em detalhes no capítulo 6.

ASSUMINDO O CONTROLE DA VENDA

A última característica que diferencia os profissionais Desafiadores é sua capacidade de asseverar e manter o controle da venda. Todavia, antes de prosseguirmos, é importante salientar que ser assertivo não significa ser agressivo nem importuno ou invasivo. Estamos falando da disposição e habilidade do vendedor para sustentar sua posição quando o cliente reage.

A assertividade do Desafiador pode manifestar-se de duas formas distintas. Primeiro, os Desafiadores apropriam-se do controle sobre a discussão de preços e dinheiro de maneira mais geral. Em vez de ceder ao pedido de um desconto de 10%, direcionam a conversa para a solução como um todo — buscando um acordo com relação ao valor, não ao preço. Em segundo lugar, são capazes também de desafiar o raciocínio do cliente e pressionar seu ciclo decisório — tanto para chegar mais rápido a uma decisão quanto para superar a "inércia da indecisão" que tantas vezes adia indefinidamente o fechamento de um acordo.

E, pensando bem, se um dos segredos do sucesso do profissional

A VENDA DESAFIADORA

de vendas Desafiador é sua didática — ou a possibilidade de oferecer ao cliente outra visão de mundo —, ele precisará estar pronto para se desgastar um pouco. Do mesmo modo como não se pode ser um professor eficaz sem instigar os alunos, só será um Desafiador quem se dispuser a instigar os clientes. É uma abordagem tanto mais importante hoje em dia quanto maior é a aversão ao risco por parte dos clientes. É curioso que os gestores de vendas costumem lamentar que seus representantes comerciais de nível médio não saiam de suas zonas de conforto ao vender, quando sem dúvida o maior problema é que os clientes tendem a permanecer em suas próprias zonas de conforto ao comprar. E é exatamente isto que o profissional Desafiador faz: tira os clientes do terreno conhecido, na medida em que lhes apresenta seu próprio mundo sob uma nova ótica. E o segredo, claro, é fazê-lo com controle, diplomacia e empatia.

Um de nossos membros mais antigos, ex-cso de vendas de uma das maiores indústrias químicas do mundo, explica: "Na prática, a apropriação do controle pode assumir diversas formas. Em essência, significa que o profissional de vendas toma a frente na discussão com o cliente com um fim específico em vista". Embora o conjunto de competências relacionadas à apropriação do controle seja vasto e complexo, há várias ferramentas simples que podem ser aplicadas com grande eficácia.

"As discussões sobre preço — aumentos ou pedidos de redução — constituem uma área de altíssimo valor para o profissional de vendas que dela se apropria", ressalta ele. "Sempre que a questão do preço vem à tona, uma técnica eficaz consiste em mudar o foco do preço para o valor — o valor da oferta em pauta é um bom ponto de partida para o diálogo. Durante essa discussão, é interessante fazer com que o cliente enumere os componentes da proposta em ordem de importância, o que às vezes o ajuda a enxergá-la sob uma nova luz. Essas novas perspectivas são muito úteis tanto para o profissional de vendas quanto para o cliente, em suas reflexões acerca da questão do valor."

Ele nos contou a história de um de seus representantes comerciais, que se viu na situação de ter que comunicar um aumento de preço a um cliente de longa data — um aumento não muito significativo, mas em descompasso com o cenário econômico. Embora os preços dos demais fornecedores da empresa se mantivessem inalterados, a matéria-prima do produto em questão havia encarecido tanto que o aumento era imperioso. Por outro lado, anos antes, aquele cliente havia solicitado que o produto fosse enviado em uma embalagem dispendiosa, fora do padrão. Com o passar do tempo, esse gasto extra havia reduzido substancialmente a rentabilidade do negócio para o fornecedor. Durante a discussão do aumento de preço, o vendedor pediu que o cliente arrolasse as maiores vantagens que o acordo fechado entre eles lhe oferecia — e a embalagem dispendiosa não apareceu entre as três primeiras. Assim, cliente e fornecedor chegaram a um consenso: um aumento menor de preço, aliado à adoção de embalagens dentro do padrão. A mudança de embalagem representou um aumento maior da rentabilidade do que a alteração do preço em si. "Foi um excelente resultado", ele concluiu, "graças a um mecanismo relativamente simples de apropriação do controle em uma discussão de preço, que acarretou benefícios para ambas as partes."

Um guia para o restante deste livro

Qual é a melhor maneira de criar profissionais Desafiadores? Veja como vamos abordar essa questão ao longo dos próximos capítulos:

- Nos capítulos 4 e 5, trataremos da função didática. Vamos discutir por que ela funciona e qual deve ser a abordagem dos vendedores e a estrutura de seu discurso. Grande parte desses capítulos vai girar em torno do papel crítico desempenhado pela organização — que, na maioria das empresas, cabe ao marketing — na identificação de "ideias dignas do cliente" vinculadas a recursos específicos daquele fornecedor.
- No capítulo 6, examinaremos a questão da personalização. Vamos mergulhar nos motivos que fazem dela uma abordagem tão eficaz no atual ambiente de vendas, e veremos como fazem as melhores organizações para preparar seus representantes para personalizar,

ou seja, adaptar sua abordagem e seu discurso a cada um de seus interlocutores na organização-cliente. Um aspecto crítico dessa questão é a ascensão — descrita no capítulo 1 — da compra por consenso nas organizações-clientes. Vamos nos dedicar um pouco mais à elucidação dessa tendência.

- No capítulo 7, vamos esmiuçar a apropriação do controle e discutir técnicas para que os representantes comerciais sejam mais assertivos, sem com isso se tornarem mais agressivos. Conforme já mencionamos, esse componente do Modelo Desafiador de Vendas é objeto frequente de mal-entendidos. Se mal aplicado, causa mais mal do que bem; quando, porém, empregado da maneira correta, pode fazer a diferença entre uma decisão e "decisão nenhuma". Em um mundo em que o estado normal dos clientes é na verdade seu maior inimigo e no qual os clientes mostram-se cada vez mais avessos ao risco, a capacidade de assumir o controle pode ser decisiva para os vendedores.

- No capítulo 8, analisaremos o papel crucial do gerente de vendas diretas no desenvolvimento de Desafiadores. Veremos especificamente a questão do *coaching*, ainda negligenciado pela maioria das organizações de vendas — e especialidade do SEC. É uma área em que temos conhecimento de certos dados contraintuitivos e de melhores práticas a compartilhar com você. Ainda assim, *coaching* não é tudo. Em estudos recentes, constatamos que os gerentes de vendas de alto desempenho possuem também uma capacidade ímpar de, junto com seus representantes, inovar nos acordos. Se o *coaching* envolve a propagação de competências de reconhecido êxito nas vendas, a inovação está relacionada à condução determinada de cada acordo individual. São competências distintas, mas ambas revestem-se de imensa importância em uma organização empenhada em adotar o modelo Desafiador.

- No capítulo 9, ofereceremos mais algumas palavras de orientação para os líderes que pretendem transformar suas organizações comerciais em organizações Desafiadoras. Se você deseja embarcar nessa jornada de desenvolvimento de Desafiadores, como vai estruturar o projeto de modo a promover mudanças efetivas

O DESAFIADOR (PARTE 2)

e de longo prazo, que não se limitem a ser apenas o "novo treinamento do mês"?

- Por fim, no epílogo, vamos refletir sobre a aplicação da noção de desafio para além do universo das vendas. Parece-nos que o modelo Desafiador é um conceito de negócios, não meramente de vendas; já o vimos empregado com eficácia em uma variedade de contextos corporativos — de TI e RH a finanças, jurídico e estratégia — e abordaremos esse ponto em mais detalhes na seção que encerra este livro.

4
Ensinando
para diferenciar (Parte 1): A importância das ideias

NOS ÚLTIMOS QUINZE ANOS, a maioria dos treinamentos em vendas girou em torno de um princípio básico: o caminho mais curto para o sucesso na área é um profundo entendimento das necessidades do cliente. Se você pretende vender "soluções", segundo esse raciocínio, precisará primeiro "descobrir" quais são os calos que mais incomodam seus clientes e estabelecer uma íntima associação entre o que lhes está tirando o sono e o que você tem para vender.

Não admira, pois, que os gestores de vendas invistam milhões de dólares e um número incontável de horas treinando seus representantes comerciais para que façam perguntas melhores. Muitas perguntas. Perguntas de sondagem. Financeiras. Hipotéticas. Abertas. Perguntas de acompanhamento. Todas elaboradas a fim de investigar, com a maior profundidade possível, os "três maiores objetivos estratégicos para o próximo ano" ou "as duas coisas que eles têm de acertar neste trimestre", ou — melhor ainda — as "plataformas mais quentes" do momento.

A ideia é que, se mergulharmos fundo o suficiente para descobrir "a história por trás da história", chegaremos a um lugar onde os clientes são tão abertos com relação às suas reais necessidades que ali mesmo, na hora, conseguiremos criar uma oferta extremamente direcionada, com a "solução" perfeita para seu problema — uma solução tão alinhada com suas necessidades que eles não terão outra escolha senão comprá--la, seja pelo preço que for.

Em teoria, parece ótimo, mas nessa abordagem há um grande problema: não funciona tão bem hoje quanto antigamente. Por certo, deixou de justificar os volumosos gastos com treinamento despejados no aprimoramento das habilidades investigativas dos profissionais de vendas. E isso não só porque aprimorar a capacidade dos vendedores de fazer boas perguntas é uma tarefa de uma dificuldade colossal — sobretudo entre aqueles de desempenho mediano — mas, muito mais importante, porque essa abordagem se baseia em uma premissa totalmente falsa: a de que os clientes sabem de fato do que precisam e suas necessidades estão bem ali, apenas esperando para ser reveladas, por bem ou por mal, mediante nosso domínio das técnicas interrogativas.

Mas e se os clientes não souberem, na verdade, do que eles precisam? E se — ironia das ironias — sua maior necessidade for justamente descobrir qual é exatamente sua necessidade?

Se for esse o caso, em vez de indagar aos clientes do que precisam, a melhor técnica de vendas talvez seja, pelo contrário, informá-los do que necessitam — e é exatamente isso que os Desafiadores fazem. No fundo, os Desafiadores são muito mais excelentes professores do que investigadores. Seu desempenho se deve não ao fato de compreenderem o mundo do cliente tão bem quanto ele, mas por entenderem-no ainda melhor, o que lhes permite ensinar ao cliente o que ele deveria saber, mas não sabe.

Ao longo dos dois próximos capítulos, mergulharemos fundo na didática do Desafiador — sem dúvida, a mais central das três competências fundamentais desse profissional. Em nossa exposição sobre sua função didática, mostraremos em detalhes e de maneira bastante concreta o que ela é e o que ela não é, como se apresenta e funciona na prática e como assegurar a devida recompensa quando procedemos do jeito certo. Nesse processo, tocaremos algumas questões difíceis e encontraremos respostas surpreendentes. Vamos encarar interrogações como:

- Qual a grande diferença, na prática, entre o discurso "didático" e o discurso de vendas tradicional?

- Que tipo de material promocional devo apresentar?
- Quanto dessa função didática é realmente uma questão de competência individual e quanto depende da estrutura organizacional?
- Qual a parcela de responsabilidade do marketing?

E, talvez a mais importante:

- Antes de qualquer outra coisa: os clientes querem mesmo ser ensinados?

Vamos começar por esta última. Este é o ponto de partida em qualquer técnica de vendas: o cliente. E no caso do método Desafiador, essa é a pergunta que mais escutamos. Afinal, à primeira vista pode parecer bastante arrogante simplesmente se materializar na frente do cliente e anunciar: "Olá, estou aqui para ensinar você!".

Contudo, é exatamente essa a mensagem. Talvez não com essas palavras — ou melhor, muito provavelmente não com essas palavras. Ainda assim, após quatro anos de extensas pesquisas, o que sabemos sem a menor sombra de dúvida é que é isso que os clientes desejam, mais que qualquer outra coisa, ouvir de seus fornecedores.

Não é o que você vende, é como você vende

Desde muito antes do colapso da economia global, em 2008, e durante todo o período de recessão que se seguiu, as equipes do SEC e de seu coirmão, o Marketing Leadership Council [Conselho de Liderança em Marketing] (outro programa do Corporate Executive Board), se empenhavam em descobrir o que exatamente as empresas procuram em um fornecedor *business-to-business*. Nesse processo, já pesquisamos bem mais de 5 mil pessoas das organizações-clientes de nossos clientes — de todos os escalões, de empresários a executivos de nível C, de usuários finais a influenciadores de compra, passando por diretores de compras e até consultores externos.

ENSINANDO PARA DIFERENCIAR (PARTE 1)

Por meio de um questionário de cerca de cinquenta perguntas, pedimos a cada pesquisado que classificasse o fornecedor designado (ou seja, nossa organização-cliente) em relação a fornecedores similares quanto a uma série de atributos de seus produtos, marca, atendimento e relação valor/ preço. Indagamos sobre todos os motivos habituais que levam alguém a dar preferência a determinado fornecedor em vez de outro — detalhes como desempenho e recursos do produto, reconhecimento da marca, tempo de resposta do atendimento ao cliente. Além disso, fizemos também uma série de perguntas a respeito da experiência de venda em si — como é, na prática, comprar do referido fornecedor, em comparação com a concorrência. Por fim, fizemos a cada participante três perguntas específicas para mensurar seu nível de fidelidade àquele fornecedor: "Em uma escala de um a sete, qual a sua tendência a:

- continuar comprando desse fornecedor específico;
- comprar ainda mais desse fornecedor no futuro;
- defender a escolha desse fornecedor em sua organização?".

Não perguntamos sobre o nível geral de alegria, satisfação ou mesmo probabilidade de compra por parte do cliente — aspectos que, como havíamos constatado em um estudo anterior do Marketing Leadership Council, exercem pouca influência sobre a fidelidade do cliente B2B —, mas sobre sua tendência a embarcar, com o fornecedor em questão, em uma "jornada em busca de soluções". Em todos esses anos de pesquisas de fidelidade, percebemos que a combinação dessas três perguntas prevê melhor o estreitamento dos laços com o cliente (e, em última instância, o crescimento comercial) do que qualquer outro parâmetro de fidelidade que já tenhamos testado.

Ao reunir todas essas informações — dezenas de milhares de pontos de dados — e submetê-las a ampla análise, podemos identificar, entre todos os modos de superar a concorrência, quais são os fatores mais importantes na determinação da fidelidade do cliente.

A resposta não é só fascinante, mas, para a maioria dos executivos de marketing e vendas, é tão inesperada que esses resultados viraram

73

assunto de mais conversas na cúpula das empresas que todas as outras pesquisas que já fizemos (ver figura 4.1).

Figura 4.1. Motores representativos da fidelidade do cliente

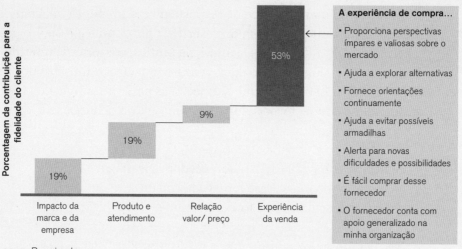

FONTE: Pesquisa do SEC.

A primeira coisa que se constata diante dessa análise é a influência definitiva que marca, produto e atendimento exercem sobre a fidelidade. A partir da combinação desses fatores, nota-se que 38% da fidelidade do cliente podem ser atribuídos à capacidade do fornecedor de superar a concorrência nesses aspectos. Ou seja, vender um produto de marca bem definida, altamente diferenciado, sustentado por um atendimento ao cliente acima da média da indústria, sem dúvida vai gerar mais fidelidade. Se você estiver muito atrás da concorrência em alguma dessas três categorias, provavelmente é por aí que você deve começar.

Ainda assim, muitos executivos reagem com autêntica surpresa a esses resultados. Supõem que esses fatores respondam por uma fatia muito maior — talvez 70%, 80% ou mesmo 90% da fidelidade do cliente. Afinal, se não puderem conquistar fidelidade com base

ENSINANDO PARA DIFERENCIAR (PARTE 1)

na superioridade de sua marca, produto e atendimento, bem, o que mais pode funcionar?

A razão desse impacto surpreendentemente baixo encontra-se, em grande parte, em uma tendência ilustrada com perfeição em um caso que nos foi relatado pela diretora de marketing de uma das maiores prestadoras de serviços financeiros do mundo. Ao ver esses dados, ela recordou: "Quatro anos atrás, nossa empresa encontrava-se estacionada em um índice de apenas 65% de satisfação do cliente, em virtude de uma tradicional tendência de toda a nossa indústria a oferecer, de modo geral, um péssimo atendimento ao cliente. Vendo esse problema como uma verdadeira oportunidade de crescimento, durante os três anos seguintes nos dedicamos a analisar e aprimorar o atendimento sob todos os aspectos mais sensíveis para os clientes, investindo milhões de dólares e um número incalculável de horas. Os resultados foram fenomenais! Ao fim de três anos, a satisfação dos nossos clientes subiu de 65% para 95%". Parece fantástico, não?

"Entretanto", prosseguiu ela, "houve um pequeno problema. Naquele mesmo período, nossos dois maiores concorrentes fizeram exatamente a mesma coisa. Investiram mais ou menos o mesmo montante e obtiveram mais ou menos o mesmo resultado. Então ali estávamos nós, quatro anos depois, com o setor inteiro empatado em 96% de satisfação do cliente. Não me entendam mal, isso é ótimo — mas, em termos comerciais, a consequência foi que não derivamos o menor benefício de todo aquele gasto. Clientes satisfeitos nos deixam todos os dias, pois sabem que receberão bom tratamento idêntico em qualquer outro lugar."

Será justo dizer que essa empresa precisava investir tanto dinheiro e tempo apenas para permanecer no jogo? Sem dúvida. Do contrário, provavelmente já teriam fechado as portas. Ainda assim, é uma lição incomodamente familiar. Investimos milhões de dólares em marca, produto e atendimento em busca de crescimento e tudo o que conseguimos é permanecer na normalidade. Nossos clientes ficam mais satisfeitos, mas não necessariamente mais fiéis.

Qual será o problema, então? Para descobrir, saímos em campo para discutir nossas conclusões com alguns dos clientes que haviam participado da pesquisa e ouvimos algo um tanto quanto surpreendente. Em face desses resultados — o impacto relativamente baixo da marca, produto e atendimento sobre a fidelidade — esperávamos que pelo menos alguns desses clientes expressassem uma efetiva insatisfação em relação ao fornecedor em questões levantadas nessas três categorias. No entanto, não foi esse, de modo algum, o retorno que recebemos. Na verdade, o que ouvimos foi o contrário. Eles adoravam o produto! A marca era de alta qualidade! O atendimento, fantástico! Mas, sendo assim, por que raios o índice de fidelidade a esses atributos era tão baixo?

A resposta está no que os clientes quase sempre acrescentam em seguida: "Claro! O produto deles é ótimo! Funciona exatamente do jeito que eles descrevem! Mas o produto da concorrência também é excelente!". Ou: "A marca é de primeira! Todo mundo conhece! Mas a da concorrência está no mesmo patamar!". Ou: "O atendimento deles é fantástico! Eu até os colocaria no mesmo nível da concorrência!". Parece familiar?

Cada vez mais confirmamos que os clientes, de maneira geral, veem entre nós e a concorrência uma diferença significativamente menor do que a que nós mesmos percebemos. Não que considerem a maioria dos fornecedores particularmente fracos em termos de marca, produto ou atendimento — apenas não notam a diferença. Assim, enquanto passamos a maior parte do nosso tempo enfatizando diferenças sutis, os clientes tendem a focalizar primeiro as semelhanças genéricas.

Por acaso isso significa que devemos parar de investir em marca, produto e atendimento? Decerto que não! A enorme importância desses fatores permanece a mesma. Mas — pelo menos no contexto B2B — nossos investimentos na construção de marca, desenvolvimento de produtos e aprimoramento do atendimento ao cliente não são a etapa final para conquistar a fidelidade do cliente, mas a primeira. Esse é o preço a pagar para começar a merecer alguma fidelidade.

Embora precisem de um tempo para se acostumar com a ideia, executivos de marketing e vendas tendem a concordar com essa nossa conclusão, já que, na prática, lidam com ela todos os dias. Em muitos casos, porém, sua inclinação natural, nos últimos anos, tem sido explicar o baixo impacto da marca, produto e atendimento sobre a fidelidade como uma consequência natural da excessiva preocupação dos clientes

ENSINANDO PARA DIFERENCIAR (PARTE 1)

com a redução de gastos. Claro que os clientes são fiéis, alegam — fiéis a quem oferecer os menores preços.

Acontece que também não é isso. Apenas 9% da fidelidade do cliente pode ser atribuída à capacidade do fornecedor de superar a concorrência na relação valor/ preço. Sim, você pode vender mais barato que seus concorrentes, mas provavelmente seu cliente acha que você também lhe proporciona menos valor. Portanto, seu preço menor pode até conquistar o negócio para você, mas dificilmente lhe granjeará muita fidelidade.

Se o seu cliente está decidido a comprar a opção mais barata hoje, é grande a probabilidade de que ele continue decidido a comprar a opção mais barata amanhã. E essa alternativa pode ou não ser a sua — afinal, quase nunca há como impedir a concorrência de abrir caminho à base de descontos. Nesse jogo, a fidelidade é essencialmente irrelevante, na medida em que os clientes não estão em busca de um parceiro, mas de uma pechincha. Mas não é disso que trata a nossa história. Nossa história gira em torno da disposição do cliente não só de continuar comprando de você, mas de aumentar o volume da compra com o passar do tempo, e ainda falar em seu favor. Se esse é o seu objetivo, o preço não é a melhor ferramenta para chegar lá. A menos que seus preços reduzidos sejam acompanhados de um valor percebido como sendo significativamente mais alto que o da concorrência, os descontos de hoje não necessariamente lhe garantirão os negócios de amanhã.

Assim, se apenas 38% da fidelidade do cliente pode ser atribuída à sua capacidade de superar o desempenho da concorrência em termos de marca, produto e atendimento e 9% se devem à superação da concorrência no tocante à relação valor/ preço, mas e os outros 53%? O que há para ver além disso?

Para compreender a resposta, remontemos àquelas conversas que tivemos com os clientes e das quais falávamos há pouco. O que os clientes costumam nos dizer, depois de falar sobre como é pequena a diferença que notam entre os vários fornecedores com relação à marca, produto e atendimento, é que, com relação à experiência da venda em si — o relacionamento concreto que mantêm com os fornecedores ao longo do tempo — percebem uma diferença enorme.

Aqui, os clientes vão sempre direto ao ponto. Há vendedores, lamentam, cuja visita é uma perda de tempo tão cabal que, ao final, eles sentem como se lhe tivesse sido roubada uma hora de suas vidas — uma hora que jamais voltarão a recuperar. E, para dizer a verdade, o talento do profissional para apresentação não faz muita diferença. Simplesmente não vale a pena ter de sentar e ouvir uma entusiástica explicação de como o novo e melhorado modelo XPJ178 realiza as mesmas tarefas três segundos mais rápido, usando menos energia e demandando menos manutenção, "economizando o seu tempo e dinheiro para as coisas mais importantes!". E daí?! Se eu quero economizar tempo e dinheiro? Claro que sim! Se eu acho que esses três segundos justificam um aumento de 5% no preço? Provavelmente não.

Por outro lado, esses mesmos clientes revelam que outros vendedores aproveitam o tempo fornecendo informações tão interessantes e preciosas que — nas palavras de Neil Rackham — o cliente se disporia até a pagar pela conversa. Em outras palavras, enquanto para os clientes alguns fornecedores promovem uma experiência horrível de vendas, outros se mostram inestimáveis. Mesmo fornecedores que, no papel, sob todos os outros aspectos parecem semelhantes, apresentam diferenças substanciais quanto à experiência de vendas. E essa diferença, ao que parece, tem um imenso impacto sobre a fidelidade do cliente.

Esta é a conclusão mais bombástica da nossa pesquisa: não se conquista a fidelidade nos centros de desenvolvimento de produtos, na publicidade nem em centrais de atendimento 0800. A fidelidade é conquistada em campo, nas trincheiras, na visita de vendas. É resultante das interações diárias entre nossos representantes comerciais e os clientes. Toda a fatia restante da fidelidade do cliente — aqueles polpudos 53% — deve-se à capacidade de superar a concorrência na experiência de vendas em si. Mais de metade da fidelidade é fruto não daquilo que você vende, mas de como vende. Por mais importante que seja ter bons produtos, marca e atendimento, será tudo em vão caso seus vendedores não façam a diferença em campo.

Por outro lado, uma coisa é dizer que a experiência de vendas tem enorme influência sobre a fidelidade do cliente, e outra completamente diversa é compreender como isso se dá. Afinal, não se esqueça, os clientes foram bem específicos: se algumas dessas interações são intoleráveis, outras são inestimáveis. Então, o que exatamente precisa acontecer na experiência concreta de vendas para gerar tamanho impacto sobre a fidelidade?

É aqui que a coisa começa a ficar realmente interessante, pois ao examinarmos os dados dentro da categoria "experiência de vendas", deparamos rigorosamente com a mesma história do Desafiador, só que agora contada do ponto de vista do cliente.

O poder das ideias

Dos cerca de cinquenta atributos que testamos em nossas pesquisas sobre fidelidade, dezessete pertenciam à categoria "experiência de vendas", cada qual refletindo um efeito minimamente positivo sobre a fidelidade do cliente. Aí se incluíam habilidades como "demonstra um alto nível de profissionalismo", "adequa-se às nossas necessidades e especificações peculiares", "traça um panorama de custos realista" e "adapta as comunicações às minhas preferências". Entretanto, ao classificá-las por ordem de influência, identificamos sete que se destacavam das demais em termos de importância:

- O vendedor proporciona perspectivas ímpares e valiosas sobre o mercado;
- O vendedor me ajuda a explorar alternativas;
- O vendedor fornece orientações ou recomendações continuamente;
- O vendedor me ajuda a evitar possíveis armadilhas;
- O vendedor me alerta para novas dificuldades e possibilidades;
- É fácil comprar desse fornecedor;
- O fornecedor conta com apoio generalizado na minha organização.

Ora, se começarmos pelo fim da lista e formos subindo, o que encontramos logo de cara é a corroboração estatística daquilo que já sabemos ser verdade — e que discutiremos em mais detalhes no capítulo 6. A necessidade de consenso entre todos os envolvidos do lado do cliente subiu na hierarquia; agora, mesmo os mais graduados tomadores de decisões na organização-cliente hesitam em fechar negócio com qualquer fornecedor ou solução sem a devida anuência de sua equipe.

Trata-se de uma consequência lógica, ainda que frustrante, do empenho dos vendedores em fornecer soluções cada vez maiores, mais dispendiosas e mais desestabilizadoras. Quanto mais altas as apostas, menos condições você terá de simplesmente abrir caminho na marra até a sala do cliente para fechar o negócio. Será preciso tecer uma rede de partidários ao longo do caminho, ou você correrá o risco de perder o contrato inteiro por falta de apoio dentro da organização.

Do mesmo modo, os clientes dão imensa importância a compras tranquilas e sem complicações. Ninguém quer trabalhar com um fornecedor que torna a compra mais complicada do que o necessário — ainda mais em se tratando de uma compra de soluções. Nada esfria um relacionamento mais rápido do que vendedores que precisam o tempo todo "confirmar com o gerente", ou "pedir aprovação do jurídico", ou "ver se o financeiro vai topar". Não faça seus clientes terem tanto trabalho para gastar dinheiro!

Há mais um detalhe nessa lista que chama a atenção. Dê mais uma olhada nos cinco primeiros atributos citados — as principais características definidoras de uma experiência de vendas de qualidade:

- O vendedor proporciona perspectivas ímpares e valiosas sobre o mercado;
- O vendedor me ajuda a explorar alternativas;
- O vendedor fornece orientações ou recomendações continuamente;
- O vendedor me ajuda a evitar possíveis armadilhas;
- O vendedor me alerta para novas dificuldades e possibilidades.

Cada um desses atributos fala diretamente da necessidade urgente dos clientes não de comprar, mas de aprender algo. Contam com os fornecedores para ajudá-los a identificar novas oportunidades de redução de custos, aumento da receita, penetração em novos mercados e mitigação de riscos de maneiras que eles mesmos ainda não são capazes de reconhecer. Basicamente, o cliente — ou 5 mil deles pelo menos, de

ENSINANDO PARA DIFERENCIAR (PARTE 1)

todo o mundo — está pedindo, com veemência: "Parem de me fazer perder tempo. Me desafiem. Me digam algo que eu não sei".

É uma conclusão instigante, que desmente anos de orientações e treinamento em vendas B2B. Claro, um fornecedor deve oferecer produtos, marca e atendimento excelentes. Mas, do ponto de vista dos clientes, isso a maioria já faz. Afinal, se não fosse assim, provavelmente nem sequer estariam negociando com eles em primeiro lugar. Pelo contrário, o que distingue os melhores fornecedores não é a qualidade de seus produtos, mas o valor de suas ideias — novas sugestões que ajudem os clientes a ganhar ou a economizar dinheiro, de formas que nem eles sabiam que era possível.

Nesse sentido, a fidelidade do cliente tem muito menos a ver com o que você vende e muito mais com como você vende. As melhores empresas não obtêm resultados graças à qualidade dos produtos que vendem, mas à qualidade das ideias que apresentam como parte da venda. A batalha pela fidelidade do cliente é vencida ou perdida muito antes de qualquer item chegar a ser de fato vendido. E os melhores profissionais a conquistam não por "descobrirem" o que os clientes já sabem que necessitam, mas por lhes apresentarem todo um novo modo de pensar.

Os clientes são muito claros a esse respeito. Dão muito mais valor à didática dos profissionais de vendas que a seu talento investigativo. Retomando os dados por um momento, "o vendedor se destaca no diagnóstico de nossas necessidades específicas" situa-se muito abaixo na lista sobre a experiência da venda. E sua posição é muito inferior porque, objetivamente, não tem tanto valor para o cliente. Claro, é ótimo se um representante comercial conhecer minhas necessidades tão bem quanto eu e for capaz de fazer perguntas para trazê-las à tona o mais rápido possível. Mas eu preciso mesmo é de um vendedor que conheça as minhas necessidades melhor do que eu mesmo — e que seja capaz de desafiar a encarar minhas próprias atividades de modo completamente diferente. E, para isso, ótimas perguntas não bastam. É preciso ter ótimas ideias.

Aliás, para quem estiver vendendo *commodities*, isso se aplica ainda mais. Sem sombra de dúvida, conquistar a fidelidade do cliente se você não consegue se diferenciar em termos de produto, marca ou preço será, no mínimo, difícil. Entretanto, nossas descobertas apontam o melhor caminho possível para fazer exatamente isso. Nas palavras do diretor de vendas de uma indústria química global: "Claro, nós dois podemos vender latas de vinte litros de graxa pesada sem marca pelo mesmo preço. Mas, se eu vender minha lata de vinte litros de graxa pesada sem marca melhor do que você vende a sua — bem, vou sair ganhando. E como faço isso? Ajudando o cliente a ver suas próprias atividades de uma nova maneira". Ele tem razão. Afinal, se não fosse assim, não haveria nada além do preço em si como critério de diferenciação. E, nesse caso, para que então ter uma força de vendas? Bastaria pôr toda essa graxa pesada sem marca on-line e vendê-la em seu site na web. Sairia muito mais barato.

Então, aonde isso nos leva? A este mundo — onde ideias de qualidade se sobrepõem a todo o resto, e onde não admira que os Desafiadores se destaquem. As ideias estão intimamente ligadas à função didática, na medida em que os clientes aprendem novas maneiras de pensar, que os levam a rever suas perspectivas e abordagens atuais. É exatamente o que os Desafiadores fazem: ensinam aos clientes novos pontos de vista, personalizados de acordo com suas necessidades mais prementes, de maneira suficientemente instigante e assertiva para fazer com que a mensagem não só encontre eco, mas de fato induza à ação. Afinal, se você não mudar o modo de pensar — e, em última instância, de agir — do cliente, não lhe terá ensinado nada, para começar. Ou, pelo menos, nada com relação a que valha a pena fazer alguma coisa. E qual o valor disso?

Não é qualquer didática, é didática comercial

Entretanto, por mais importante que seja a função didática do profissional de vendas, não basta apenas montar uma equipe de Desafiadores e ordenar: "Vão lá e ensinem!". Isso pode ser bom para os clientes, mas não necessariamente bom para os negócios. Como questionou o diretor

ENSINANDO PARA DIFERENCIAR (PARTE 1)

de vendas global de uma grande empresa de software corporativo: "E o que acontece se meu representante for lá, ensinar aos clientes algo completamente novo e instigante a respeito de suas próprias atividades, deixá-los loucos para partir para a ação e eles então pegarem a ideia, abrirem uma licitação e fecharem o negócio com meu concorrente? Nesse caso, não terei ganhado nada".

Ele tem razão, não terá mesmo. Tudo o que terá feito, nesse caso, é oferecer uma consultoria de graça. Sem dúvida, terá dado ao cliente exatamente o que ele desejava, mas também terá dado ao seu concorrente exatamente o que ele queria: a venda. Uma péssima situação em que se meter.

Uma coisa é desafiar os clientes com novas ideias; outra, completamente diferente, é garantir que você será pago por isso. Nem os melhores Desafiadores do mundo obterão resultados se ensinarem seus clientes a valorizar recursos que não têm como proporcionar de forma competitiva. Sendo assim, como podemos nos assegurar de que nossa didática vai granjear de fato novos negócios para nós, e não para a concorrência? Bem, para tanto, ela terá de atender certos critérios muito específicos.

Chamamos essa abordagem de didática comercial. O nome pode não ser muito criativo, mas gostamos dele mesmo assim — pois captura com perfeição o que os Desafiadores, em última instância, devem fazer: ensinar seus clientes, revelando-lhes algo novo e valioso a respeito de suas próprias atividades (que é o que eles querem) de uma maneira que leve seguramente a ganhos comerciais para nós (que é, claro, o que nós queremos). Parece uma estratégia de jiu-jítsu, mas na verdade é bastante objetiva; só não é necessariamente fácil. A didática comercial deve obedecer quatro leis básicas:

1. Remeta aos benefícios que só você pode oferecer;
2. Desafie as premissas do cliente;
3. Catalise a ação;
4. Reveja a segmentação de clientes.

Ao examinar essas leis, você verá que elas regem o desenvolvimento

A VENDA DESAFIADORA

tanto de uma capacidade organizacional quanto de uma competência individual — uma lição central do Modelo Desafiador de Vendas, que discutimos no capítulo anterior. Essa abordagem vai muito além da mera criação de Desafiadores; promove uma ampla transformação em longo prazo. Logo voltaremos a esse ponto. Por ora, vejamos as quatro leis da didática comercial.

LEI Nº 1 DA DIDÁTICA COMERCIAL: REMETA AOS BENEFÍCIOS QUE SÓ VOCÊ PODE OFERECER

Em primeiro lugar, a didática comercial deve remeter diretamente a algum recurso em que você supera seus concorrentes. Se o que você revela levar inevitavelmente ao que você faz melhor que todos os outros, representará uma grande vantagem no momento de fechar o negócio.

Em suma: o ponto exato da fidelidade do cliente consiste em superar seus concorrentes justamente naqueles aspectos que você lhe mostrou serem importantes. Sim, você tem de pôr o cliente para pensar sobre novas oportunidades de economizar ou ganhar dinheiro — oportunidades que o instigue a agir. Todavia, seu objetivo só será realmente alcançado quando ele indagar "Nossa, e como posso fazer isso acontecer?" e você puder responder "Bem, vou provar por que temos mais condições de ajudá-lo a fazer isso do que qualquer outro fornecedor". Esse é o momento mágico. Você terá compartilhado ideias novas e relevantes — que é o que os clientes procuram — mas, ao mesmo tempo, terá vinculado essas ideias à solução que só você pode oferecer. Terá ensinado seu cliente não a querer ajuda, mas a desejar sua ajuda.

Há, porém, dois requisitos importantes para que isso dê certo. Primeiro, para que a abordagem funcione, você deve ter certeza de que realmente pode ajudar. Do ponto de vista do cliente, não há nada mais frustrante do que um fornecedor que lhe revela um modo novo e instigante de economizar ou ganhar dinheiro, mas nada pode fazer a respeito. Um diretor de vendas com que trabalhamos chama isso de "mostrar ao cliente o caminho do deserto". Você os deixa incomodados com um novo problema, que eles nem sabiam que tinham, e sem nenhuma perspectiva de fato de tomar qualquer providência a respeito. Sim, os clientes querem ideias para aumentar sua produtividade, mas ideias impraticáveis apenas pioram as coisas, em vez de melhorar. Aí você lhes terá dado algo que os fará perder o sono de verdade!

Em segundo lugar, e essa é a grande questão, para garantir que sua didática remeta de fato aos benefícios que só você pode oferecer, será preciso saber, antes de mais nada, quais são esses recursos só seus. Certo, parece óbvio — mas sempre nos surpreendemos com o número de executivos que se digladiam com essa questão. Como nos disse o diretor de marketing de uma conhecida empresa manufatureira: "Se eu perguntar a cem representantes nossos qual é a nossa proposta de valor, vou receber pelo menos cem respostas diferentes". Ouvimos esse tipo de coisa o tempo todo, em geral acompanhado de um lento balançar de cabeça e um suspiro pesaroso; é uma daquelas verdades ancestrais em marketing e vendas.

Note, porém, que o lamento desse executivo na verdade captura apenas parte do problema. Sim, já é difícil o bastante conseguir que os vendedores cheguem a um acordo quanto a uma descrição ampla do que a empresa faz bem. Contudo, se você indagar a esses mesmos profissionais o que a empresa realmente faz melhor do que a concorrência, em vez de cem respostas diferentes você provavelmente não receberá nenhuma. Na melhor das hipóteses, talvez escute algo como: "É, os concorrentes fazem alguma coisa parecida, mas a gente faz muito melhor!". Ou, o que é ainda mais comum: "Claro, escolha os outros caras se quiser, mas não se esqueça de que estamos neste ramo há mais tempo do que todos os outros. Atendemos as maiores empresas há mais de cinquenta anos, sempre oferecendo soluções inovadoras, fundamentadas no mais profundo comprometimento com a qualidade dos produtos e um foco de laser no atendimento ao cliente" etc. etc. etc. Como se o seu maior rival não tivesse um "foco de laser" nos clientes também. Claro que sim!

Como o cliente vai escolher entre dois fornecedores que são mais ou menos indiferenciados? A rigor, é muito simples: vai optar pelo mais barato. Quem não faria o mesmo? No mundo de hoje, todos são "inovadores", "orientados para soluções", "focados no cliente" e, claro, "sustentáveis" — então, por que pagar mais por isso?

A VENDA DESAFIADORA

Num recente levantamento de clientes B2B, o Marketing Leadership Council descobriu que apenas 35% das empresas são capazes de se estabelecer como preferíveis em relação à concorrência. O que é ainda mais alarmante é que, mesmo entre estas, ao averiguarmos o impacto de cada um dos benefícios que elas consideram exclusivos, descobrimos que os clientes só percebem metade deles como realmente relevantes para suas necessidades — e, destes, relatam que a maioria não é oferecida com consistência suficiente para de fato influenciar sua preferência. No fim das contas, apenas 14% das vantagens ditas "exclusivas" pelas empresas são percebidas por eles como ao mesmo tempo exclusivas e vantajosas! E, como você deve imaginar, ser "inovador", "focado no cliente" e "sustentável" não figuram entre elas. Em se tratando de diferenciação, seus clientes o têm em conta muito mais alta.

Não admira que os vendedores insistam em martelar a questão do preço. Não é que seja difícil para eles articular o valor da solução que oferecem; a dificuldade está em articular o valor ímpar da sua solução. Esse é o aspecto mais árduo da didática comercial: compreender e chegar a um consenso com relação ao que a sua empresa faz melhor que todas as outras. É preciso um profundo entendimento de quem vocês são e o que fazem. Nosso trabalho nos últimos anos, tanto no SEC quanto no Marketing Leadership Council, teve basicamente como objetivo munir nossos clientes das ferramentas necessárias para desvendar esse enigma — por meio de uma gama de recursos, que vão desde guias para exercícios individuais passo a passo a oficinas mediadas de liderança, de métodos para estruturação de pesquisas de satisfação à realização de diagnósticos situacionais.

Independentemente da abordagem escolhida, em última instância todo esse trabalho se resume a uma única pergunta que você terá de responder — que às vezes chamamos de "pergunta Deb Oler", em homenagem a Debra Oler, vice-presidente e gerente geral de marca da W. W. Grainger, Inc. Em suas palavras: "Por que nossos clientes comprariam de nós em vez de qualquer outro fornecedor?". É isso. É de uma simplicidade desconcertante. Entretanto, essa perguntinha é capaz de deixar toda a sua equipe comercial imersa nas trevas mais profundas, na medida em que vocês se derem conta de que ela é muito mais difícil do que pode parecer à primeira vista. Com efeito, a maioria das empresas não consegue respondê-la, pelo menos não de uma maneira que pareça interessante aos clientes (repetimos: ser "inovador", "focado no cliente" e "orientado para soluções" não conta). E das poucas empresas que conseguem encontrar uma resposta, em um número ainda menor a força de vendas inteira é capaz de chegar a um acordo em relação a ela.

O que depreender de tudo isso? Bem, em primeiro lugar, que, se você pretende desenvolver profissionais Desafiadores, capazes de revelar aos clientes algo novo acerca de suas próprias atividades, provavelmente será preciso antes promover certas transformações em sua própria empresa. Se você não conseguir vincular as sugestões que der aos seus clientes a recursos que só você pode oferecer, acabará realizando uma consultoria gratuita, não promovendo a didática comercial — uma situação perigosa, a menos que você por acaso seja também o fornecedor de mais baixo custo do mercado em questão (o que é improvável, uma vez que os fornecedores com os menores preços, por definição, não podem arcar com o gasto adicional de ensinar seus clientes).

LEI Nº 2 DA DIDÁTICA COMERCIAL: DESAFIE AS PREMISSAS DO CLIENTE

Se a primeira lei da didática comercial diz respeito ao vínculo entre ideia e fornecedor, a segunda está ligada à relação entre ideia e cliente.

Parece óbvio, mas vamos dizer assim mesmo: por definição, se você pretende mostrar algo novo aos seus clientes, tem de ser uma novidade para eles. Algo que desafie suas premissas e fale diretamente ao seu universo, de uma maneira que não lhes havia ocorrido antes, ou que não tinham visualizado plenamente até então. A palavra que gostamos de usar nesse contexto é "reestruturação". Que dados, informações ou ideias você pode apresentar ao seu cliente que vão reestruturar o modo como ele vê suas próprias atividades, suas operações ou sua inserção no mercado? É isso que seus clientes realmente desejam. Lembra o que vimos em nossa pesquisa sobre fidelidade?

- O vendedor proporciona perspectivas ímpares e valiosas sobre o mercado;
- O vendedor me ajuda a explorar alternativas.;
- O vendedor fornece orientações ou recomendações continuamente;
- O vendedor me ajuda a evitar possíveis armadilhas;
- O vendedor me alerta para novas dificuldades e possibilidades.

A lista nada diz sobre "confirmação" ou "validação". Sim, os clientes vão gostar se você puder confirmar o que já sabem; claro que isso tem valor. Todavia, sem dúvida serão muito mais valorizadas ideias que mudem ou desdobrem seus conhecimentos de maneiras que eles não teriam descoberto por conta própria.

Não é um tipo de ideia necessariamente fácil de se ter. Há que conhecer os negócios do cliente melhor do que ele mesmo — ao menos a parte deles relacionada aos recursos de que você dispõe. Pode parecer um padrão demasiado alto para se atingir, mas a verdade é que a maioria dos fornecedores de fato compreende as atividades do cliente melhor do que o próprio — do ponto de vista específico dos recursos que eles têm a lhe oferecer, pelo menos. Uma empresa que venda impressoras para hospitais, por exemplo, pode não saber mais sobre serviços de saúde do que os administradores das instituições que compram seus produtos, mas certamente sabe mais sobre gestão da informação em contexto hospitalar. Um fornecedor de bens de consumo embalados provavelmente sabe mais sobre os hábitos de compra dos consumidores do que a maioria dos varejistas para os quais vende.

Independentemente da origem da ideia, é a reação do seu cliente que lhe dirá se você conseguiu reestruturar seu modo de pensar. É aqui que alguns vendedores caem em uma armadilha. Ironicamente, se ele reagir ao seu discurso com algo como: "Sim, concordo plenamente! É isso mesmo que vem me tirando o sono à noite!" — bem, nesse caso você fracassou. Pode parecer estranho, mas é verdade: sim, você tocou em um ponto que encontra repercussão, mas não reestrutura. Não chegou a ensinar nada novo. É exatamente aí que vemos os Construtores de relacionamentos empacarem. O vendedor volta da visita entusiasmado com a "conexão" estabelecida com o cliente, pois conseguiu "acertar na

ENSINANDO PARA DIFERENCIAR (PARTE 1)

mosca": "Era como se eu estivesse lendo os seus pensamentos! Tudo o que eu falei ele já estava pensando!". Porém, surpresa: passam-se duas semanas, e o cliente não retorna suas ligações. O vendedor supôs que o sucesso no diagnóstico das necessidades do cliente bastaria para fechar a venda — mas não. Empatia e reestruturação não são a mesma coisa. Só porque você "captou" a essência dos negócios do cliente não significa que automaticamente vai fechar o acordo com ele. Longe disso.

Os profissionais Desafiadores, por sua vez, buscam uma reação completamente diferente. Em vez de "Sim, concordo plenamente!", sabem que estão no caminho certo quando ouvem do cliente: "Hum? Nunca tinha pensado nisso antes". O melhor indicador de uma reestruturação bem-sucedida, em outras palavras, não é o consentimento entusiástico, mas a reflexão pensativa. Você acaba de revelar ao seu cliente algo novo acerca de suas próprias atividades — talvez um perigo imprevisto, uma tendência negligenciada ou uma alternativa menosprezada — e atiçou-lhe a curiosidade. Agora, ele está se perguntando: "O que exatamente isso significa para a minha empresa?" ou, melhor ainda: "O que mais que eu não sei?".

Esse é o pivô da didática comercial eficaz. Quando o cliente diz: "Hum? Nunca tinha pensado nisso antes", está deixando claro seu interesse, ainda que esteja um pouco desconcertado. E como os próprios clientes nos revelam, é exatamente isso que eles esperam. É aí que seu encontro com o vendedor começa a valer a pena.

No entanto, só porque nós os ajudamos a ver as coisas de um jeito novo não significa necessariamente que os tenhamos persuadido a fazer as coisas de um jeito novo. Esse é o passo seguinte — e é tão importante quanto o primeiro.

LEI Nº 3 DA DIDÁTICA COMERCIAL: CATALISE A AÇÃO

Em um mundo de recursos limitados e prioridades conflitantes, não basta mudar o modo de pensar dos clientes. É preciso, em última instância, induzi-los a agir. Costumamos brincar com a figura do cliente que responde à reestruturação com um "Hum? Nunca tinha pensado nisso antes!... O que será que tem para o almoço hoje?...". Como Doug, o cachorro do filme *Up: Altas aventuras*, que se distrai inteiramente toda vez que avista um esquilo, os clientes também perdem o foco com muita facilidade. Portanto, se você quiser que eles façam alguma coisa, precisará primeiro demonstrar com eloquência a necessidade dessa atitude.

Estamos em terreno bem conhecido. Para a maioria dos fornecedores, a ideia das "soluções" é uma tentativa de justificar os altos preços de seus pacotes de produtos e serviços. Em função disso, fazem investimentos colossais de tempo e dinheiro em uma ampla gama de ferramentas criadas para ajudar os clientes a calcular o "retorno sobre o investimento" ou o "custo total de propriedade" de suas ofertas — em geral acompanhadas das mais enfáticas garantias, por parte do vendedor, do "valor do tempo de vida" de seus produtos. "Sim, podemos custar um pouco mais a princípio, mas veja só o quanto você vai economizar nos próximos quatro anos! Nossa solução praticamente se paga sozinha!" A menos que você consiga convencer seus clientes de que eles obterão um valor crescente por aquele preço diferenciado, sua estratégia estará fadada ao fracasso.

Na abordagem da didática comercial, é exatamente aqui que encontramos a maior diferença entre as empresas que se acham boas nisso e aquelas que de fato o são. Afinal, um discurso didático bem executado não gira em torno da solução do fornecedor — pelo menos não a princípio —, mas das atividades do cliente, apresentando-lhe uma alternativa para economizar ou ganhar dinheiro que até então lhe passara despercebida. Nesse tipo de discussão, as formas usuais de calcular o retorno sobre o investimento se revelam inúteis, por enfocarem a questão errada.

Quase todos os métodos de cálculo do retorno sobre o investimento que conhecemos procuram ajudar os clientes a calcular o retorno que terão por comprarem a solução do fornecedor. Antes, porém, de tentar convencê-los a tomar essa iniciativa, você precisará primeiro mostrar-lhes por que sua ideia é digna de ser posta em prática, sobretudo quando ela vai diretamente de encontro à sabedoria convencional. Nesse sentido, os melhores métodos de cálculo do retorno sobre o in-

ENSINANDO PARA DIFERENCIAR (PARTE 1)

vestimento em uma abordagem didática nada têm a ver com a solução em si. Em vez disso, devem ajudar os clientes a quantificar os gastos em que incorrem ou os retornos de que abdicam quando deixam de aproveitar a oportunidade que estão negligenciando e que você acaba de lhes mostrar.

Se você pretende criar um método de cálculo do retorno sobre o investimento, faça com que contabilize o retorno sobre a reestruturação, não sobre a compra dos seus produtos. Antes mesmo de comprar qualquer coisa, os clientes precisam primeiro entender o que vão ganhar se resolverem o problema.

LEI Nº 4 DA DIDÁTICA COMERCIAL: REVEJA A SEGMENTAÇÃO DE CLIENTES

Quando bem-feita, a didática comercial é muito mais do que uma técnica de vendas eficaz: é uma poderosa estratégia comercial. Sem dúvida, funciona muito bem nas vendas individuais, em que os profissionais Desafiadores identificam oportunidades de comunicar novas ideias a seus clientes, adaptadas ao contexto específico de cada um. Entretanto, há várias razões consideráveis por que a abordagem se torna inquestionavelmente mais eficaz quando aplicada a segmentos inteiros, em vez de um cliente por vez.

Do ponto de vista tático, não seria realista nem justo esperar que seus representantes comerciais compreendam melhor as atividades do cliente do que ele mesmo sem ao menos algum apoio organizacional. Será uma tarefa árdua para seus colaboradores medianos, por mais treinamento que você lhes ofereça — sobretudo se trabalharem com uma base diversificada de clientes.

Suponhamos, contudo, que você arme esses mesmos profissionais com um leque pequeno e administrável de ideias bem elaboradas, com duas ou três perguntas diagnósticas fáceis de lembrar, a fim de dar a ideia certa para o cliente certo. Assim, eles estariam em condições muito melhores de cumprir sua função didática; ademais, a responsabilidade de efetuar o correto diagnóstico de necessidades deixaria

A VENDA DESAFIADORA

de recair sobre os representantes comerciais na linha de frente e seria deslocada para a organização, que possui tanto as competências quanto a amplitude de visão necessárias para o cumprimento dessa missão.

Para que essa abordagem funcione de fato, é necessário um pequeno número de boas ideias, que levem naturalmente a uma quantidade ainda menor de soluções exclusivas, aplicáveis ao espectro mais amplo possível de clientes. Em outras palavras, é preciso escala — uma estratégia que, sem a menor sombra de dúvida, não é algo que você vai querer deixar nas mãos de vendedores individuais.

A didática comercial requer também que você mude radicalmente seu olhar a respeito da segmentação de clientes. Se os critérios habituais de segmentação — como geografia, silos de produtos ou indústria vertical — podem ser suficientes para a distribuição dos representantes comerciais, as empresas que se saem melhor nessa abordagem também aprenderam a segmentar seus clientes conforme os tipos de necessidade ou comportamento. Se você identificar um grupo de clientes com necessidades similares — independentemente de onde estejam ou do que vendem —, é provável que todos reajam de maneira similar a um núcleo de ideias comuns. Por exemplo, já vimos a didática comercial funcionar muito bem com relação a necessidades comuns como liberar recursos, reduzir a rotatividade dos funcionários ou aumentar a segurança do trabalho. Em todos esses casos, os fornecedores em questão ajudaram seus clientes a repensar suas necessidades de maneiras novas e surpreendentes por meio da reestruturação de suas ideias, da exposição convincente dos custos da inércia e da apresentação de um curso de ação viável, que remetia naturalmente à solução oferecida. Em todos esses casos, os resultados foram alcançados em grupos amplos de clientes — que, sob qualquer estratégia tradicional de segmentação, teriam parecido, pelo menos à primeira vista, desconexos. O denominador comum, em outras palavras, não é geografia, porte ou indústria, mas um leque comum de necessidades.

Ao longo dos três últimos anos, o Marketing Leadership Council ajudou muitos de seus clientes a desenvolver e a implementar diversas técnicas de segmentação por necessidade, com base em uma série de melhores práticas desenvolvidas em algumas das principais empresas

92

ENSINANDO PARA DIFERENCIAR (PARTE 1)

B2B do mundo. O que todas as empresas que enveredam por esse caminho constatam, sem exceção, é o seguinte: a análise de necessidades não é algo que você possa se dar ao luxo de deixar nas mãos de vendedores individuais. Se o objetivo central de seus representantes for "identificar" as necessidades dos clientes, a batalha estará perdida antes mesmo de começada, porque, sinceramente, não é isso que seus clientes querem ouvir.

Em contrapartida, a didática comercial prepara os profissionais de vendas para revelar aos clientes suas reais necessidades — pondo em questão, para tanto, toda a maneira como estes veem seus próprios negócios e lhes indicam novos meios (que eles jamais enxergariam por conta própria) de enfrentar seus problemas mais difíceis. Sem dúvida, há alguns pré-requisitos importantes a cumprir para que essa abordagem funcione. A didática comercial deve remeter aos benefícios que só você pode oferecer, desafiar as premissas do cliente, catalisar a ação e rever a segmentação de clientes. Uma vez atendidas essas condições, porém, ela funciona — espetacularmente bem, diga-se de passagem. E por quê? Como vimos, porque, acima de tudo, os clientes buscam fornecedores que desafiem suas crenças e lhes ensinem algo que não saibam.

Entretanto, uma vez lançadas as bases para uma didática comercial eficaz, seus representantes continuam tendo de sair a campo e efetivamente ir falar com os clientes. Se não possuírem as competências necessárias para desafiá-los, até as melhores ideias entrarão por um ouvido e sairão pelo outro. Sendo assim, como se configura, na prática, esse "discurso didático"? Será mesmo tão peculiar? Sem dúvida. Não é só o fato de que os Desafiadores ensinam algo que os distingue; é o modo como o fazem que mais importa. Um discurso didático de primeira, na verdade, segue uma coreografia muito específica, que inverte completamente a abordagem de vendas tradicional. É o que veremos a seguir.

93

5
Ensinando
para diferenciar (Parte 2):
Como construir
um diálogo movido a ideias

TENDO CHEGADO A UM CONSENSO acerca dos benefícios peculiares
que o diferenciam com clareza da concorrência e identificado uma série
de ideias instigantes que apontem para seus clientes um novo modo de
se inserir no mercado, como juntar tudo isso? Ao delinear a estrutura
de uma apresentação didática — ou "discurso" didático — bem elabo-
rada, descobrimos que ela percorre seis etapas distintas, uma levando
naturalmente à outra.

Antes de examinarmos as etapas em si, porém, é importante assinalar o intenso componente emocional de um discurso didático bem
construído. Não se trata tanto de fazer uma apresentação formal, mas
sim de contar uma história instigante — no decorrer da qual deve haver
uma dose de dramaticidade real, um toque de suspense e, quem sabe,
até uma ou duas surpresas. Em última instância, a meta é levar os
clientes para uma voltinha de montanha-russa, visitando primeiro um
lugar sombrio para só depois lhes mostrar a luz no fim do túnel — luz
que, claro, é a solução que você oferece.

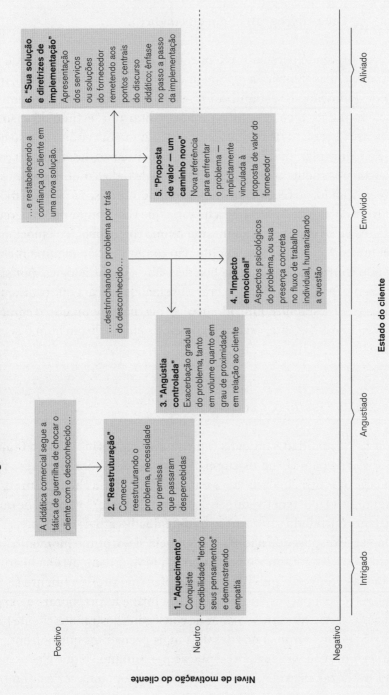

Figura 5.1. Estrutura de um discurso didático e comercial

FONTE: Pesquisa do SEC.

Uma coreografia bem ensaiada

Se você pretende persuadir clientes relutantes a não só pensar de um jeito novo, mas também a agir de uma nova maneira — de modo, quase por definição, desestabilizador —, não será suficiente que em seu discurso didático você se limite a apresentar um "estudo de caso interessante", repleto de dados e gráficos. Ninguém vende nada só com base em uma planilha. Se bem elaborado, o discurso didático gera certa angústia nos clientes, quando se dão conta de todo o dinheiro que estão desperdiçando, ou receita que estão perdendo, ou risco a que se expõem inadvertidamente. Todavia, se a história que você contar não repercutir nos dois lados do cérebro ao mesmo tempo (o racional e o emocional), será muito fácil para o seu cliente não tomar decisão alguma mesmo quando confrontado com uma boa decisão — já que a lógica, por si só, raramente é suficiente para superar a normalidade. Para que ocorra uma mudança desestabilizadora, a cabeça só não basta, é preciso o coração.

Com isso em mente, examinemos as seis etapas de um bom discurso didático.

PRIMEIRO PASSO: AQUECIMENTO

Após as formalidades iniciais (apresentações, verificação do tempo, descrição da pauta), um discurso didático bem elaborado começa pela avaliação dos principais desafios enfrentados por seu cliente. Em vez de perguntar "O que tem tirado seu sono ultimamente?", você expõe que o que tem constatado são as maiores dificuldades atuais de empresas similares; se dispuser de dados de referência, é um ótimo momento para fornecê-los. No mínimo, é neste ponto que você compartilha histórias de outras empresas que ilustrem aquelas que provavelmente são as maiores preocupações do seu cliente, de forma a corroborar sua experiência. (Nunca subestime o valor de conseguir mostrar aos clientes que eles não estão sozinhos nos desafios mais prementes que enfrentam.) Em seguida, conclua sua apresentação perguntando o que eles acham. Para sintetizar, diga algo como "trabalhamos com uma série de empre-

ENSINANDO PARA DIFERENCIAR (PARTE 2)

sas de perfil semelhante ao seu e percebemos que essas três questões tendem a ser as mais preocupantes. Vocês percebem da mesma maneira, ou gostariam de acrescentar algo a essa lista?".

O objetivo central desse primeiro passo, evidentemente, é conquistar credibilidade. Em essência, o que você comunica ao cliente é "Eu entendo você" e "Não estou aqui para desperdiçar seu tempo pedindo que me explique suas atividades". É uma abordagem que batizamos de "Venda baseada em hipóteses". Em vez de partir de perguntas abertas a respeito das necessidades dos clientes, você se pauta por hipóteses a seu respeito, com base em sua própria experiência e pesquisas. Em geral, os clientes que sofrem de "fadiga de soluções" adoram, não só por agilizar a venda como um todo, mas por lhes parecer muito mais um "receber" do que um "dar" — eles recebem seus pontos de vista bem fundamentados, em vez de muni-lo de informações que você deveria ser capaz de obter por conta própria. O discurso da didática comercial vai direto ao ponto. Passa uma imagem de maior eficiência. Demonstra respeito pelo tempo do cliente e mostra que você se preparou. Em outras palavras, você se apresenta como alguém com quem vale a pena dialogar. Ou, no mínimo, no caso dos clientes particularmente resistentes que há por aí, você ganha mais cinco minutos.

E depois? Como você aproveitará a boa vontade recém-granjeada? Apresentar sua solução? Explicitar sua "proposta de valor"? Essas são as últimas coisas a fazer agora, embora seja a jogada que seus interlocutores provavelmente estão esperando em seguida, e certamente seja o passo seguinte dado por um vendedor mediano — e, sem sombra de dúvida, foi o que o representante comercial do seu concorrente fez, uma hora atrás, quando estava sentado diante do cliente, exatamente como você agora.

Pense bem. Você acaba de angariar a simpatia do cliente falando sobre as dificuldades que ele enfrenta. Por que raios você poria toda essa boa vontade a perder tagarelando sobre suas soluções? Primeiro, alimente seu interesse. Parta então para o que ele não espera: a reestruturação.

SEGUNDO PASSO: REESTRUTURAÇÃO

Este é o momento central de um discurso de didática comercial. Tudo gira em torno desse seu próximo movimento.

Desconstruindo os desafios que seu cliente acaba de reconhecer no primeiro passo, você introduz agora um novo ponto de vista, que vincula seu interlocutor ou a um problema ou a uma oportunidade que sejam maiores do que ele havia vislumbrado. Cuidado, pois aqui você não terá nenhuma ideia brilhante. Pelos motivos tratados na seção anterior, lampejos espontâneos não só são muito raros, como também não são uma boa opção. Pelo contrário, você deve ir muito bem preparado para a discussão. (Aliás, pode ter sido até uma referência rápida, de passagem, a essa sua proposta central que abriu espaço na agenda do cliente para você.) Dito isso, neste momento o seu objetivo não é expor em maiores detalhes as justificativas e implicações da sua ideia; aguarde ainda alguns minutos. Pelo contrário, a reestruturação trata da proposta em si. É apenas a manchete — e, como qualquer boa manchete, seu propósito é pegar o cliente desprevenido com um ponto de vista inesperado, de modo a surpreendê-lo, atiçar sua curiosidade e despertar seu desejo de saber mais.

Lembre-se de que a reação almejada aqui definitivamente não é "Sim, concordo plenamente! É exatamente nisso que estamos trabalhando!", mas, pelo contrário, "Hum? Nunca tinha pensado nisso antes". Se a reação inicial de seu cliente diante da sua ideia for de anuência entusiasmada, você não lhe terá ensinado nada de novo, na verdade — e estará em uma região bastante pantanosa. Claro que sempre é ótimo quando os clientes exclamam "Sim, concordo!", mas, se você se limitou a articular um problema que já havia lhes ocorrido antes, há grandes chances de eles também já terem encontrado ou estarem à procura da solução. Na melhor das hipóteses, agora você está lhes proporcionando um "ensinamento marginal", o que é bem ruim, por duas razões. Primeiro, se você não conseguir lhes apresentar uma ideia exclusiva, não conseguirá lhes proporcionar um valor igualmente ímpar. Em segundo lugar, se seus clientes já começaram a arrolar possíveis soluções, você perde uma oportunidade significativa de incliná-los no sentido da sua

ENSINANDO PARA DIFERENCIAR (PARTE 2)

proposta. Na prática, é não conseguir chegar antes da solicitação de proposta. Você apenas responde às necessidades dos clientes, em vez de defini-las — uma receita segura para reforçar a indiferenciação.

Para reestruturar, é preciso reestruturar mesmo. Não é hora de ser tímido, já que a abordagem inteira depende da sua capacidade de surpreender o cliente e instigar-lhe a curiosidade, levando-o a desejar mais informações. Assim, você terá conquistado mais cinco minutos do seu tempo. E agora? Bem, já que você lhe mostrou uma nova forma de encarar seus negócios, agora terá de demonstrar a importância disso.

TERCEIRO PASSO: ANGÚSTIA CONTROLADA

O estágio da angústia controlada é onde você demonstra que a reestruturação indicada no segundo passo é digna do tempo e da atenção do seu cliente.

Esta é a hora dos dados, gráficos, tabelas e quadros necessários para quantificar o custo real (e não raro encoberto) do problema para os clientes, ou dimensionar a oportunidade que até então lhes escapara por completo. A angústia controlada é a justificativa, fundamentada em números, de por que seu cliente deve encarar os negócios de outra maneira, mas apresentada especificamente de modo a causar-lhe algum desconforto, fazer com que se veja dominado por certa angústia. Os marqueteiros chamam essa tática de "medo, incerteza e dúvida" (em inglês, FUD: *fear, uncertainty, doubt*). Se sua apresentação for bem-feita, a reação do cliente nessa terceira etapa deve ser algo como: "Nossa, não fazia ideia de que estávamos desperdiçando tanto dinheiro!" ou "Nunca encarei isso como uma oportunidade antes. Precisamos correr atrás disso, ou vamos perder uma grande chance!".

Se você pretende apresentar um cálculo de retorno sobre o investimento ao seu cliente, a hora é esta. Atenção, porém, para o retorno sobre o investimento que você vai calcular. Em um discurso didático de primeira, um bom método calcula o retorno sobre o investimento na solução do desafio que você acaba de revelar ao cliente, não o retorno sobre o investimento na compra da sua solução. Se seu cálculo girar em torno dos seus produtos e serviços (como quase sempre é o caso), você estará falando da coisa errada. Antes de demonstrar como a sua solução pode resolver uma questão central para o cliente, é preciso persuadi-lo, antes de mais nada, de que vale a pena solucioná-la.

Juntando o segundo e o terceiro passos, você deve apresentar algo novo, e depois mostrar a importância disso. Isso é uma função didática bem cumprida. Para desincumbir-se bem dessa tarefa, porém, é preciso mais uma coisa: impacto emocional.

QUARTO PASSO: IMPACTO EMOCIONAL

A finalidade do impacto emocional é garantir que o cliente se identifique com a história que você está contando. Não há nada mais frustrante do que expor uma tese instigante e seu interlocutor retorquir: "Sim, entendo o que você quer dizer e tenho certeza de que isso faz sentido para muitos dos seus clientes. Mas não consigo ver como isso se aplica ao nosso caso. Com a gente não é assim". Essa é a versão, em vendas, daquele momento estranho em que a pessoa com quem você está saindo diz: "O problema não é você, sou eu". O significado implícito é muito claro: "Não tenho absolutamente o menor interesse no que você tem a oferecer".

O que fazer então? Como ultrapassar a barreira do "a gente não é assim"? A resposta do vendedor mediano é previsível. Se um gráfico não foi suficiente, tente dois. Se o arquivo em PowerPoint não chegou lá, experimente o papel. É mais do mesmo. Todavia, repetir a apresentação com maiores detalhes não vai ajudar a superar o "a gente não é assim" — pois você estará resolvendo o problema errado. Não é que você não tenha feito uma apresentação lógica; apenas não estabeleceu uma conexão emocional. Não que o cliente não esteja comprando sua história, ele apenas não a vê como a história dele. É preciso fazê-lo internalizar o que você está dizendo.

E como fazer isso? Agora, é preciso tornar a coisa pessoal — e é aqui que o talento do Desafiador como contador de histórias entra em cena. Como indica o nome, o impacto emocional nada tem a ver com

ENSINANDO PARA DIFERENCIAR (PARTE 2)

números, mas com a narrativa. É preciso contar como outras empresas, exatamente como a do cliente, enfrentaram dificuldades igualmente nefastas por adotarem comportamentos que o cliente reconhecerá de imediato como típicos de sua própria organização.

Então, a história começa mais ou menos assim: "Acho que vocês são um pouco diferentes, mas vou dar um exemplo de como isso se dá em empresas parecidas com a sua...". E para que funcione, o que quer que você diga em seguida deve soar imediatamente familiar (outro motivo por que um profundo entendimento do cliente deve ser adquirido com antecedência, e não durante a apresentação). As reações almejadas são um acenar lastimoso de cabeça, um sorriso amarelo, um olhar pensativo e distante. Por quê? Porque o que queremos é que o cliente reveja mentalmente a situação descrita tal como a viu ocorrer em sua própria empresa na semana passada. Idealmente, a reação à sua história será algo como: "Nossa, é como se você trabalhasse aqui ou coisa assim. É verdade, é o que acontece aqui o tempo todo. A gente fica para morrer". É assim que se derrota o dragão do "a gente é diferente": criando uma ligação emocional entre o sofrimento da história que você está contando e os padecimentos enfrentados todos os dias por seu cliente dentro da própria organização. Se seu cliente continuar se achando diferente após essa quarta etapa, ou você está com o cliente errado, ou com a história errada.

Entretanto, se você for bem-sucedido, terá conseguido induzi-lo a aderir à reestruturação. Ele já se apropriou do desafio ou da oportunidade propostos, e agora está em busca de uma solução.

QUINTO PASSO: UM NOVO CAMINHO

Os clientes chegam a este quinto passo convencidos do problema. Agora, será necessário convencê-los da solução. Para tanto, você revisará, ponto a ponto, os recursos específicos de que eles precisariam para tirar bom proveito de qualquer oportunidade de ganhar dinheiro, economizar ou mitigar riscos que você acaba de convencê-lo de que eles têm em mãos. Por mais tentador que possa ser, a essa altura, proceder a

A VENDA DESAFIADORA

um exame do que você pode fazer para ajudar, esta quinta etapa ainda diz respeito à solução, não ao fornecedor. Em face de um cliente que concorda, entusiasmado, que está diante do desafio exato para o qual sua solução é perfeita, é muito tentador pôr-se a discorrer especificamente sobre como você pode ajudá-lo. Para a maioria dos profissionais de vendas, parece a coisa óbvia a fazer. Contudo, o quinto estágio não trata de como a vida dos clientes seria melhor se eles comprassem o que você está oferecendo (que é o assunto sobre o qual a maioria dos vendedores quer falar), e sim sobre como sua vida seria melhor se eles simplesmente agissem de outra maneira. Trata-se de agir diferente, não de comprar diferente.

Não se precipite. Antes de comprar sua solução, o cliente deve comprar a solução. Tudo o que você quer é que ele diga algo como: "Tem razão, faz todo sentido. É disso mesmo que precisamos fazer" ou "Esse é o tipo de empresa que quero que a gente seja". Agora ele está pronto para a sexta etapa, a sua solução.

SEXTO PASSO: SUA SOLUÇÃO

Se o quinto passo pretende fazer com que os clientes decidam agir de outra maneira, o objetivo da sexta etapa é demonstrar como a sua solução é mais adequada do que a de qualquer outro para ajudá-los a agir diferente. Sob muitos aspectos, de todos os seis estágios, este é o mais objetivo — e é o que os profissionais de vendas foram treinados para fazer desde sempre. É aqui que você apresenta o modo concreto como poderá fornecer, melhor do que qualquer um, a solução com a qual eles acabaram de anuir na quinta etapa. É aqui também que todo o empenho na identificação dos seus recursos exclusivos finalmente compensa, na medida em que estes são os protagonistas desta etapa. Afinal, seria lamentável acompanhar o seu cliente até aqui só para ver a sua proposta virar uma licitação que você não venceria tão facilmente. Se a concorrência ainda estiver no páreo a essa altura do campeonato, ou se você não conseguiu identificar recursos que sejam de fato únicos ou não conseguiu remeter a eles de maneira tão convincente quanto gostaria.

ENSINANDO PARA DIFERENCIAR (PARTE 2)

Se, porém, você tiver entendido direitinho, da primeira à sexta etapas, você deu conta dos dois aspectos da didática comercial — a parte "comercial" e a "didática" — em uma tacada só. Revelou ao cliente algo novo e valioso a respeito de seus próprios negócios (que era o que ele desejava da conversa com você), de uma maneira que o leva a preferir especificamente os recursos que você tem a oferecer aos da concorrência (que era o que você desejava da conversa com ele).

Agora, olhando os seis passos em conjunto, faça-se a seguinte pergunta: onde o fornecedor entra na conversa pela primeira vez? Observe que é só no finalzinho da última etapa. Para muitos profissionais de vendas, isso é completamente contraintuitivo. Afinal, se vou vender a minha solução para um cliente, a primeira coisa que preciso abordar é a solução em si — o que ela faz, o que a torna diferente, como ela pode ajudar, certo? Errado! Essa não é a primeira coisa que você deve abordar, mas a última, e por um motivo muito simples: seu cliente não está dando a mínima.

O fato de que o seu novo modelo xz-690 funciona 15% mais rápido e barato e com menos ruído e calor que o da concorrência não tem a menor relevância para a maioria dos clientes. E, se tem, por que se dar ao trabalho de fazer uma visita de vendas, afinal? É só enviar uma cotação e receber o pedido por telefone. Melhor ainda, venda em uma loja na internet e livre-se de uma vez da sua força de vendas inteira.

Se, por outro lado, você vai ocupar sessenta minutos do precioso tempo do seu cliente com um encontro cara a cara, é melhor garantir que o que quer que você faça com esse tempo seja valioso para ele — e ouvir uma apresentação de como seu xz-690 vai ajudá-lo a economizar tempo e dinheiro não podia estar mais longe disso. Por outro lado, falar sobre as atividades dele de modo a ajudá-lo a aumentar sua produtividade, isso sim tem valor.

Lembre-se de que, no contexto da didática comercial, tudo se baseia no fato de que, aos olhos dos seus clientes, seu maior valor como fornecedor consiste em sua capacidade de ensinar-lhes algo novo, não de vender-lhes algo. No contexto didático, o discurso não trata do fornecedor, mas do cliente. Por conseguinte, os melhores profissionais de vendas constatam que não, ninguém conquista o interesse e a fidelidade

A VENDA DESAFIADORA

dos clientes falando dos seus diferenciais — todos os seus produtos, serviços e soluções —, por melhores que sejam. Pelo contrário, os melhores discursos de vendas primeiro apresentam ao cliente uma história instigante sobre suas próprias atividades, ensinam-lhe algo novo e só então remetem aos diferenciais do fornecedor.

Ao situar seus recursos ímpares no final de um discurso didático de extrema credibilidade, você modifica por completo a disposição do cliente em relação à sua oferta. Para chegar a esse ponto, contudo, é preciso que o discurso flua, que haja uma coreografia bem ensaiada, em que sua solução seja um desdobramento natural, e não o tema central, da novidade que você tem a revelar ao cliente. É uma enorme diferença. Sua solução não deve abrir o discurso, mas arrematá-lo. Lembre-se de que o real valor da interação não está no que você vende, mas nas ideias que você oferece como parte da interação em si.

Diante do espelho

Essa coreografia didática vai lhe permitir analisar e aprimorar, de maneira muito prática, o discurso com que você procura envolver seus clientes. O quanto ele se aproxima desse roteiro? Começa pela solução oferecida ou é arrematado por ela? Eis um breve questionário para comparar sua abordagem atual com o conteúdo apresentado neste livro. Pare para pensar no tipo de material promocional, apresentação de slides ou folheto descritivo que você costuma levar para reuniões com seus clientes. Visualize especificamente as primeiras quatro ou cinco páginas. Do que tratam? Na maioria das vezes, é algo do seguinte gênero:

- No que acredita sua empresa. (Os campeões são "um mundo mais limpo", "satisfazer nossos clientes", "inovar para o futuro", "nossos 150 anos de experiência", "nossa equipe de profissionais experientes, dedicada a ajudar nossos clientes a atingir suas metas".)
- A enumeração de todos os recursos que você tem a oferecer. (Afinal, você gastou tempo e dinheiro desenvolvendo recursos para oferecer soluções, e você quer se assegurar de que seus clientes

104

compreendem bem todos os meios excelentes de que você dispõe para ajudá-los. Não há nada mais frustrante do que clientes que não apreciam plenamente todas as fantásticas possibilidades que você tem a lhes oferecer.)

- Uma lista dos seus principais parceiros e clientes, de preferência acompanhada do maior número possível de logomarcas coloridas. (Nada transmite mais credibilidade do que uma longa lista de clientes célebres que depositam confiança em você, certo?)
- Um mapa de todos os lugares em que sua empresa está presente. (Se seus clientes quiserem se globalizar, melhor que saibam que você estará junto deles, onde quer que seja.)

Parece familiar? As quatro primeiras páginas do seu material de vendas são sobre você ou sobre o cliente? Quase sempre é o primeiro caso. Não só a maioria dos vendedores inicia seu discurso pela solução oferecida, em vez de arrematá-lo com ela, como quase todas as ferramentas de vendas de que dispõem fazem o mesmo. É uma tendência tão previsível para as organizações quanto para os indivíduos.

Portanto, se você pretende desenvolver profissionais Desafiadores e pedir-lhes que ensinem seus clientes, em muitos casos uma das primeiras medidas terá de ser empreender uma bela análise dos materiais que serão fornecidos aos vendedores para esse fim.

Preparando uma coreografia bem ensaiada

Como elaborar uma mensagem didática e comercial? A rigor, deve-se começar pelo fim — o sexto passo, a sua solução. Ninguém cria uma história instigante se não souber, antes de qualquer coisa, como ela termina. É preciso clareza e consenso dentro da organização com relação aos benefícios peculiares que só vocês podem oferecer aos seus clientes. Ao explicitá-los, porém, você deve se concentrar especialmente nos mais subestimados por seus clientes, o que talvez pareça contraintuitivo. Você não faria o contrário? Não chamaria a atenção para os recursos que seus clientes mais valorizam? Afinal, isso é o bê-á-bá do marketing, certo? Exatamente.

Entretanto, se você quiser ensinar algo novo a seus clientes, e não apenas reforçar o que eles já sabem, terá de inserir também um elemento-surpresa — uma forma nova e inesperada de visualizar como você pode ajudar. Em contrapartida, caso seus clientes já valorizem os benefícios oferecidos por vocês em detrimento daqueles da concorrência, provavelmente não haverá nada que você deva ensinar-lhes — basta tomar nota do seu pedido. Cuidado, porém: se você se concentrar tão somente no valor conhecido da sua oferta, deixará passar a oportunidade de desafiar a visão de mundo de seus clientes — algo que eles valorizam ainda mais do que o que quer que você esteja vendendo. A curto prazo, você fecha a venda, mas pode perdê-la com o passar do tempo. Induzir seus clientes a se verem de outro modo acabará levando-os a ver você de uma nova maneira também.

Uma vez definido com clareza o sexto passo (a sua solução), a próxima etapa da elaboração de um bom discurso de didática comercial é o segundo passo (a reestruturação). Você terá de identificar a ideia central, ou o momento do "Eureca!" — aquele que levará seu cliente a dizer: "Hum? Nunca tinha pensado nisso antes".

Para tanto, comece pelos benefícios peculiares identificados para o sexto passo e pergunte-se: "Por que meus clientes ainda não lhes dão o devido valor?". O que, na visão de mundo deles, impede-os de apreciar esses benefícios tanto quanto você acha que eles poderiam ou deveriam? É essa perspectiva que você terá de mudar. Para isso, precisará apresentar-lhes um novo ponto de vista (a reestruturação) e, em seguida, persuadi-los de que essa outra perspectiva — caso se disponham a pô-la em prática — poderia levá-los a economizar ou ganhar mais dinheiro do que eles imaginavam (terceiro passo). Depois disso, será uma simples questão de preencher as lacunas restantes da história e criar um percurso lógico e instigante desde o segundo até o sexto passos.

Juntando tudo isso, chega-se à seguinte indagação: "O que hoje custa aos nossos clientes mais dinheiro do que eles conseguem perceber, e que só nós podemos ajudá-los a resolver?". A resposta a essa pergunta será o cerne do seu discurso de didática comercial.

ENSINANDO PARA DIFERENCIAR (PARTE 2)

Montando a máquina de ideias

Se você parar para considerar o escopo do que estamos propondo aqui, começará a perceber o quanto essa abordagem envolve a organização como um todo. Sim, você vai precisar de profissionais Desafiadores para levá-la a cabo, mas a elaboração efetiva do discurso — a identificação dos seus benefícios peculiares como fornecedor, as ideias que surpreenderão o cliente, a bem amarrada coreografia didática — requer informações oriundas de toda a organização comercial.

Diversas empresas optam por proteger seus representantes comerciais de toda a complexidade da coreografia em seis passos sintetizando a abordagem em três elementos centrais: (1) fornecer aos clientes ideias transformadoras, (2) especificar e personalizar o impacto potencial dessas ideias e (3) apresentar seus recursos como os melhores meios possíveis de pô-las em prática. É o mesmo percurso, só que mais fácil de processar por profissionais tradicionalmente habituados a começar seu discurso pela solução que oferecem, em vez de arrematá-lo.

Você talvez tenha começado a se questionar: "Identificação de benefícios ímpares... segmentação dos clientes de acordo com as necessidades... geração de ideias instigantes para o cliente... criação de materiais promocionais didáticos... Para um livro sobre o desempenho individual dos vendedores, até que nos afastamos bastante do profissional individual". Não se esqueça, porém, de que sim, este livro sem dúvida trata de vendedores e como seu desempenho pode ser aprimorado de maneira significativa, mas nada disso deve ser delegado aos seus representantes individuais. Trata-se de recursos organizacionais, não competências pessoais. Uma lição crucial da abordagem do Desafiador reside no fato de que o envolvimento da organização como um todo é imprescindível para torná-la de fato sustentável, e não apenas fruto da excelência incidental de profissionais específicos. Por conta própria, poucos — apenas os melhores entre os melhores — dos seus representantes teriam condições de desincumbir-se desse tipo de tarefa didática de forma consistente ao longo do tempo.

Diante da proposta da didática comercial, os gestores de vendas não raro nos retrucam: "Já enfrento a maior dificuldade para fazer com

A VENDA DESAFIADORA

que meus representantes vendam, e vocês querem que eles ensinem? Boa sorte!". Todavia, não precisa ser assim. Pelo menos em termos didáticos, as medidas mais substanciais que você pode tomar para aproximar sua força de vendas do perfil Desafiador têm menos a ver com os representantes individuais em si e muito mais com a organização que lhes proporciona estrutura. Com efeito, sob muitos aspectos a didática comercial provavelmente será mais fácil para os representantes comerciais do que aquilo que se espera deles hoje. A maior parte do trabalho braçal necessário para o seu sucesso ocorre bem antes de o representante se ver cara a cara com um cliente.

Para entender por quê, basta pensar na passagem das vendas transacionais para a venda de soluções, empreendida por praticamente todas as organizações de vendas B2B no decorrer dos últimos cinco a quinze anos (ver figura 1.1, na página 28) e que multiplicou o nível de exigência imposto aos profissionais da área. As vendas transacionais se baseavam essencialmente nas características e nos benefícios do produto; no novo mundo da venda de soluções, os vendedores têm de investigar as necessidades de cada cliente naquele momento, o que lhes permite sugerir soluções elaboradas caso a caso, de acordo com as informações recebidas. Em sua forma mais pura, a venda de soluções é uma personalização de improviso — um ideal altíssimo para qualquer representante comercial. Não admira, pois, que organizações de vendas do mundo inteiro estejam se digladiando para ajudar suas equipes a realizar essa transição.

A didática comercial lhe permitirá reduzir consideravelmente suas expectativas acerca da capacidade de personalização de cada profissional, já que caberá à organização proporcionar um apoio crucial no âmbito daquilo que os próprios clientes nos revelaram ser o que eles mais valorizam na interação com os fornecedores — a saber, a apresentação de ideias comerciais. A função básica do vendedor deixa de ser a identificação de necessidades e é substituída pela condução do diálogo com o cliente — o que permite à organização predefinir a estrutura desse diálogo, ou "delimitar o campo", nas palavras de um diretor de vendas.

O diálogo com o cliente ainda pode sofrer uma reviravolta inesperada, ou mesmo sair completamente dos trilhos, e a habilidade pes-

ENSINANDO PARA DIFERENCIAR (PARTE 2)

soal continua sendo de fundamental importância para que os melhores profissionais atravessem essas situações como ninguém; no entanto, a didática comercial cria uma estrutura para a interação de vendas, proporcionando um apoio concreto para o representante comercial.

Em primeiro lugar, existe um esboço prévio das necessidades do cliente. Os representantes comerciais não começam com um papel em branco nem as diagnosticam uma por uma. Boa parte desse trabalho é feita pela organização por meio de uma melhor segmentação e análise dos clientes, o que reduz significativamente o nível de exigência quanto à competência individual mais difícil para os profissionais de vendas.

Segundo, existe um roteiro prévio para o discurso de venda. O vendedor continua tendo de interagir cara a cara com o cliente, respondendo perguntas e se adaptando a objeções imprevistas. Contudo, seu leque inicial de hipóteses já foi estabelecido em detalhes, e cada etapa é demarcada com clareza na coreografia didática. Como o discurso didático segue sempre os mesmos passos, a tendência natural é que os profissionais se aprimorem com a experiência, tornando-se cada vez mais persuasivos com o passar do tempo. Sob esse aspecto, a didática comercial sustentada pela organização é muito mais concreta do que a realização de uma análise aberta de necessidades — mais fácil de assimilar pelos representantes comerciais e mais fácil de monitorar pelos gerentes.

Por fim, existe uma definição prévia da solução oferecida pelo vendedor. Sua responsabilidade na escolha da melhor opção para cada cliente é significativamente menor, na medida em que esta é, em grande parte, predeterminada pela organização ao identificar os benefícios exclusivos que oferece como fornecedora e segmentar os clientes segundo suas necessidades. Uma empresa com que trabalhamos chama essas soluções preconcebidas de "Refeições Felizes", em referência às célebres "soluções alimentares" do McDonald's para crianças — soluções prontas que parecem personalizadas para os clientes por terem sido bem adaptadas, previamente, às suas necessidades mais recorrentes.

Naturalmente, é uma abordagem que ainda requer mais competência que o universo simples das vendas transacionais — mas experimente compará-la ao contexto clássico da venda de soluções, ou "vendas consultivas", em que se espera que os profissionais de vendas deem conta sozinhos de todas essas tarefas e, enquanto seus melhores vendedores acertarão pelo menos às vezes, os de nível mediano sempre encontrarão dificuldades. Todavia, se a organização cumprir sua missão de, antes de mais nada, desenvolver uma interação didática consistente, seus representantes comerciais estarão muito mais bem preparados para lograr êxito quando se virem diante do cliente.

Quem será o responsável pelo trabalho? A didática comercial é tanto um esporte coletivo quanto individual. Para funcionar, será preciso alinhar não só cada profissional de vendas com o perfil Desafiador, mas também as unidades de marketing e vendas com as competências básicas inerentes à coreografia da didática comercial:

1. Identifique seus benefícios ímpares;
2. Desenvolva ideias comerciais que desafiem a visão de mundo dos clientes;
3. Apresente as ideias comerciais sob a forma de mensagens comerciais que levem às suas soluções, e não comecem por elas;
4. Forneça aos vendedores as ferramentas necessárias para desafiar os clientes.

A didática comercial também proporciona um roteiro concreto e muito viável para encarar aquela que é, sem dúvida, uma das maiores dificuldades em marketing e vendas B2B: fazer com que essas duas áreas trabalhem juntas desde o começo.

Todo diretor de vendas ou marketing coleciona exemplos da colaboração tradicionalmente péssima — ou inexistente — entre as duas funções. Na melhor das hipóteses, na maioria das organizações verifica-se uma mal disfarçada antipatia entre ambas. Na pior, a hostilidade é descarada. Todos conhecemos as estatísticas: 80% dos materiais promocionais elaborados pelo marketing acabam no lixo, enquanto o pessoal de vendas passa 30% do seu tempo reproduzindo o mesmo material que acaba de ser jogado fora.

A causa subjacente de boa parte dessa desavença em geral não chega a ser tocada. Na maior parte das empresas, não se estabelece

ENSINANDO PARA DIFERENCIAR (PARTE 2)

um consenso com relação ao que as duas áreas devem de fato fazer juntas. Muitos executivos comerciais que se lamuriam pela necessidade de uma maior "integração" entre marketing e vendas não chegam a encarar o problema do ponto de vista inverso, isto é, "o que ambos não deveriam fazer juntos?".

A didática comercial fornece um roteiro para essa integração em torno de algumas atividades efetivamente cruciais. A abordagem define um referencial bastante específico do que seria "satisfatório" para toda a organização comercial, possibilitando a identificação de atribuições, tarefas, metas e responsabilidades objetivas. Por exemplo, apenas o marketing dispõe das ferramentas, conhecimento especializado e tempo necessários para gerar as ideias usadas para desafiar os clientes de forma segmentada e recorrente. Nas palavras do diretor de marketing de uma grande empresa de telecomunicações, o marketing deve ser a "máquina de ideias" que abastece os vendedores com o material didático de qualidade que seja instigante para os clientes. Cabe ao setor de vendas, por sua vez, assegurar que os profissionais de vendas disponham dos conhecimentos, competências e *coaching* necessários para sair em campo e aplicar tais ideias de maneira persuasiva, de modo a desafiar de fato os clientes. É uma relação simbiótica, em torno de um princípio central.

De toda forma, no fim das contas seu repertório de mensagens, seus materiais promocionais e seu discurso não podem ser estáticos. Devem estar em constante evolução a fim de se manter em dia com o ambiente empresarial do cliente e com o cenário competitivo e dinâmico. É uma grande missão — centenas de produtos, dezenas de segmentos de clientes, vários canais e um ambiente empresarial que muda, para os clientes, a cada trimestre. Portanto, a didática comercial não é um exercício pontual, mas uma atividade "permanente". A partir das informações fornecidas pela força de vendas — e a seu pedido — as organizações devem investir no treinamento dos profissionais de marketing para que articulem diferenciais e para que sejam uma fonte constante de mensagens didáticas novas e instigantes.

A VENDA DESAFIADORA

Crie um discurso didático "ousado"

Vemos muitas empresas entrar em "modo de segurança" ao desenvolverem seus discursos didáticos. Podem começar com ideias criativas e realmente provocantes, mas, à medida que mais gente interfere em sua elaboração, vão se diluindo a ponto de se tornarem mais sugestões que provocações propriamente ditas.

Uma ótima ferramenta para evitar que os discursos didáticos percam o fio ao atravessar os meandros da organização é a "Estrutura SAFE-BOLD" ("Seguro-Ousado"), criada por Neil Rackham e pela KPMG, que ajuda a avaliar a agudeza de um discurso didático. Nas palavras de Neil e da KPMG, "um bom discurso didático deve ter quatro características. Primeiro, deve ser grandioso. Quando bem-feito, será visto pelo cliente como mais abrangente e de maior alcance que uma ideia comum. Segundo, deve ser inovador — e tem de multiplicar possibilidades com abordagens inéditas e sem igual. Terceiro, deve ser arriscado. Grandes ideias significam que fornecedor e cliente precisarão correr grandes riscos para adotá-las. Por fim, deve ser difícil. A ideia em si deve ser difícil de concretizar — seja em função da escala, de incertezas ou de questões políticas; do contrário, por que contratar alguém para resolver o problema?".

A estrutura é uma ferramenta simples, que induz seu usuário a classificar um discurso didático em potencial em termos dessas quatro dimensões. As melhores ideias vão se aproximar mais do extremo "ousado" (BOLD) do espectro — serão grandiosas (*Big*); superiores em termos de risco (*Outperforming*); revolucionárias (*Leading-edge*); e de difícil implementação (*Difficult*) por parte do cliente. Na outra ponta do espectro ficam as ideias "seguras" (SAFE), as quais, em contrapartida, são pequenas (*Small*); realizáveis sem maiores riscos (*Achievable*); "acomodadas", em oposição a progressistas (*Following*); e tidas como de fácil implementação (*Easy*).

Em sua aplicação da ferramenta, Neil e a equipe da KPMG pediram a um grupo de consultores de clientes que elaborasse, em um *brainstorm*, um discurso Desafiador para um cliente e o apresentasse para uma plateia de colegas da própria empresa, que por sua vez classificaram

112

o discurso usando a estrutura SAFE-BOLD. Segundo a KPMG, a ferramenta já está incoporada ao vocabulário interno da organização; não é incomum consultores advertirem seus colegas para não diluir e "tornar demasiado seguros" (em inglês, "*making too* SAFE") os discursos que elaboram para os clientes.

Figura 5.2. A estrutura SAFE-BOLD

FONTE: KPMG, Neil Rackham.

Lembre-se de que os Construtores de relacionamentos estão por toda parte, não só em vendas, e são grandes as chances de que em algum ponto do caminho um Construtor de relacionamentos de nível sênior — talvez alguém de marketing ou da comunicação corporativa, talvez um alto executivo — tente moderar a mensagem do discurso, receando que ela soe agressiva ou desagradável aos ouvidos do cliente.

Uma das alterações típicas feitas pelo Construtor de relacionamentos em um bom discurso didático é transferir os slides sobre "quem somos e o que fazemos" do final da apresentação (que é o seu lugar, em um discurso desse gênero bem elaborado) para o início — dada a sua necessidade de estabelecer credibilidade logo de saída mediante a apresentação de dados sobre o tamanho da empresa e outros factoides, como a divulgação casual dos nomes de certos clientes de alto gabarito. Sentem-se desconfortáveis em começar com ideias e esperar que elas falem por si.

Os Construtores de relacionamentos vão aproveitar seu primeiro momento de distração para sacar as plainas de bolso e desbastar as bordas do seu discurso afiado. Vão amaciá-lo até torná-lo quase irreconhecível, empurrando-o para o lado seguro (SAFE) do espectro.

Entretanto, causar um ligeiro desconcerto é justamente o objetivo da abordagem Desafiadora, que procura ser provocante e questionadora, diferenciando-se, assim, aos olhos do cliente. Se não for incisivo, você será igual a todo mundo. Não se esqueça de que, enquanto os Construtores de relacionamentos se empenham em reduzir ou dissipar a tensão, os Desafiadores usam-na construtivamente a seu favor.

Como, então, funciona a didática comercial na prática? Agora que expusemos a teoria dessa abordagem, vamos vê-la em ação em duas empresas reais: a W.W. Grainger, Inc. e a ADP Dealer Services.

Estudo de caso de didática comercial nº 1: A W.W. Grainger, Inc. e os benefícios de planejar o inesperado

A W.W. Grainger, Inc., sediada em Lake Forest, no estado de Illinois, nos Estados Unidos, é uma distribuidora de equipamentos e suprimentos para manutenção, reparo e operações (MRO) de 7 bilhões de dólares, que atende quase 2 milhões de empresas basicamente nos Estados Unidos e Canadá. A Grainger proporciona aos seus clientes a facilidade de obter, em uma única compra, a variedade de equipamentos de que necessitam para assegurar uma operação segura, tranquila e eficiente de suas instalações, fábricas e escritórios. No total, mantém em estoque milhares de produtos diferentes — de ferramentas, bombas e equipa-

ENSINANDO PARA DIFERENCIAR (PARTE 2)

mentos de segurança a material elétrico e de limpeza —, que podem ser adquiridos em suas filiais, em sua muito acessada loja virtual ou, claro, por meio de seu célebre catálogo de produtos. Grande parte de suas vendas se dá mediante o trabalho de representantes comerciais internos e externos, empenhados em firmar com os clientes contratos de compra de longo prazo.

Por mais amplas que sejam as possibilidades oferecidas pelo vasto portfólio de produtos da Grainger para atender as muitas e diversificadas necessidades de seus clientes, o alcance impressionante da empresa pode ser atordoante. Diante de tão desalentadora variedade de escolhas, com o passar dos anos alguns clientes vão recaindo na compra reativa de produtos individuais, com base tão somente em padrões de compra anteriores e necessidades pontuais, em vez de reservar algum tempo para sentar-se com o fornecedor e considerar maneiras mais eficientes de gerenciar seu MRO em geral — embora os gastos totais de muitas empresas nessa área possam facilmente chegar à casa das dezenas de milhões de dólares. Para muitos clientes, não passa de um punhado de martelos, luvas, lâmpadas, bombas e geradores. "Temos coisas mais importantes a fazer", é o pensamento mais comum, "do que perder tempo preocupando-nos com essas coisas." O resultado disso para a Grainger? Com o passar do tempo, muitos clientes passaram a considerar a empresa apenas uma fornecedora transacional, não uma parceira estratégica. Precisa de um martelo? A Grainger tem. Precisa de uma bomba? A Grainger tem. Precisa de uma consultoria para aumentar sua eficácia em relação à concorrência? Aí não. A muitos clientes simplesmente nunca ocorreu a possibilidade de que a Grainger pudesse oferecer-lhes qualquer outra coisa além de ótimos produtos a ótimos preços. Assim, na hora de renovar seus contratos, era só isso que eles queriam discutir: preço.

Ora, pode-se argumentar que certamente há problemas bem piores do que ser visto pelos clientes basicamente como uma empresa com ótimos produtos a ótimos preços. Contudo, se sua principal meta é aprofundar o relacionamento com seus clientes por meio de "soluções" mais amplas e estratégicas, não é uma situação das melhores. Fica difícil fomentar um crescimento mais orgânico e aprofundar o relacionamento com os clientes quando se é visto por eles como um mero fornecedor transacional de produtos relativamente sem importância. No fim das contas, você se vê relegado à divisão de gestão de instalações ou, pior, compras, onde acaba regateando preços em curto prazo, em vez de discutir a criação de valor a longo prazo.

Assim sendo, a Grainger tinha um problema. Como bem sintetizou Debra Oler, sua vice-presidente e gerente geral de marca, para a empresa estabelecer-se perante os clientes como uma verdadeira fornecedora de soluções, teria de mudar a forma como era vista por eles. Seria preciso apresentar uma história persuasiva, mostrando não como a Grainger pode lhe vender mais martelos, mas como pode ajudá-lo a incrementar seus resultados por meio da redução de custos.

Para isso, a Grainger deveria primeiro solucionar um desafio ainda maior. O problema central não estava tanto no fato de os clientes não verem a Grainger de maneira estratégica, mas no de não pensarem estrategicamente suas próprias despesas com MRO. É difícil ser considerado um parceiro importante quando seus clientes acham que você só diz respeito a um aspecto de menor importância de suas atividades.

Portanto, muito antes de a Grainger poder mudar a mentalidade de seus clientes com relação a ela mesma, precisaria primeiro mudar a mentalidade deles com relação a si próprios. Precisaria mostrar-lhes que os milhões de dólares que gastavam todos os anos com MRO não só constituíam um investimento considerável como, mais importante, se bem administrados, poderiam render-lhes milhões de dólares em economia. Com efeito, analisando os hábitos de compra de seus clientes ao longo dos anos, a Grainger havia constatado que a maioria deles adquiria itens de MRO de maneira extremamente ineficiente, o que lhes custava milhões de dólares que eles não tinham a menor ideia de que poderiam economizar. Em outras palavras, a Grainger havia encontrado uma oportunidade para ensinar aos seus clientes algo novo a respeito de suas próprias atividades — um modo de repensar suas despesas com MRO — que liberaria quantias vultosas, que poderiam ser então aplicadas em coisas mais importantes que martelos. Uma jogada de mestre.

ENSINANDO PARA DIFERENCIAR (PARTE 2)

Em termos de didática comercial, porém, a Grainger precisava ainda da outra — e fundamental — parte da história. Antes de ensinar aos clientes como economizar milhões de dólares mudando sua forma de ver suas despesas com MRO, precisaria certificar-se de que tal ideia os levaria naturalmente a dar preferência à Grainger, em vez de algum dos tantos outros fornecedores de MRO no mercado. Para tanto, Debra e sua equipe deveriam primeiro responder a questão crucial: "Por que nossos clientes comprariam de nós, em vez de qualquer outro fornecedor?". Eles não tardariam a descobrir que essa não era uma pergunta tão fácil de responder quanto parecia. Debra conta que um colega sugeriu, por exemplo, que alardeassem sua enorme linha de produtos como um verdadeiro diferencial — ao que ela objetou: "Mas nenhum dos nossos concorrentes oferece um vasto leque de produtos?".

"É mesmo", responderam, "há outras empresas que também oferecem uma gama bastante ampla de produtos — pelo menos em algumas das categorias em que atuamos."

"Então isso não serve. O que mais a gente tem?"

"Bem, temos lojas espalhadas por todo o país. Onde quer que você esteja, encontra uma filial da Grainger."

"Então os clientes não podem suprir suas necessidades de MRO por meio de outros pontos de venda?", ela retorquiu.

"A rigor, existem outras empresas com lojas..."

"Então ainda não é isso. O que mais?"

E assim prosseguiram, em busca do leque de recursos que de fato distinguiam a Grainger das demais. E, na verdade, foi bem mais difícil do que a maioria da equipe havia imaginado. Debra conta que, "durante algum tempo, ficamos no escuro. Afinal, no que éramos melhores que os outros? Será que éramos mesmo diferentes?".

É uma interrogação difícil para a maioria das empresas. Ao parar para efetivamente definir o conjunto específico de recursos que os diferencia, depois de riscar "inovador", "focado no cliente", "orientado para soluções", "líder de mercado", "os melhores profissionais", "confiabilidade" e "tradição" da sua lista, muitos executivos se veem, como a Grainger, no escuro. É a hora de arregaçar as mangas e entregar-se à tarefa árdua de identificar os benefícios que de fato só você pode

117

oferecer. A Grainger só conseguiu elucidar esse ponto após muitas entrevistas de seus líderes com os clientes, muita pesquisa de mercado, análises de dados das tendências de gastos dos clientes e uma série de sessões de *brainstorm* multidisciplinar, no intuito de traçar o retrato mais completo possível das percepções do mercado.

No fim das contas, todo esse trabalho levou a Grainger a duas conclusões significativas. Primeiro, a maioria das empresas tinha gastos anuais excessivos com itens de MRO por não se darem conta da fortuna que determinados comportamentos de compra estavam lhes custando. Segundo, por mais que outros fornecedores também oferecessem uma ampla variedade de produtos ou mantivessem uma rede conveniente de pontos de venda, só a Grainger fazia tudo isso em uma escala que permitia aos seus clientes estabelecer com ela uma parceria para evitar compras desnecessárias ou "preventivas" e, assim, eliminar essas despesas. Fosse qual fosse a sua necessidade e localização, a Grainger poderia atendê-la, para que não fosse preciso comprar nada "só por precaução". Em outras palavras, a combinação única de recursos da Grainger colocava-a em condições sem igual de ajudar os clientes a livrar-se de um volume surpreendente de despesas operacionais e criava uma oportunidade inestimável de mudar sua imagem aos olhos dos clientes, passando de fornecedora transacional a parceira estratégica.

A Grainger reuniu essas ideias em uma apresentação intitulada "O impacto do planejamento de imprevistos", um espetacular exemplo de didática comercial. É o tipo de conteúdo que as organizações devem fornecer à linha de frente de sua força de vendas para que a didática comercial funcione para além dos profissionais Desafiadores de maior destaque. Com efeito, os representantes comerciais da Grainger apresentam "O impacto do planejamento de imprevistos" em quase todas as suas visitas de vendas, por ser absolutamente certeiro em sua exposição da proposta de valor diferenciada da Grainger. A meta desse discurso é mudar a visão que os clientes têm da empresa; mas, para chegar lá, o vendedor precisa antes fazer com que os clientes revejam suas concepções acerca de suas próprias despesas de MRO. É em torno deste ponto que gira toda a conversa, desde o princípio: as despesas de MRO do cliente, não os recursos da Grainger.

Como você já deve imaginar, o representante da Grainger solicita a reunião a fim de apresentar dados interessantes sobre a possibilidade de economizar muito dinheiro apenas mudando a gestão das despesas de MRO. Dê uma olhada na pauta da reunião:

O que queremos mostrar a vocês

- Estudos de compras de MRO no setor

- Problemas de compras imprevistas que afetam seus resultados:
— Estoque
— Produtividade
— Falhas no atendimento

- Como a Grainger resolve esses problemas

© 2008 W.W. Grainger Inc.

GRAINGER

Desde o início do encontro, tudo é rigorosamente centrado no cliente. Lembre-se de que os clientes querem falar sobre suas próprias atividades, não sobre a solução oferecida, e é exatamente nesses termos que a Grainger estrutura a reunião. Acima de tudo, a pauta é definida de modo que o cliente sinta que está "recebendo" mais do que "dando". A mensagem da Grainger é "estamos aqui para ajudá-lo a otimizar aquela parte dos seus negócios que corresponde à nossa especialidade". O posicionamento é esse; agora, estamos prontos para partir. Primeira parada, o primeiro passo, o aquecimento:

A VENDA DESAFIADORA

Como o aquecimento parte dos desafios encarados pelo cliente, deve começar mais ou menos assim: "Sabemos que vocês enfrentam uma série de desafios todos os dias, como problemas na linha de produção, custos da remuneração dos trabalhadores, manutenção e questões relacionadas à segurança — principalmente aqueles que são cruciais para o funcionamento cotidiano da sua organização". Depois de mencionar algumas dessas questões e citar exemplos genéricos de outras empresas, o vendedor pede ao cliente para indicar um ou dois que sejam particularmente prementes em seu caso específico.

A ideia é envolvê-lo desde o princípio na discussão sobre as dificuldades que enfrenta e que a Grainger conhece de outros clientes seus. Seu pessoal já constatou que basta este detalhe para introduzir um diálogo incrivelmente vigoroso e valioso, só porque o representante parte de uma hipótese a respeito das necessidades do cliente, em vez de uma pergunta aberta para "descobri-las".

Quando bem realizada, a essa altura a conversa já soa menos como uma apresentação de vendas e mais como dois colegas compartilhando suas queixas a respeito de desafios compartilhados. Assim, forma-se um vínculo nascido da experiência comum — uma ótima maneira de começar uma conversa.

Por mais que o representante da Grainger tenha estabelecido um vínculo, ainda não ensinou nada novo para o cliente — o que acontece no segundo passo, o da reestruturação.

Para mudar o modo como os clientes veem seus gastos com MRO, a Grainger começa especificando-os conforme suas categorias típicas: ferramentas, segurança, iluminação, manutenção e assim por diante. Para muitas empresas, o volume total em qualquer desses itens chega facilmente à casa das centenas de milhares de dólares ou mais, dependendo do tamanho da empresa. Tudo isso soa muito familiar aos ouvidos do cliente.

O que não soa nada familiar é uma maneira completamente diferente de encarar essas despesas. Por meio de um gráfico relativamente objetivo, o vendedor transfere a perspectiva do cliente das categorias verticais de produtos para as tendências de compra horizontais; isto é, do que eles compram para como compram. Para tanto, introduzem a noção de compras "planejadas" em oposição às "imprevistas".

O representante comercial explica que "as compras planejadas são aqueles produtos e peças que vocês compram com muita frequência, em geral em um ciclo regular e com orçamento prévio. Já as compras imprevistas são os produtos e peças de reposição que vocês compram na última hora, em geral em resposta a alguma necessidade ou problema inesperados". É uma distinção importante, porque o que as empresas não se dão conta é como a parte de seus gastos com MRO que não obedece a nenhum planejamento — as compras aparentemente isoladas e inócuas de um martelo extra aqui, uma bomba sobressalente ali — pode representar uma quantia muito substancial no fim do ano, chegando a ter consequências estratégicas para a empresa. Os estudos da Grainger mostram que, normalmente, até 40% dos gastos com MRO nas empresas correspondem a compras imprevistas. Somando-se esse montante em todas as categorias, o resultado é que o custo das compras imprevistas supera o de qualquer categoria individual, o que significa milhões de dólares em gastos isolados de última hora.

Observe que o vendedor ainda não justificou a importância dessa distinção — isso ainda está por vir — mas, a essa altura, pelo menos já despertou o interesse do cliente, que está curioso para ouvir mais. Afinal, você acaba de lhe revelar que sua segunda maior categoria de gastos com MRO — compras imprevistas — nunca chegou a ser monitorada. Agora, ele já deve estar se perguntando acerca das possíveis implicações desse fato para os negócios. Lembre-se de que a prova dos nove da reestruturação consiste em ouvir do seu cliente: "Hum? Nunca tinha pensado nisso antes" — e essa mudança de perspectiva daquilo que eles compram para como compram é um excelente exemplo de como promovê-la bem.

Agora, o vendedor está preparado para justificar de forma consistente a importância disso tudo. Passemos para o terceiro passo, o da angústia controlada.

ENSINANDO PARA DIFERENCIAR (PARTE 2)

Com base em sua própria análise de dados de gastos de seus clientes ao longo de vários anos, a Grainger usa os slides seguintes para fornecer informações sobre o custo tantas vezes negligenciado — mas muito concreto — das compras imprevistas. "Na verdade", prossegue o representante da empresa, "provavelmente é pior do que vocês estão pensando. Um número enorme das compras que vocês fazem não é só imprevisto — é pouco frequente. A maioria ocorre apenas uma vez; ainda assim, consome mais tempo, trabalho, mão de obra e dinheiro para ser realizada."

Assim, a Grainger utiliza seus conhecimentos especializados para revelar ao cliente algo a respeito de suas atividades. Para ele, são informações preciosas. Para a Grainger, é um meio eficaz de transformar o interesse em ação, na medida em que cria uma apresentação lógica que causa no cliente um desconforto real com relação a um problema que ele nem desconfiava ter. Se seu relacionamento com a Grainger for antigo, o vendedor provavelmente passará em vista seu histórico de compras, para tornar sua argumentação o mais persuasiva possível. Fica difícil dizer que "com a gente é diferente" diante dos seus próprios dados.

Então, qual é o impacto de todas essas compras imprevistas? Na verdade, bastante dramático.

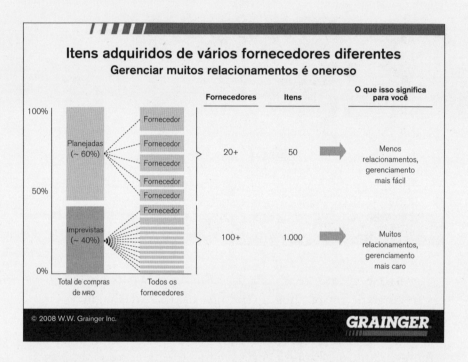

Embora a maioria das empresas trabalhe com um pequeno número de fornecedores em suas compras planejadas, em geral recorre a centenas de fornecedores no caso das compras imprevistas, já que cada item é adquirido junto ao fornecedor capaz de fazer a entrega mais imediata. Ora, o custo de diluir 40% dos seus gastos com MRO por número de fornecedores diferentes pode ser colossal, uma vez que não há a menor alavancagem: cada artigo comprado de improviso sai pelo preço normal de varejo.

Pior ainda que o custo direto extraordinário das compras imprevistas, porém, é o seu custo indireto — que passa despercebido, mas nem por isso é menos dramático.

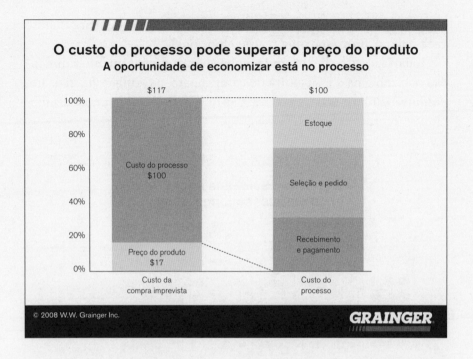

O custo real das compras imprevistas decorre do necessário, mas normalmente negligenciado, custo total do processo inerente à compra de algo sem planejamento. É preciso tempo para encontrar o item, gerar uma fatura, entrar em contato com o fornecedor, fazer o pedido, informar o estoque e dar conta de toda a documentação para o pagamento. Juntando tudo, uma compra imprevista pode envolver de cinco a dez pessoas diferentes na empresa, o que significa um custo invisível enorme quando se soma todo o tempo, trabalho, papelada e mão de obra necessários no processo. Em geral, a mera compra imprevista é, em si, tremendamente mais cara do que o item adquirido.

A esta altura, o cliente provavelmente está começando a se sentir um pouco angustiado com relação a todas essas compras improvisadas. É algo que acontece todos os dias em sua organização, e nunca ninguém pensou em nada disso antes. Ele deve estar pensando: "Maravilha, aquele martelo que comprei por dezessete dólares semana passada na verdade me saiu a 117! Multiplicando isso por 40% dos meus gastos totais com MRO, como é que a gente ainda consegue se manter em atividade?". A ideia é que seja um soco no estômago — um argumento racional que provoque uma reação emocional.

Todavia, caso o cliente ainda tenha alguma dúvida quanto à dimensão do problema a essa altura do campeonato, a Grainger dá mais um empurrãozinho e a conversa chega ao quarto passo, o do impacto emocional. Agora, a coisa fica pessoal.

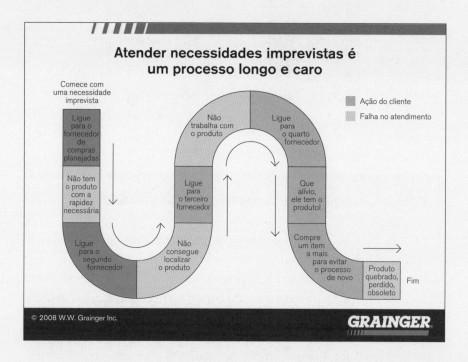

Para garantir que o cliente de fato se identifique com a história narrada, o pessoal da Grainger lança mão de um slide que costumam chamar de "Via Crucis" para ilustrar o que quase todas as empresas fazem quando algo importante quebra e precisa ser substituído às pressas.

Digamos que a bobina do aparelho de ar-condicionado comprado há vinte anos para a sala do presidente da empresa, muito difícil de encontrar, quebre em pleno verão. Como está quente, e é do presidente, está claro que é preciso consertá-la o mais rápido possível. Então, o que você faz?

Provavelmente, a primeira coisa que você vai fazer é ligar para um dos

ENSINANDO PARA DIFERENCIAR (PARTE 2)

seus fornecedores de referência para compras planejadas. Certamente, eles vão ajudar. Depois de esperar vinte minutos, porém, você é informado de que acabaram de vender a última bobina e só receberão mais daqui a pelo menos quinze dias. Então, você tenta outro fornecedor, de quem já comprou uma ou duas vezes antes, mas eles nem trabalham mais com essa peça. Após mais vinte minutos em espera, um terceiro fornecedor explica que, segundo o seu sistema, eles deveriam ter duas em estoque, mas não estão conseguindo encontrar no depósito. Você já está ficando frustrado. Duas horas ao telefone — basicamente ouvindo música de PABX da pior qualidade — e tudo o que você conseguiu até agora foram más notícias para seu cada vez mais impaciente e encalorado presidente.

Já meio desesperado, você liga para o quarto e último fornecedor na região metropolitana. Ficam do outro lado da cidade, mas faz uns noventa minutos que isso deixou de ter qualquer importância. Aleluia! Eles têm a bobina! Você tira dois operários da linha de produção, entrega-lhes a papelada gerada às pressas e manda-os atravessar a cidade no horário do *rush*, a fim de conseguir a tal peça. Uma hora e meia depois, ao chegar lá, eles ligam para você e perguntam: "Chefe, eles têm três dessas peças. Quer que a gente compre mais uma, só por precaução?". Como você nunca mais quer passar por tudo isso de novo, ordena: "Comprem as três e voltem para cá o mais rápido que puderem!".

Uma das bobinas é usada no conserto do aparelho de ar-condicionado e as outras duas são guardadas nos fundos do depósito, em uma prateleira que a Grainger chama de "Orfanato das peças", onde ficam juntando poeira. Provavelmente você não chegará a precisar delas no ano seguinte. Nem mais um ano depois. E, quando finalmente houver necessidade, provavelmente o sistema inteiro estará tão obsoleto que terá de ser substituído de toda forma. Se você parar para pensar, não só são peças que você nunca vai usar como, mais importante, trata-se de uma quantia valiosa que você acaba de amarrar a itens em estoque de que na verdade não necessitará, simplesmente por não querer voltar a enfrentar a via crucis de ter de comprar a tal bobina de novo — dinheiro que poderia ser empregado em algo bem mais importante, de que você precisasse de fato.

Dramático? Sem dúvida. Mas é uma história perfeitamente verossímil. Afinal, baseia-se no comportamento de clientes de verdade (é aí que todas aquelas entrevistas com clientes de fato valem a pena). Mais importante, porém: tanto drama tem razão de ser. A narrativa é montada deliberadamente para explicitar uma resposta emocional por parte dos clientes, que devem ver-se como personagens do quadro geral que você está pintando. Devem sentir a angústia, como se fosse deles a aflição que você está descrevendo. Um cliente da Grainger comentou, ao ver a "Via Crucis": "Nossa, mas vocês nos conhecem bem demais! Passamos por isso todo santo dia!". A ideia é essa — levar o cliente a "se apropriar" da história, levando-o a considerar as compras imprevistas um problema que lhe diz respeito diretamente.

Agora, a passagem para o quinto passo, onde a Grainger pode esboçar um novo caminho.

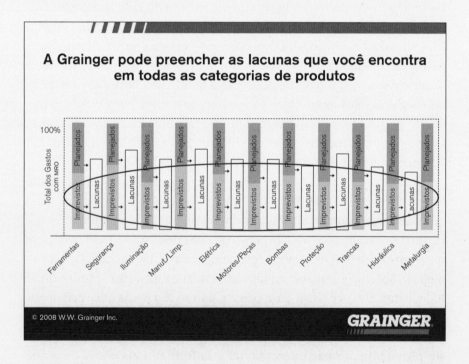

Para chegar à solução de fato, a Grainger passa do âmbito pessoal para o organizacional: "Bem, isso é o que acontece com uma única compra improvisada, em só uma categoria. A questão é que vocês fazem isso sempre, em todas as categorias de gastos com MRO. Portanto, mes-

ENSINANDO PARA DIFERENCIAR (PARTE 2)

mo que consigam resolver as compras imprevistas em uma categoria, o problema mais amplo vai persistir. E empresa nenhuma dispõe da estrutura necessária para desincumbir-se do gerenciamento adequado desses gastos em todas as categorias.

"Por outro lado, vamos supor que seja possível. Esse problema constitui uma oportunidade incrível, se vocês puderem solucioná-lo. As compras imprevistas representam um volume colossal de gastos e custos de estoque desnecessários. É um dinheiro que vocês poderiam gastar em coisas mais importantes. E esse é um problema que só a Grainger — dado o seu conjunto de recursos específicos — tem condições de resolver para vocês."

Aqui, a conversa passa a girar em torno do que a Grainger pode fazer para ajudar. Finalmente, estamos prontos para começar a discutir a solução deles. Se você já for cliente da empresa, eles já estarão de posse de seus dados reais e poderão começar a traçar um planejamento. Se não costumam trabalhar muito com você, vão usar esse encontro para sugerir um diagnóstico da situação das suas compras imprevistas. De toda forma, todo o árduo trabalho realizado por Debra Oler e sua equipe na identificação dos benefícios exclusivos da Grainger mostra a que veio agora, especificamente em termos de como a empresa pode ajudar seus clientes a enfrentar o desafio, que seu representante acaba de lhes revelar, das compras realizadas sem planejamento.

É um exemplo fantástico de didática comercial, porque a conversa toda gira em torno de um conjunto de ideias articuladas de modo a contribuir para a maior rentabilidade dos clientes. Ainda assim, por acaso a Grainger e seus recursos foram os primeiros a ser trazidos à baila? Não, muito pelo contrário. Não há referência alguma aos recursos, lojas, website, história, porte, catálogo de produtos etc. da Grainger nos dois primeiros terços da apresentação. Isso porque não se trata de uma história sobre a Grainger, mas sobre o cliente e como ele pode restituir ao seu orçamento operacional um dinheiro que nem havia se dado conta de que estava desperdiçando. Do ponto de vista do cliente, o fato de que a Grainger tem uma solução para o problema é mais que uma feliz coincidência. Aos seus olhos, o grande valor de toda a interação é a qualidade das ideias expostas.

129

A VENDA DESAFIADORA

Os clientes saem dessa conversa com uma visão muito diferente não só de seus gastos com MRO, mas também da potencial contribuição da Grainger em termos de uma significativa redução desse montante ao longo do tempo. Ela deixa de ser uma fornecedora de martelos de dezessete dólares para tornar-se uma parceira com que trabalhar para evitar a compra de martelos de 117 dólares. Ao contextualizar seus recursos sem igual — no final de um discurso didático extremamente factível — a Grainger modifica por completo a disposição dos clientes em relação ao que ela pode oferecer. No entanto, para chegar a esse ponto, o discurso tem de fluir de determinado modo, seguir uma "coreografia" específica. Essa é a reviravolta fundamental da didática comercial: em vez de começar enfocando as vantagens do fornecedor, uma série de interações didáticas minuciosamente desenvolvidas para esse fim conduz o cliente ao encontro das vantagens do fornecedor. Sua solução não é o tema da apresentação, mas acaba sendo seu resultado natural. Lembre-se de que, do ponto de vista do cliente, o verdadeiro valor da interação não é o que você vende, mas a qualidade das ideias que você apresenta como parte da própria interação.

Estudo de caso de didática comercial nº 2: As clínicas do lucro da ADP Dealer Services

A ADP Dealer Services, divisão da Automatic Data Processing, é líder no fornecimento de software corporativo para concessionárias de carros, caminhões e outros tipos de veículos automotivos de todo o mundo. Quando Kevin Hendrick, então diretor de vendas da empresa, tomou conhecimento de nosso trabalho sobre didática comercial, em 2008, a empresa enfrentava um grave problema. Embora a economia ainda se encontrasse relativamente em boa forma, a equipe da Dealer Services já detectava alguns sinais precoces de alerta na indústria automobilística que certamente não constituíam bons augúrios para o futuro próximo. Não só as vendas de automóveis no varejo vinham apresentando um declínio contínuo nos últimos três anos, como, mais alarmante, a indústria automobilística americana enfrentava uma considerável super-

ENSINANDO PARA DIFERENCIAR (PARTE 2)

população de concessionárias, cujo número, em resposta à redução da demanda, encontrava-se agora em queda acentuada. No fim das contas, ao longo dos três anos entre 2007 e 2010, o número de concessionárias de automóveis novos e usados nos Estados Unidos caiu de 21 200 para 18 460. Ora, se você fosse um fornecedor de soluções de software para esse tipo de empresa, imagine o significado desses números. No espaço de alguns poucos anos, a empresa viu-se diante da perda de 15% do mercado total disponível em um segmento crucial — diante do quase desaparecimento de seus clientes em potencial.

Pior ainda, como parte de uma empresa de capital aberto, naturalmente a ADP Dealer Services precisava apresentar um crescimento razoável naquele mesmo período. Como, porém, fazer crescer uma empresa em um mercado em retração? Uma tarefa dificílima. Com efeito, só há uma escolha: aumentar a participação no mercado de maneira agressiva e prevenir com vigor a debandada dos clientes. Nesse contexto, para conquistar novos negócios, será preciso tirá-los de alguém.

Contudo, não seria tão fácil. Se desalojar um fornecedor bem estabelecido é sempre um desafio, a empresa enfrentava ao mesmo tempo a ascensão de uma miríade de pequenos rivais, cada qual confrontando agressivamente apenas seções específicas do conjunto mais amplo de recursos da Dealer Services. Como fornecedora líder da indústria, a ADP oferecia uma proposta de valor única, que compreendia soluções tecnológicas para todos os aspectos de uma concessionária de automóveis, tais como marketing digital, venda de veículos, venda de serviços e até soluções de peças. Já os concorrentes menores, por sua vez, concentravam-se cada qual em uma única peça desse quebra-cabeça, como programas de gerenciamento da central de atendimento ou só da unidade de vendas. Esses fornecedores abordavam os clientes com uma mensagem muito distinta, salientando o vasto potencial de redução de custos mediante a compra "só dos programas de necessidade mais urgente" — e, como você deve imaginar, em um mundo de clientes preocupados com a sobrevivência mais imediata, era uma mensagem de forte repercussão.

Nesse contexto, a ADP Dealer Services atravessava um ano potencialmente ruim. De um lado, vinha perdendo margem para clientes cada vez mais preocupados com a contenção de custos, em meio à implosão do

A VENDA DESAFIADORA

setor. De outro, estava perdendo vendas para novos concorrentes, que se aproveitavam agressivamente desses medos para induzir os clientes a engajar-se em vendas transacionais, baseadas em preços, de produtos isolados e desprovidos de qualquer valor agregado. Não obstante, a verdadeira ironia da situação era o fato de o cerne da proposta de valor da Dealer Services ser justamente sua capacidade ímpar de ajudar as concessionárias a reduzir custos. Ora, se houve algum momento adequado para que essa mensagem encontrasse eco, só podia ser aquele. Mas não era isso que estava acontecendo. Os clientes simplesmente não conseguiam enxergar além do preço total. Os representantes da Dealer Services preparavam suas apresentações em torno dos recursos únicos e poderosos de que dispunham para economizar o dinheiro dos clientes, e as concessionárias respondiam: "Isso é ótimo, mas tenho outro cara que se diz capaz de fazer exatamente a peça necessária agora, por muito menos. Gostaria de trabalhar com vocês, mas só se puderem eliminar esse resto aqui e cortar 30% do valor excedente". Difícil.

Não admira, pois, que, ao tomar conhecimento da didática comercial, Kevin tenha tido um "momento eureca". Percebeu que boa parte do problema era que os representantes comerciais da ADP Dealer Services estavam partindo das soluções que ofereciam, não levando até elas. Se a Dealer Services pretendia fazer com que seus clientes enxergassem de outra maneira sua solução mais ampla, teria antes de fazer com que as concessionárias encarassem de outra forma os custos associados às suas escolhas de software. Afinal, havia um aspecto das consequências dessas escolhas de que a ADP estava ciente, mas os próprios clientes não reconheciam: em suas tentativas de cortar custos, tantos investimentos em um sistema de software distinto para cada aspecto de suas atividades acarretavam uma imensa redundância e ineficiência operacionais que, no final das contas, acarretavam mais prejuízo do que economia.

Com essa ideia em vista, a Dealer Services propôs-se a expandir sua didática comercial, aplicando-a em duas iniciativas principais.

A primeira foi a melhor elaboração de seu discurso. Embora tivesse um claro entendimento dos recursos exclusivos que constituíam os diferenciais da solução oferecida, a organização precisava comunicar-se de modo a levar até esses benefícios, em vez de partir deles. Assim, as

132

equipes de operações de marketing e vendas criaram uma apresentação extraordinária, intitulada "Concessionárias e seus gastos totais", no decorrer da qual submetiam à análise os dados relativos ao impacto latente, mas surpreendentemente dispendioso, da ineficiência dos sistemas de TI sobre a rentabilidade geral das concessionárias. Em média, constataram, as concessionárias trabalhavam com doze fornecedores diferentes, o que resultava em até 40% de custos redundantes — custos que a ADP Dealer Services poderia eliminar mediante sua solução única. Não admira que, como no caso da Grainger, o principal objetivo da abordagem da empresa fosse provocar uma resposta tanto emocional quanto racional. As concessionárias ficavam surpresas — e em geral extremamente alarmadas — ao descobrir que tinham gastos imensos e desnecessários, no exato momento em que menos podiam se dar a esse luxo.

A segunda iniciativa da ADP consistiu em desenvolver uma série de seminários para seus clientes — batizados de Clínicas do lucro — nos quais se fomentassem ideias para o gerenciamento mais rentável de suas empresas. As Clínicas são exatamente o que o nome diz: seminários gratuitos oferecidos pela Dealer Services, criados especialmente para ajudar seus clientes a avaliar os custos da ineficiência e redundância decorrentes da sobreposição de sistemas de TI e com foco específico nas ideias.

Naturalmente, como você deve imaginar, tais seminários são também estruturados conforme a coreografia da didática comercial. Se há algo sobre o qual a ADP Dealer Services não fala nos dois primeiros terços do seminário é sobre si mesma. Afinal, o tema não é o fornecedor, mas o cliente. Como no caso da Grainger, depois de um aquecimento vem a reestruturação (isto é, "as escolhas de software que vocês têm feito na tentativa de economizar na verdade estão lhes custando mais caro"), a angústia controlada e o impacto emocional, à medida que a empresa mostra como sistemas desencontrados produzem todo tipo de custos encobertos de que as concessionárias nem sequer se davam conta. Por fim, chega-se à descrição de uma solução sofisticada e uma síntese de como os recursos exclusivos da Dealer Services lhe conferem condições privilegiadas de oferecer tal solução melhor que qualquer outra organização — um exemplo cabal de como induzir a conclusão desejada, em vez de começar por ela.

As concessionárias adoram os seminários por lhes proporcionarem

A VENDA DESAFIADORA

exatamente o que é anunciado: ideias exequíveis e valiosas, que podem ser postas imediatamente em prática a fim de reduzir custos — incluindo aí um conjunto de indicadores específicos a serem observados a fim de saber se está havendo desperdícios na organização. Do ponto de vista do cliente, o fato de por acaso a ADP Dealer Services dispor de uma solução para ajudar a executar tal ideia é quase uma feliz coincidência. Esse tipo de suporte não só tem um imenso valor para os clientes como é muitíssimo apreciado; torna o seminário memorável e diferencia, aos olhos de seus clientes, a ADP Dealer Services da concorrência.

Os resultados desse tipo de diferenciação por meio da didática comercial são assombrosos. Em um ano em que as vendas de carros zero quilômetro nos Estados Unidos sofreram uma queda de 40%, a receita da ADP Dealer Services caiu apenas 4%. Suas metas de crescimento foram atingidas? Ora, em certo sentido, sim, considerando-se a situação da indústria automobilística naqueles três anos. Mais ainda, porém: em uma época em que o único caminho possível para o crescimento era aumentar sua fatia de um bolo cada vez menor, foi exatamente isso que a Dealer Services conseguiu fazer.

Igualmente significativo é o fato de eles terem vencido a batalha não só por participação no mercado, mas também por lembrança espontânea (*"mind share"*), reforçando de maneira substancial seu papel na indústria como a melhor fonte de ideias de alta qualidade para alcançar a liderança do mercado. Tudo porque deixaram de falar sobre as atividades da ADP Dealer Services e passaram a falar sobre as atividades de seus clientes. Não faz muito tempo, Theresa Russel, diretora de operações de vendas da empresa, contou-nos que "mesmo com o recente incremento das vendas em todo o varejo automobilístico, as informações que fornecemos nesses seminários ainda encontram eco. Se as concessionárias precisam sobreviver ou, melhor ainda, expandir seus negócios, vão continuar procurando maneiras interessantes de gerenciar melhor suas atividades — que é exatamente o que nossos seminários lhes proporcionam".

É um exemplo fantástico de didática comercial: a maior oportunidade de gerar crescimento está não nos produtos e serviços que você vende, mas na qualidade das ideias que oferece como parte da venda em si.

6
Personalize para encontrar eco

POR QUE O CONCEITO DE PERSONALIZAÇÃO aparece nos dados como um dos atributos definidores do profissional Desafiador? A nosso ver, isso se deve à ascensão das compras por consenso (isto é, a necessidade de anuência da organização como um todo para aprovar determinada compra), decorrente do empenho dos fornecedores em vender soluções cada vez mais complexas aos seus clientes. Os dados confirmam esse fato e sugerem que não se trata de queixumes dos vendedores, mas a nova realidade da venda de soluções. Sim, a recente crise financeira e o colapso econômico exacerbaram a aversão dos clientes ao risco, mas o recrudescimento da exigência de consenso é uma tendência que já havíamos detectado muito antes da recessão.

O que os responsáveis pelas decisões realmente querem

Já discutimos as descobertas de nossa pesquisa sobre a fidelidade dos clientes — especificamente, a de que 53% da fidelidade do cliente B2B é fruto de como, e não do que você vende. Uma das coisas fascinantes que fizemos em nosso estudo foi distinguir os responsáveis pela tomada de decisões tanto daqueles que exercem influência sobre o processo quanto dos usuários finais, a fim de compreender o que torna esses dois grupos diferentes fiéis a determinado fornecedor.

Examinemos primeiro os que tomam as decisões — definidos em nosso estudo como as pessoas que efetivamente assinam os contratos. Esses indivíduos geralmente se enquadram em uma destas duas categorias: altos executivos ou setor de compras. Ora, o que de fato tem importância para esses compradores seniores?

Ao isolarmos os tomadores de decisões do resto da amostra e comparar o impacto da experiência geral de vendas com o do profissional individual encarregado da conta, constatamos que, para quem toma as decisões, aspectos da primeira têm quase duas vezes mais importância do que atributos individuais dos vendedores. No entender dos compradores, seus interlocutores são organizações, não indivíduos. Mas o que isso significa para a sua organização de vendas?

Figura 6.1. Motivadores de fidelidade para os responsáveis pela tomada de decisões, com relação à experiência de venda (indexados)

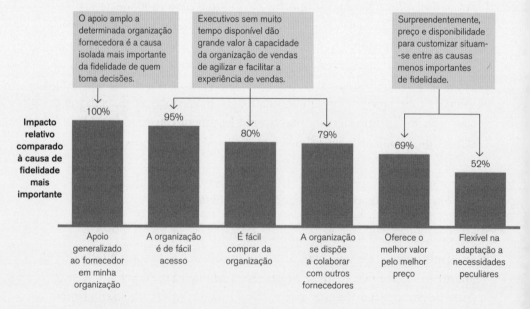

FONTE: Pesquisa do SEC.

PERSONALIZE PARA ENCONTRAR ECO

De todos os fatores significativos para os tomadores de decisões, a lista da figura 6.1 é elevada por "apoio generalizado ao fornecedor em minha organização". Uma maneira de interpretar esse fato é que os encarregados das decisões, mesmo em nível sênior, hesitam em assinar uma compra de grandes proporções sem a cobertura de sua equipe.

Por outro lado, constatamos que eles tampouco querem perder tempo. Desejam que os fornecedores sejam acessíveis, que seja fácil comprar deles e que se disponham a colaborar com outros fornecedores quando necessário.

Por fim, contrariando eventuais suposições de que fatores como preço e disponibilidade para customizar estariam entre os primeiros itens da lista, eles se revelam consideravelmente menos relevantes do que o apoio generalizado e a facilidade de negociar.

É uma descoberta de suma importância; contraria a maior parte dos treinamentos em vendas, que enfatizam a necessidade de estabelecer identificação e envolvimento com o comprador de nível C. Os vendedores investem seu tempo e energia tentando alcançar o responsável sênior pelas decisões, na certeza de que, "se pelo menos conseguirmos entrar naquela sala, isso vai nos ajudar a fechar o negócio". Entretanto, o melhor caminho para chegar ao encarregado das decisões não é, em absoluto, a porta da sala. O caminho para o representante comercial conquistar esse apoio é indireto, realizando um trabalho de base com a equipe do cliente — identificando, estimulando e fomentando o relacionamento com os principais membros da organização-cliente envolvidos no processo.

Chegado o momento da decisão de fato, o responsável vai desejar o firme apoio de sua equipe. Em outras palavras, a necessidade de consenso não é algo que você deva combater; pelo contrário, busque-a ativamente. A melhor estratégia não é elevar a conversa e excluir os demais, porque é exatamente à opinião da equipe que o responsável mais dará valor em termos de fidelidade.

Uma última observação: quando distinguimos os executivos seniores e os comparamos ao pessoal de compras em termos do que motiva sua fidelidade, não encontramos praticamente nenhuma diferença entre os dois grupos. Não é nenhuma surpresa que os altos executivos deem mais valor ao conhecimento demonstrado pelos profissionais de vendas e para os compradores seja mais importante que os vendedores não superestimem o valor de seus produtos — mas as divergências acabam por aí. Ambos os grupos priorizam o apoio generalizado em sua organização e a facilidade de uso acima de qualquer outra distinção significativa.

Se a fidelidade, mesmo em nível sênior, depende basicamente da conquista da aprovação generalizada por parte da equipe, você terá de entender como gerar essa sustentação. Para tanto, precisará descobrir o que motiva a fidelidade do restante da equipe, não só dos responsáveis mais graduados pela tomada de decisões.

O segredo da obtenção de "apoio generalizado"

Assim como no caso dos encarregados das decisões, podemos analisar o que motiva a fidelidade de usuários finais e influenciadores — aqueles indivíduos que desempenham um papel fundamental na compra, mesmo não sendo quem, no fim das contas, assina o cheque. Se bem administrados, encontram-se em situação privilegiada para falar em seu favor.

Para começar, ao isolarmos influenciadores e usuários finais da amostra total e comparar o impacto da experiência geral da venda versus a atuação do vendedor individual sobre a sua fidelidade, constatamos que — ao contrário dos tomadores de decisão — esse grupo dá muito mais ênfase ao profissional específico que os atende. Os usuários finais não se consideram comprando de organizações; compram de pessoas. Que atitudes das pessoas com quem interagem, então, levam-nos a serem mais ou menos fiéis?

PERSONALIZE PARA ENCONTRAR ECO

Figura 6.2. Motivadores de fidelidade ao profissional de vendas por parte dos influenciadores e usuários finais (indexados)

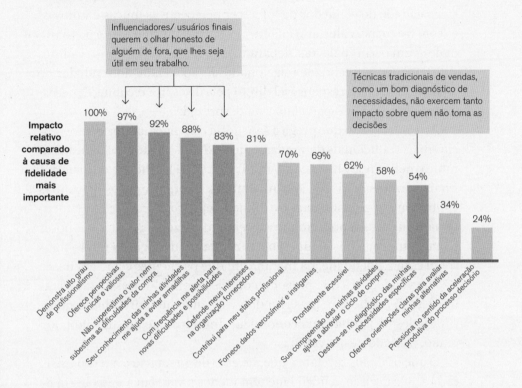

FONTE: Pesquisa do SEC.

Ao examinar a figura 6.2, você pode notar que o principal motivador da fidelidade de usuários finais e influenciadores é o profissionalismo do vendedor — o que muito provavelmente é um legado da longa tradição de representantes que prometem demais e cumprem de menos. Lembra-se do crescente ceticismo, por parte dos clientes, de que já falamos? Deu nisso. Os clientes querem apenas um profissional — alguém em quem possam acreditar e confiar. Nas palavras de um dos membros do SEC, "queremos que nossos clientes considerem nossos representantes uma extensão de sua própria organização... que os vejam como um recurso, não como um incômodo". Estamos convencidos de que é a esse tipo de profissionalismo que os clientes almejam.

A VENDA DESAFIADORA

O que é mais interessante, porém, é a sequência de motivadores que vem logo depois do profissionalismo em sua capacidade preditiva: a capacidade do vendedor de "oferecer perspectivas únicas e valiosas" e "com frequência alertar o cliente para novas dificuldades e possibilidades". Em outras palavras, deparam os com uma série de motivadores substanciais da fidelidade relacionados à capacidade do vendedor de ajudar quem não é responsável direto pela decisão a reconhecer necessidades até então despercebidas ou desprezadas.

Ao contrário do que prega a sabedoria convencional, as competências mais tradicionais de vendas, como a análise de necessidades, têm muito menos relevância como motivadores da fidelidade de usuários finais e influenciadores. Assim, embora as organizações de vendas continuem despejando tempo e dinheiro em programas de treinamento para que seus representantes aprendam a fazer perguntas melhores e mais incisivas, tais competências revelam uma ligação muito mais frágil com a fidelidade, na medida em que os clientes estão em busca não de vendedores que prevejam ou "descubram" necessidades suas que eles já conhecem, mas sim daqueles que lhes apresentem oportunidades de ganhar ou economizar dinheiro que lhes haviam, até então, passado despercebidas.

O que os dados revelam é que, no caso de quem não é o responsável direto pela decisão, a fidelidade tem menos a ver com a descoberta de necessidades que já conhecem e muito mais com a aquisição de algum novo conhecimento, tal como, por exemplo, alguma novidade acerca de como enfrentar seus concorrentes de maneira mais eficaz. Os clientes vão retribuir com sua fidelidade quando você lhes ensinar algo valioso, não apenas se vender algo de que precisam. Não se esqueça: a questão não é só os serviços e produtos que você vende, são as ideias oferecidas como parte da interação de venda em si.

Parando para analisar, essas constatações fornecem parâmetros bastante claros para converter influenciadores e usuários finais em verdadeiros aliados da sua organização. É assim que se obtém o apoio generalizado que os responsáveis pela tomada de decisões buscam: ensinando aos usuários finais algo de valor.

No entanto, embora a abordagem didática constitua uma oportuni-

PERSONALIZE PARA ENCONTRAR ECO

dade inexplorada de gerir de maneira mais estratégica os integrantes da organização-cliente, quase dois terços dos fornecedores relatam utilizar essas interações para obter ideias, não para apresentá-las. Como você já deve ter imaginado, a maioria dos profissionais de vendas gasta mais tempo coletando, junto aos influenciadores, dados acerca das prioridades e dos processos decisórios do que provendo seus potenciais interessados de informações preciosas que possam levar para suas organizações.

Com efeito, cabe a você se questionar acerca de como, no presente momento, sua organização de vendas gerencia influenciadores e demais envolvidos no processo. Quais são as chances de que esses influenciadores considerem a interação com seus representantes comerciais valiosas e memoráveis? Será que utilizariam palavras como "interessante", "novo", "provocante" ou "transformador" para qualificar o diálogo com os seus vendedores? Será que seus profissionais de vendas proporcionam valor a cada interação? Se forem só um pouquinho parecidos com a maioria das organizações de vendas, a resposta será — provavelmente — não.

Para não causarmos no leitor a impressão de que esse tipo de ideia é valorizado apenas pelos envolvidos na venda, vale salientar que a estratégia se aplica também aos executivos responsáveis pela tomada de decisões.

Sim, embora esses compradores seniores tenham o cuidado de angariar apoio, como líderes empresariais têm tanto interesse quanto suas equipes em novas ideias que ajudem suas organizações a ganhar ou economizar dinheiro. A figura 6.3 mostra a intercessão dos elementos que motivam a fidelidade junto aos responsáveis pela tomada de decisões e aos usuários finais. Dela se conclui que uma abordagem didática representa uma ótima oportunidade para a organização de vendas, independente de quem sejam os interlocutores de seus representantes comerciais.

Os responsáveis seniores pela tomada de decisões não querem ver seu tempo nem o dos demais integrantes de sua organização desperdiçado por vendedores; querem contar com o apoio da equipe antes de fechar uma compra, mas nem por isso permitirão que um vendedor invista na consolidação desse apoio se não tiver, em contrapartida, algo instigante a oferecer. Do mesmo modo, nos processos de venda que começam bem mais abaixo na hierarquia, junto aos próprios usuários finais, estes muito dificilmente lhe concederão acesso aos seus chefes se não tiverem total convicção de que você vai agregar valor ao sentar-se à sua frente.

Figura 6.3. Motivadores de fidelidade na experiência de compra dos responsáveis pela tomada de decisões versus a dos usuários finais e influenciadores

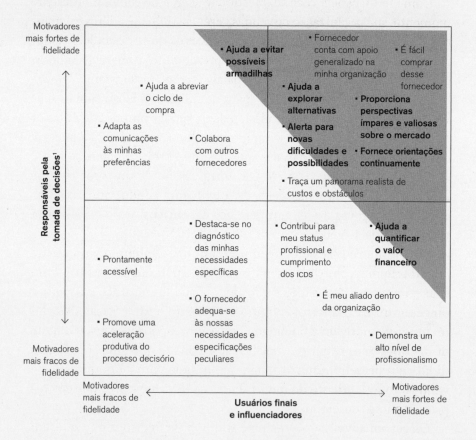

[1] Do ponto de vista estatístico, executivos seniores e gerentes de compras avaliam a experiência de compra em termos quase idênticos.
FONTE: Pesquisa do Marketing Leadership Council; pesquisa do SEC.

PERSONALIZE PARA ENCONTRAR ECO

A nova física das vendas

A conjunção de todos esses dados tem profundas consequências para a eficácia em vendas. Uma das estratégias tradicionais de construção de fidelidade consiste em elevar a interação até o nível C. Porém, de todos os cuidados tomados pelos responsáveis pela tomada de decisões no trabalho com determinado fornecedor, o mais importante de todos, como agora você já sabe, é que este conte com "apoio generalizado na organização".

As implicações dessa descoberta podem ser visualizadas de maneira dramática na figura 6.4 (página 144). Na abordagem tradicional, os representantes comerciais arrancam informações dos membros da organização-cliente a fim de apresentar um discurso mais afinado com o encarregado da decisão em nível sênior. O vínculo entre responsáveis pela tomada de decisões e demais interessados no processo é percebido como relativamente tênue quando comparado ao relacionamento que o vendedor pretende estabelecer diretamente com quem toma as decisões, de modo que o fluxo de informações se estabelece em sentido horário, basicamente do membro da organização para o profissional de vendas e deste para o tomador de decisões.

O novo modelo, porém, flui na direção oposta: o melhor modo de aumentar seu volume de vendas ao longo do tempo não é indo diretamente à pessoa que assina o contrato, mas abordá-la por via indireta, por meio de outros envolvidos capazes de consolidar um apoio mais generalizado para a sua solução. O vínculo entre demais interessados na organização-cliente e o encarregado das decisões é bem mais consistente, ao passo que o que liga o vendedor a este último é significativamente mais tênue — a influência exercida pelo representante comercial sobre a venda no nível executivo não chega aos pés daquela exercida pelos demais envolvidos.

Entretanto, tão fundamental quanto a direção do fluxo de informações é a natureza dessas informações. No modelo tradicional, é a inteligência oriunda do cliente que é preciosa para o fornecedor. No novo modelo, são as ideias geradas pelo fornecedor que têm valor para o cliente. É a nova física das vendas — como se, agora, o mundo inteiro

Figura 6.4. A nova física das vendas

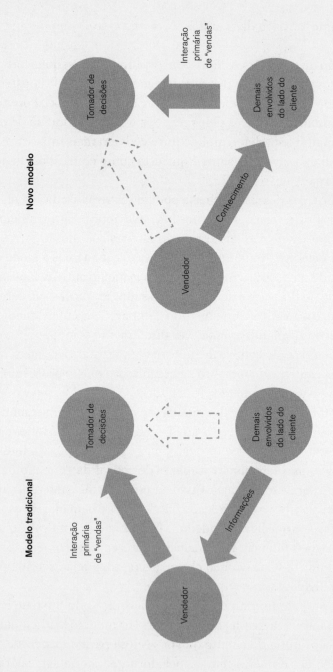

FONTE: Pesquisa do SEC.

girasse para o outro lado. Ora, essa mudança impõe uma pergunta crucial: durante todos esses anos, como você equilibrou o tempo, energia e dinheiro despendidos na tentativa de ganhar acesso aos escritórios executivos de seus clientes e seus esforços no sentido de identificar os principais envolvidos no processo e prepará-los para evangelizar em seu favor? A maioria das organizações desperdiça essa oportunidade. Embora não deva deixar de investir nos responsáveis pela tomada de decisões, agora você já sabe que esses esforços não anulam o impacto gigantesco que os principais envolvidos no processo podem ter no sentido de incrementar o volume de negócios ao longo do tempo — o que os seus melhores vendedores (seus Desafiadores) já fazem espontaneamente.

Personalizando a mensagem

Do ponto de vista prático, tudo isso significa que seus profissionais de vendas agora têm de interagir com um número maior do que nunca de pessoas para conseguir fechar o negócio. Verificamos também que uma das maiores dificuldades enfrentadas pelos vendedores medianos ao lidar com um ambiente de compras baseadas em consenso é como adaptar a mensagem de vendas a esses vários participantes, de modo a obter o máximo possível de repercussão.

Conforme cada caso, a personalização pode assumir uma grande variedade de formas. Uma boa maneira de preparar-se para personalizar suas mensagens é começar pelo nível mais amplo — a indústria do cliente — e trabalhar de cima para baixo, passando para o âmbito da empresa, da função da pessoa, e, por fim, do indivíduo em si. A figura 6.5, usada pelo SEC em seu Programa de Desenvolvimento de Desafiadores, apresenta essas progressivas "camadas" de personalização:

Figura 6.5. Camadas de personalização

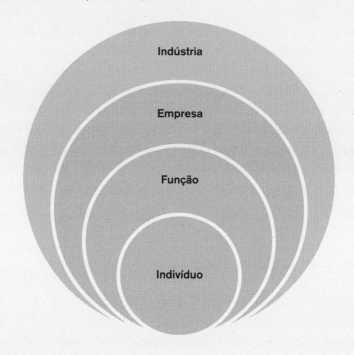

FONTE: SEC Solutions, pesquisa do SEC.

Olhando esse diagrama, aproveite para refletir sobre a repercussão obtida por sua abordagem de vendas atual em cada um desses níveis, para cada um dos muitos membros da organização-cliente com os quais seus representantes têm de entrar em contato. A vasta maioria das comunicações de vendas existentes no mercado não é adaptada para o contexto específico de nenhum desses níveis, e muito menos para todos eles ou para cada tipo de envolvido no processo. Normalmente, as mensagens giram em torno do fornecedor, de seus produtos e serviços.

Para começar a já agregar um valor inestimável basta o marketing ajudar os representantes comerciais a personalizar sua comunicação para os níveis da indústria e da empresa. Há incontáveis fontes de informação — muitas delas gratuitas — que o profissional de vendas pode aproveitar para adaptar seu discurso, no mínimo, ao contexto da indústria e da empresa. O que se passa em termos de tendências do setor e atualidades? Algum grande concorrente acaba de fechar as portas ou houve alguma fusão significativa? O cliente está ganhando ou perdendo participação no mercado? Alguma mudança na legislação ou regulamentações? O que os últimos *press releases* e demonstrações de resultados da empresa indicam em termos de prioridades estratégicas?

Quando um vendedor se apresenta não só com seu discurso pronto, mas também com alguma noção do que está se passando na empresa e no setor de atuação do cliente, já tem em mãos uma personalização incipiente. Essas duas camadas externas são, sem dúvida, as mais fáceis — e, quando encontramos, na prática, mensagens personalizadas, em geral são nesses níveis. Muito menos corriqueira é a comunicação adaptada para o nível da função daquele interlocutor na organização-cliente — e ainda mais rara é a mensagem personalizada para aquele indivíduo específico, isto é, suas metas e objetivos pessoais.

Reduzindo a variabilidade

Muitos líderes de vendas consideram a capacidade de personalizar a comunicação para interlocutores individuais uma espécie de dom sobrenatural, encontrado apenas nos melhores entre os melhores profissionais de vendas. Para o restante de sua força de vendas, o maior obstáculo à personalização — supõem as empresas — é a falta natural de empatia, sensibilidade ou capacidade de escutar de seus vendedores medianos. Mas não é isso. O maior obstáculo à personalização é a crença de que os representantes comerciais precisam possuir uma variedade de conhecimentos diferentes para realizá-la bem. Então, se você faz uma visita a alguém novo na organização-cliente e quer que sua mensagem seja o mais personalizada possível, em que aspectos você se concentra? Tipo de personalidade? Cargo? Região? Interesses? A lista de possibilidades parece interminável. Como afuniá-la? Como sair daquela nuvem amorfa e chegar a uma comunicação personalizada, com o máximo de repercussão possível?

Como vimos no capítulo 2, os profissionais Desafiadores adotam

A VENDA DESAFIADORA

dois critérios de personalização: o conhecimento dos valores que movem seu interlocutor e o dos interesses econômicos que movem a empresa. O profissional Desafiador vai até o cliente com um profundo entendimento da situação de cada interlocutor individual na estrutura geral do negócio — qual é a sua função e quais as suas preocupações —, bem como os resultados específicos, quantificáveis, que esses indivíduos querem obter.

Os profissionais Desafiadores não se atêm àquilo que estão vendendo, mas ao que seu interlocutor quer realizar. A maioria dos representantes comerciais tende a transmitir a mesma mensagem, quer se dirija a tomadores de decisões seniores, quer a usuários finais menos graduados; e, em geral, a mensagem gira em torno dos seus produtos, não dos desafios enfrentados pelo cliente.

Como, então, fazer com que toda a sua força de vendas personalize sua abordagem às necessidades mais prementes de cada interlocutor individual? Examinemos algumas ferramentas de personalização que podem ajudar os vendedores a se dirigir a cada indivíduo em sua própria linguagem, conforme seu contexto e resultados almejados.

Os resultados almejados pelo cliente são aqueles que cada indivíduo na organização-cliente está empenhado em alcançar — qual a definição de sucesso de cada um em seu trabalho.

Tais resultados compreendem a atividade ou responsabilidade específicas que precisam ser aprimoradas, os parâmetros utilizados para mensurar essa tarefa e a direção e magnitude da transformação desejada. Como exemplos de descrições de resultado, podemos citar "reduzir em 5% a taxa de rejeitos em nossa linha de produção de alta capacidade", ou "reduzir o número de cliques necessários para que nossos clientes encontrem uma resposta em nosso site na web".

Há alguns benefícios significativos nessa abordagem das necessidades do cliente. Primeiro, os resultados almejados pelo cliente são previsíveis, sobretudo em função do seu cargo. Se você conseguir identificar os principais interesses e preocupações dos cios (principais executivos de ti) de cinco empresas diferentes, é muito provável que essas informações sejam úteis na previsão dos interesses e preocupações de outros cios, em empresas similares. Em segundo lugar, os resultados

148

PERSONALIZE PARA ENCONTRAR ECO

almejados tendem a permanecer relativamente estáveis ao longo do tempo e de uma pessoa para outra. Se um CIO for promovido, há grandes chances de que seu sucessor tenha metas similares. Em terceiro lugar, para cada função elas são finitas. Ou seja, pode-se montar uma breve lista de resultados visados e concentrar-se naqueles poucos itens que são mais importantes para a pessoa. Por fim, é uma abordagem que pode ser escalonada: uma vez apreendido, o mesmo conceito pode ser aplicado um sem-número de vezes ao organograma da empresa.

A maior vantagem de se compreender e identificar os resultados almejados do cliente é não precisar que cada representante comercial descubra tudo por conta própria. Essa atribuição pode ser centralizada — nas mãos de marketing ou operações de vendas, por exemplo — e depois fornecida aos vendedores, sob a forma de uma ferramenta.

Foi o que fez a Solae, fabricante de alimentos à base de soja. A empresa encontrou uma maneira de concentrar o diálogo de seus representantes com cada membro da organização-cliente nos recursos e mensagens específicos que encontrarão maior eco junto àquele indivíduo.

Estudo de caso de personalização:
O mapeamento global de mensagens da Solae

Recentemente, a Solae adotou uma estratégia agressiva para a venda de soluções maiores e mais complexas, no intuito de ampliar seu mercado para além das aplicações tradicionais. Como acontece à maioria das empresas que passam da venda de produtos à de soluções, a iniciativa acarretou um grande aumento no número de envolvidos em cada acordo. Sua equipe de vendas agora precisava conversar com CMOS (principais executivos de marketing), vice-presidentes de manufatura, gerentes de compras e quem mais tivesse algum interesse em sua solução.

Foi uma transformação impactante para os representantes comerciais da Solae. Entretanto, o maior problema residia no fato de que os vendedores centravam suas apresentações nos mesmos produtos e especificações técnicas que usavam com os técnicos especializados com quem estavam habituados a tratar até então. Em geral, porém, seus novos interlocutores não tinham a menor ideia do que os representantes da Solae estavam falando. Era como se estivessem se comunicando em grego. Muitos desses interlocutores não especializados coçavam a cabeça e indagavam: "E daí?", quando o vendedor terminava seu discurso. Não conseguiam fazer a ligação entre todas as especificações técnicas dos produtos do fornecedor e o que era realmente importante para eles — o que, como você deve imaginar, constituía um grande empecilho para a estratégia de soluções da empresa.

PREPARANDO A VITÓRIA PESSOAL

Para desenvolver a capacidade de seus representantes comerciais de adotar a linguagem que provavelmente seria mais bem compreendida por seus interlocutores na organização-cliente, a primeira medida tomada pela Solae foi documentar o que era mais importante para cada um destes. Para tanto, a empresa foi além das informações demográficas gerais, munindo seus vendedores de um conjunto de fichas que explicavam os objetivos, como gestor, de cada envolvido na venda, isto é, o viés funcional de cada participante — os valores e interesses econômicos que o moviam.

A ficha de viés funcional apresentada como exemplo na figura 6.6 refere-se a um gerente de manufatura. As fichas contêm dados como os critérios últimos de decisão (ou resultados empresariais) mais importantes para alguém em determinado cargo. Os representantes comerciais recebem também noções do foco daquela pessoa, isto é, os fatores observados por ela com maior frequência para atingir os resultados finais da primeira seção. A ferramenta captura também as principais preocupações do indivíduo — as perguntas que ele tem de se fazer em seu dia a dia para dar conta de suas atribuições, aqueles elementos com os quais ele mais se preocupa. É um terreno de uma fertilidade incrível para a criação de empatia e credibilidade. Por fim, a ferramenta identifica para os profissionais de vendas as potenciais áreas de valor para seu interlocutor — as alavancas que o indivíduo deve acionar para melhorar seu desempenho. Isto é: para o representante comercial personalizar

Figura 6.6. Componentes do viés funcional

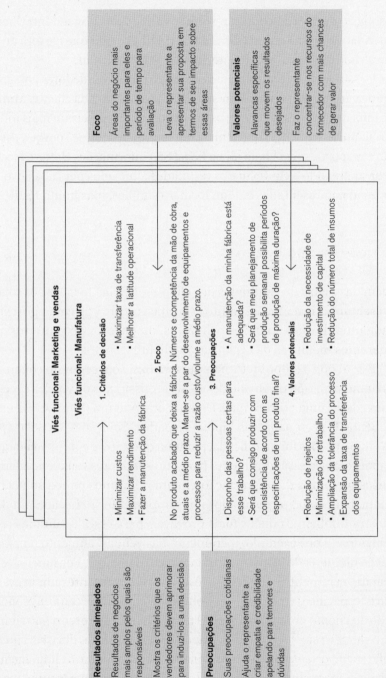

FONTE: Solae LLC; pesquisa do SEC.

a solução de acordo com os resultados almejados por seu interlocutor, essas são as coisas que ela deverá fazer, a linguagem que ele terá de usar para vendê-la para aquele interlocutor em particular.

É assim que se traduzem ideias em algo que os vendedores possam, na prática, usar para personalizar sua mensagem para cada cliente. Munidos de informações desse gênero, os profissionais não precisam mais indagar ao cliente a temível "O que tem tirado seu sono à noite?", porque já saberão a resposta — está bem ali na ficha. São informações claras e fáceis de usar, abarcando o contexto e os resultados almejados por cada envolvido na venda, apresentadas em um formato simples, mas muito fértil.

ULTRAPASSANDO O "E DAÍ"

Além das fichas de resultados dos clientes, a Solae fornece aos seus representantes orientações muito específicas acerca de como posicionar cada uma de suas soluções primárias, ou pacotes de produtos, para diferentes membros da organização-cliente.

É aqui que a empresa torna a personalização algo muito concreto. É exatamente o tipo de auxílio de que os profissionais de vendas precisam para adotar uma postura mais Desafiadora. A figura 6.7 mostra uma ferramenta de personalização hipotética para a "Solução A" da Solae (parte das informações foi modificada, por uma questão de confidencialidade). A empresa usa essa ferramenta para apresentar aos seus vendedores os vários membros da organização-cliente relevantes para a solução em pauta, bem como os resultados mais importantes para cada um deles. Mostra também os meios mais prováveis para esses resultados serem atingidos — por exemplo, incremento nas vendas, aumento da participação no mercado, construção da imagem da marca. Por fim, na versão real da ferramenta, a Solae provê a seus representantes um breve "roteiro" específico, vinculando a "Solução A" àquilo que cada envolvido do lado do cliente procura realizar. O fato de haver um roteiro não significa que ele deva ser seguido ipsis litteris; pelo contrário, deve servir como referência, orientando o profissional de vendas quanto à linguagem específica que melhor repercussão terá junto a cada interlocutor.

Figura 6.7. Resultados desejados e recursos do fornecedor associados a cada cargo

Relevância para o cliente		Solução B
Relevância para o cliente		Solução A
Função	**Marketing**	**Compras**
Necessidades funcionais/ Resultados almejados	• Aumentar vendas • Aumentar participação no mercado • Construir imagem da marca • Ampliar ofertas para o mercado	• Minimizar estoques • Fornecimento consistente • Minimizar custos gerais • Relacionamento com fornecedores
Nossos recursos e valor	**Busca de sustentabilidade** *Lorem ipsum dolor sit amet, consectetur adipiscing elit. Donec quis quam. Nullam in odio. Pellentesque consectetur.* **Ideias para o consumidor** *Pellentesque habitant morbi tristique senectus et netus et malesuada fames ac turpis egestas. Phasellus lacinia mollis velit.*	**Gestão de estoque** *Aenean pellentesque. Cras mauris. Suspendisse ultrices, arcu ac faucibus dictum, ante urna placerat nisi, eget lobortis eros erat molestie purus.* **Redução dos gastos gerais** *In magna. Pellentesque ullamcorper metus. Lorem ipsum dolor sit amet, consectetur adipiscing elit. Donec a sapien eu turpis iaculis gravida.*

FONTE: Solae LLC; pesquisa do SEC.

Isso é personalização da melhor qualidade. Usando-a, o vendedor vai falar com o cliente, em sua própria linguagem, sobre qual seria a melhor maneira de atingir os resultados mais importantes para cada interlocutor, dentro do seu contexto. É o tipo de coisa que os Desafiadores talvez façam de maneira instintiva, mas que é muito difícil para a maioria dos profissionais de vendas — e essa é a beleza de uma ferramenta como essa: funciona como uma "cola" que ajuda os demais representantes comerciais a se aproximar mais dos profissionais que são bons em personalização. É simples, prática e baseada no contexto e nos resultados almejados. E mais: proporciona aos gerentes um meio de escalonar a personalização por toda a organização de vendas.

Fazendo a personalização acontecer

Entretanto, para se certificar de que cada mensagem personalizada mantenha sua centralidade junto a cada participante da venda na organização-cliente ao longo de todo o processo, a Solae foi um passo além. Quando o processo já está avançado o suficiente e a equipe da conta já submeteu uma proposta de projeto à avaliação do cliente, seus representantes usam um modelo similar ao que você pode ver na figura 6.8 para ao mesmo tempo conquistar e documentar a adesão do cliente ao projeto.

Figura 6.8. Ferramenta de planejamento de valor como ponto de verificação (*stage gate*) entre o desenvolvimento e a execução do projeto

Estágio 3: Equipe da conta desenvolve projeto				

↓

		Nome do cliente: **Kent & Company**			
		Vendas/ Marketing	Manufatura	Técnico/ P&D	Compras
Discussões necessárias	**Objetivo geral do projeto**	Aumentar a margem do cliente mediante reduções de custo, justificando expansão do relacionamento • Cliente ganha: vida do produto final estendida • Cliente ganha: intensidade de produção reduzida			
	Necessidades funcionais relacionadas ao objetivo do projeto	Manutenção ou aprimoramento da qualidade do produto final durante cortes de custo	Redução da intensidade energética da produção e desgaste operacional da fábrica	Assegurar que componentes cumpram regulamentações	Manutenção ou redução do gasto total com insumos
	Principais obstáculos capazes de desvirtuar o projeto	Consumidores têm percepção negativa de produtos que usam nossos insumos			
	Nossos recursos para superar obstáculos/ sustentar os objetivos	Ideias para consumidores: • Experimentar formulações • Co-marketing			
	Metodologia de mensuração da conta	• Índice Net Promoter (NPS) • Rotatividade			

↓

Estágio 4: Fornecedor compromete recursos com a execução do projeto				

FONTE: Solae LLC; pesquisa do SEC.

PERSONALIZE PARA ENCONTRAR ECO

O modelo captura o objetivo final acordado para o projeto — apresentando-o especificamente em termos do que o cliente ganha e dos principais integrantes da organização-cliente cujo consenso a Solae precisa obter. Em seguida, para cada um deles, a empresa indica que resultado almejado a solução proposta atende. Por exemplo, no caso da equipe de marketing, a meta é "manter ou aprimorar a qualidade e sabor dos produtos, apesar do corte de custos". Depois, para cada cargo, a Solae descreve, por escrito, a maior preocupação ou objeção daquele indivíduo e os recursos ou medidas específicos de que ela lançará mão a fim de superar tais dificuldades.

O mais impressionante nesta abordagem é o fato de que todos os dados são organizados junto com o cliente: são identificados nas discussões e capturados por meio da ferramenta. Embora isso não seja imprescindível, os melhores vendedores da Solae pedem inclusive a assinatura de seus interlocutores, indicando sua anuência ao plano e dando seu assentimento prévio ao valor que a empresa criará para ele como indivíduo e ao modo como tal valor será mensurado no período de vigência do contrato. Assim, quando chegar a hora de essa pessoa manifestar ou não seu apoio ao acordo, sua decisão não será tomada com base em alguma percepção vaga de que ele seja "bom para a empresa". Pelo contrário, essa ficha diz exatamente como o acordo será personalizado para atender suas necessidades específicas. Agora, imagine só o que acontece quando o vendedor finalmente se encontra com o responsável pela decisão para fechar o negócio e pode pôr esse documento na mesa. Aí está o consenso desejado — expresso em uma folha de papel.

Com efeito, ainda que você a empregue apenas para fins internos, essa ferramenta representa uma peça-chave (e, mesmo assim, em geral, ausente) de todo bom planejamento de conta: um resumo objetivo e conciso de como a solução será posta em prática, de uma maneira que não só atenda às expectativas gerais, mas também individuais. No fim das contas, a abordagem da Solae representa uma maneira simples, mas elegante, de pôr no papel o que os seus profissionais Desafiadores fazem mentalmente todos os dias — trata cada envolvido no processo dentro da organização-cliente como se ele ou ela fosse o próprio cliente. Afinal, neste mundo de vendas baseadas em consenso, é exatamente isso que eles são.

7
Assuma o controle da venda

ATÉ AGORA, EXAMINAMOS DOIS DOS TRÊS atributos centrais do perfil Desafiador: a didática e a personalização. Nossa próxima parada será uma olhada na terceira característica que distingue os profissionais Desafiadores: sua capacidade de assumir o controle da venda.

Os dados mostram que essa habilidade é fruto de dois fatores: primeiro, os profissionais Desafiadores sentem-se naturalmente mais à vontade discutindo a questão do dinheiro; segundo, são capazes de "pressionar" o cliente. Estamos falando das capacidades do Desafiador de demonstrar e assumir uma posição firme na questão do valor e de manter o ritmo no decorrer do processo de vendas. Os Desafiadores não têm dificuldade para falar sobre dinheiro por estarem seguros do valor que vão proporcionar ao cliente. Não há nada que instile mais confiança do que saber que você vai proporcionar um valor superior aos clientes — e isso os Desafiadores têm de sobra. Isso significa que para eles não é difícil redarguir respeitosamente quando o cliente pede um desconto, um afrouxamento das condições do acordo ou um aumento do escopo do contrato sem um correspondente aumento no preço (isto é, "brindes").

Não se esqueça de que o valor proporcionado pelo Desafiador é fundamentado na didática comercial. Não é o mesmo tipo de confiança que sentimos sabendo que os produtos e serviços de nossa empresa são os primeiros do mercado. É uma confiança baseada na certeza de que ensinamos algo ao cliente acerca de um problema de que ele até então nem sequer tinha conhecimento. Agora existe uma plataforma em chamas* — que nós mesmos criamos — e, por acaso, nós vendemos a única solução para esse problema. Ser o primeiro do mercado é ótimo, mas infelizmente esse fato não tem a menor importância real para seus clientes.

Os Desafiadores também estabelecem um ritmo. Suas negociações, ao contrário daquelas conduzidas pelos típicos vendedores medianos, quase nunca acabam encalhadas na "terra da não decisão". Afinal, o Desafiador tende a tomar as rédeas da situação, sempre de olho no próximo passo. Ao final de uma reunião com o cliente, os Construtores de relacionamentos evitam insistir muito na execução dos próximos movimentos por receio de pôr a perder uma interação que até então foi, de resto, positiva. Contudo, os Desafiadores compreendem que o objetivo é fechar um negócio, não só ter uma reunião agradável; seu intuito é seguir caminhando — o que também está intimamente ligado ao discurso da didática comercial. Cria-se um impulso a partir da urgência que se instaura em função de uma oportunidade ou problema até então desconhecidos — ou talvez subestimados. Agora, é hora de pressionar. Bastante simples e objetivo, certo?

Como bem sabe qualquer gestor de vendas, esses tópicos (isto é, facilidade para discutir sobre dinheiro e pressionar o cliente) são, para o profissional de vendas mediano, mais fáceis na teoria que na prática. Por isso pode ser tão difícil encontrar Desafiadores. Como seres humanos, nossa propensão natural é buscar o encerramento da discussão,

---

* Em 2011, a expressão "plataforma em chamas" foi empregada em um célebre memorando interno da Nokia (logo vazado para a imprensa), em que o principal executivo da empresa a comparou a um operário em uma plataforma de petróleo em chamas em alto-mar, sem nenhuma escolha a não ser mergulhar na água gelada — uma metáfora para a linha de smartphones Symbian, que sofria uma acelerada perda de participação de mercado. (N. T.)

não adiá-lo; reduzir a tensão, não aumentá-la. No caso dos representantes comerciais, isso se traduz em uma tendência a concordar com o cliente, em vez de apresentar um ponto de vista distinto e potencialmente perturbador. Todavia, é exatamente isso que os profissionais Desafiadores fazem tão bem.

No entanto, considerando-se as inclinações naturais de cada um, como fazemos para aumentar a disponibilidade e capacidade dos integrantes de uma força de vendas — sobretudo aqueles mais predispostos a mitigar a tensão, os Construtores de relacionamentos — para assumir o controle? Neste capítulo, apresentaremos algumas técnicas práticas para ajudar os vendedores a compreender as melhores maneiras de tomar as rédeas da negociação. Antes, porém, vamos explorar mais profundamente essa ideia da apropriação do controle.

Três equívocos acerca da apropriação do controle

Já dedicamos algum tempo refutando certos equívocos acerca dos conceitos do Modelo Desafiador de Vendas, mas nenhum deles inspira mais confusão que o da apropriação do controle. Em geral, deparamo-nos com três enganos mais frequentes:

1. Assumir o controle é o mesmo que negociar;
2. Os profissionais de vendas só assumem o controle em questões relacionadas a dinheiro;
3. Os vendedores adotam uma postura agressiva quando lhes dizemos para "assumir o controle".

Examinemos um de cada vez. Primeiro, uma percepção muito comum — diante da indicação de que os Desafiadores não têm dificuldade para discutir sobre dinheiro — é que assumir o controle é o mesmo que negociar, o que normalmente se faz ao término do processo de venda. Nada mais longe da verdade.

EQUÍVOCO Nº 1: ASSUMIR O CONTROLE
É O MESMO QUE NEGOCIAR

Um dos maiores enganos acerca da apropriação do controle é que seja uma questão de competências de negociação. Contudo, pesquisas do SEC mostram que os Desafiadores assumem o controle como um todo, não só no final do processo de vendas. Com efeito, uma das maiores oportunidades para assumir o controle ocorre bem no começo da venda.

Os Desafiadores têm consciência de que várias oportunidades de vendas que parecem viáveis à primeira vista não passam de "tentativas de verificação" veladas por parte do cliente. Em outras palavras, são casos em que ele já selecionou um fornecedor ao qual associar-se, mas sente a necessidade de tomar algumas precauções, a fim de certificar--se de que está de fato obtendo as melhores condições possíveis; assim, entabula negociações com outros fornecedores, mesmo sem a menor intenção de mudar de ideia. Em casos assim, que segundo nossos estudos podem chegar a quase 20% de todas as oportunidades de vendas, a organização-cliente designa um membro menos graduado para abrir uma licitação e encontrar-se com outros fornecedores em potencial. Justamente, porém, por não ter a menor intenção de comprar de fato desses outros fornecedores, só dá aos vendedores acesso ao contato júnior, sem jamais lhes permitir contato com responsáveis mais graduados pela tomada de decisões.

Para a maioria dos profissionais de vendas, isso não chega a ser um problema. Com efeito, a maioria adora essas oportunidades. Como não adorar? Afinal, foi o cliente que nos chamou!

A reação típica dos vendedores é continuar perdendo tempo com o contato júnior na esperança de transformá-lo em um aliado, para talvez abrir caminho até alguém mais graúdo. O que costumamos ouvir dos profissionais de vendas é algo como: "Se há uma licitação aberta, é porque vão gastar dinheiro; seria uma idiotice não nos candidatarmos — assim, pelo menos temos uma chance!".

Mesmo nesse estágio inicial da venda, os Desafiadores enxergam mais longe. Farejam imediatamente esses "furos", e pressionam o contato por uma dilatação do acesso em troca da continuidade do diálogo.

A VENDA DESAFIADORA

Se lhes negam o acesso que os profissionais Desafiadores sabem que será crucial para o fechamento da venda, sua resposta é abortar o processo e passar para a próxima oportunidade. Parece uma atitude contraintuitiva para o vendedor mediano; afinal, se um cliente abriu uma licitação para uma solução que você pode oferecer, você sabe que existem recursos para a compra. Eles também aceitaram se reunir com o representante comercial — e tempo com o cliente é um artigo difícil de conseguir hoje em dia. Por que alguém iria se esquivar de uma oportunidade dessas? Todavia, é exatamente isso que o Desafiador faz. Esse tipo de profissional sabe que há maneiras melhores de gastar seu tempo.

Integrante do SEC, uma prestadora global de serviços empresariais institucionalizou esse comportamento Desafiador em toda a sua força de vendas. A empresa ensina seus representantes a pressionar, desde o princípio, pelo acesso a interlocutores mais graduados na organização-cliente. Como boa parte de suas vendas se dá por meio de licitações, quase sempre o contato inicial é com funcionários dos escalões mais baixos, geralmente de compras. Porém, essa empresa ensina a seus vendedores que uma das mais precoces demonstrações de sinceridade de determinado cliente com relação à sua intenção de firmar uma parceria é a concessão de acesso, ao representante comercial do fornecedor, a interlocutores mais graduados. Trata-se, comprovadamente, de uma "dica" certeira das reais intenções do cliente, muito útil para que o pessoal de vendas evite perder tempo.

Assim, seus representantes aprendem a dizer, logo no encerramento da primeira interação, "normalmente, quando começamos a conversar sobre esse tipo de solução, é preciso o envolvimento de certos executivos na decisão de compra. É assim que vocês trabalham aqui também?". Quando o cliente confirma, o vendedor pergunta quando poderá se reunir com esses interlocutores. Se o contato engasga ou dá uma resposta pouco clara, o vendedor pressiona, explicando que, se não tiver tempo com esses gestores, não terá como se assegurar o alinhamento de todos em torno do valor da solução — e, portanto, não fará sentido dar continuidade às discussões.

Neil Rackham contou-nos um caso similar com que se deparou em suas pesquisas. "Um grande problema", explicou, "é o cliente que con-

ASSUMA O CONTROLE DA VENDA

vida o vendedor para conversar, analisar um problema e gerar soluções criativas. Não são poucas as organizações de vendas cujo investimento em oportunidades complexas chega aos seis dígitos. Com muita frequência, porém, o cliente encoraja toda essa consultoria gratuita até que a melhor solução fique clara; então, sai em busca do fornecedor mais barato."

Essa é uma diferença central entre os Construtores de relacionamentos e os Desafiadores, na avaliação de Rackham. "Em minhas próprias investigações, já vi um grande número de vendedores perder clientes para fornecedores mais baratos num estágio mais avançado da venda por não ter conseguido assumir o controle logo no começo. Esquivaram-se de qualquer conversa mais dura sobre o lado comercial da interação, temendo que isso prejudicasse o relacionamento. Já outros profissionais confrontam o cliente logo no começo da venda e deixam claro: 'Vai nos custar 200 mil dólares pôr nossos melhores cérebros para pensar sobre o seu problema; estamos dispostos a isso, mas precisamos de alguma garantia de que, se investirmos em vocês, vocês vão investir na gente'. Esses profissionais tinham um número bem menor de clientes optando por fornecedores mais baratos em momentos posteriores do processo de vendas."

Esse tipo de tática parece ser uma marca registrada dos profissionais com alto desempenho em vendas. Um estudo recente do SEC revelou que, se todos os profissionais de vendas começam seu trabalho mapeando os envolvidos no processo da venda na organização-cliente, os de desempenho mediano passam daí para o que parece ser a etapa lógica seguinte: compreender necessidades e identificar soluções para cada uma delas. No entanto, o passo seguinte dos de alto desempenho é muito diferente: aprofundam esse estágio do processo de vendas, esmiuçando as diversas metas e perspectivas desses participantes individuais, bem como seus objetivos pessoais e profissionais. Conforme discutimos no capítulo sobre personalização, identificam não só seus principais interlocutores, mas também seus principais interesses e preocupações, bem como o porquê da importância desses elementos. Assim, o Desafiador se põe em condições muito melhores para assumir o controle desde o princípio.

161

A VENDA DESAFIADORA

Os Desafiadores encontram um sem-número de outras oportunidades para assumir o controle durante a venda — e também bem antes de sentar-se à mesa de negociações. Mesmo que o vendedor consiga confirmar a sinceridade de intenções do cliente logo no começo do processo de vendas, muitos acordos, ainda assim, irão por água abaixo. Os Desafiadores se distinguem pela criação de um determinado ritmo dentro da organização-cliente, o que lhes permite chegar a uma conclusão mais rápido do que os vendedores normais.

Em nossas interações com os profissionais Desafiadores, fica evidente seu entendimento acima da média do quanto, de maneira geral, é difícil comprar de suas empresas. Tamanha complexidade no processo de compra tem menos a ver com os entraves burocráticos impostos pelos fornecedores aos clientes — embora isso sem dúvida seja uma questão — e mais com o fato de que os clientes em geral não sabem como comprar. Claro que aos clientes não falta o know-how básico da aquisição de uma solução complexa de um fornecedor, mas os protocolos e processos de compra padronizados caem por terra quando toda solução é única, e abrange diferentes partes da organização.

Os profissionais de nível mediano também reconhecem essa complexidade, mas sua tendência — sobretudo no caso dos Construtores de relacionamentos — é "descobrir e reagir". Deixam que o cliente (que, reforçamos, tem grandes chances de estar confuso diante da complexidade da compra de uma solução) tome a iniciativa. Melhor delegar para ele do que correr o risco de abalar o relacionamento. O vendedor faz perguntas para descobrir quem deve ser envolvido no processo e quais são as etapas a ser percorridas, mas seu interlocutor encontra-se tão perdido quanto ele.

Já os Desafiadores, em contrapartida, "lideram e simplificam". Em vez de partir do princípio de que o cliente sabe como executar a compra de uma solução complexa — o que pode ser uma premissa errônea, em se tratando de venda de soluções —, ensinam o cliente a comprar a solução. Tiram lições de vendas anteriores bem-sucedidas e aplicam seu aprendizado para ajudar o cliente a percorrer o processo de compra. Em vez de indagar "quem deve participar?", são os profissionais Desafiadores que indicam ao cliente quem deve ser envolvido.

162

ASSUMA O CONTROLE DA VENDA

Parece familiar, não é? A abordagem da didática comercial, como você deve se lembrar, afasta-se do "o que anda tirando seu sono à noite?" e, pelo contrário, proporciona ao cliente ideias inéditas acerca do que deveria estar tirando o seu sono à noite. Aqui é a mesma dinâmica.

Nada disso pretende sugerir que a tomada do controle não aconteça no final da venda, quando as duas partes estão sentadas uma defronte à outra na mesa de negociação. Claro que é ali que ela acontece. Os dados nos mostram que os Desafiadores se destacam nas negociações. Com efeito, é exatamente esse aspecto que vamos estudar em maiores detalhes ao examinarmos as melhores práticas de treinamento em negociação da DuPont, ainda neste capítulo. Entretanto, seria um equívoco estabelecer uma equivalência entre "assumir o controle" e "negociar". É muito mais exato considerar este último um elemento menor, mas significativo, que o primeiro.

Ademais, o Desafiador sabe que o profissional mediano de vendas só vai tentar assumir o controle no final da venda — na mesa de negociações —, ao passo que seu diferencial é a apropriação do controle desde o princípio. Os clientes, por sua vez, dão valor a essa característica por verem o Desafiador como um parceiro confiante no processo de vendas, não como o vendedor ansioso que cruza os dedos na esperança de fechar um negócio.

EQUÍVOCO Nº 2: OS PROFISSIONAIS DE VENDAS SÓ ASSUMEM
O CONTROLE EM QUESTÕES RELACIONADAS A DINHEIRO

Os dados revelam que os Desafiadores são "capazes de pressionar o cliente". Sem dúvida, podem pressioná-lo em termos financeiros e com relação a aspectos do processo de venda/ compra, mas o mais importante é que o pressionem em termos de sua visão de mundo e sua maneira de encarar os próprios desafios — e a solução destes. Essa é a essência da didática comercial, que discutimos anteriormente neste livro: a capacidade de reestruturar o modo como o cliente vê seu próprio mundo.

Mas por que é importante assumir o controle no campo das ideias? Por ser extremamente improvável que um cliente — ainda mais se se

163

A VENDA DESAFIADORA

tratar de um executivo experiente — vá aceitar a reestruturação proposta pelo Desafiador sem uma dose saudável de ceticismo. O mais provável é que ele pressione de volta. Que questione por quê. Que queira ver os dados que fundamentam cada afirmação. Dirá que com sua empresa é diferente. Essas são as perguntas que deixam os Construtores de relacionamentos de cabelo em pé. Na tentativa de mitigar a tensão, o Construtor de relacionamentos vai aquiescer, esvaziando a discussão e procurando resgatar o que ainda restar do diálogo, até por fim relegar-se a uma negociação de preços centrada em produtos e sobrevida, em vez da solução mais ampla e de maior valor que poderia ter sido posta em pauta.

Por outro lado, é exatamente para esse tipo de diálogo que o Desafiador vive, lançando mão da tensão construtiva em proveito próprio. Em vez de desistir ao primeiro sinal de resistência ao seu argumento, o Desafiador retorque: "Tem razão, sua empresa com certeza é diferente, mas as outras organizações com que trabalhamos também são... e posso lhe assegurar que essa ideia as ajudou a repensar seu modo de gerenciar suas operações. Se você permitir, vamos explorar essa possibilidade em mais detalhes, e em seguida verificar se abordei de maneira adequada eventuais dúvidas que porventura lhe ocorram".

A didática comercial põe o Desafiador em condições de assumir o controle, trazendo novas ideias para a mesa — ideias que nunca antes haviam passado pela cabeça do cliente. Mas os clientes são espertos, e a sabedoria convencional não teria se tornado convencional se fosse fácil de desmentir; haverá resistência, por mais que o Desafiador esteja munido de ideias instigantes e dados de apoio. Sua reação à resistência, porém, é assumir o controle da discussão.

Assumir o controle da discussão de ideias é crucial não só para mostrar que o vendedor não fará corpo mole, mas também porque as ideias que o Desafiador põe na mesa (isto é, os novos problemas ou oportunidades que ele ensina o cliente a valorizar) estão diretamente ligadas às soluções que fornecedor pode oferecer. Caso o vendedor não se disponha a persuadir o cliente da urgência do problema, ele também não terá como convencê-lo de que vale a pena resolvê-lo.

164

ASSUMA O CONTROLE DA VENDA

EQUÍVOCO Nº 3: OS VENDEDORES ADOTAM UMA POSTURA AGRESSIVA QUANDO LHES DIZEMOS PARA "ASSUMIR O CONTROLE"

Também é muito comum confundir a apropriação do controle — ou seja, a tendência do Desafiador a mostrar-se assertivo durante a venda — com agressividade. Na verdade, porém, são duas coisas muito diferentes. Esse é o último, mas sem dúvida o mais crítico, equívoco a analisar aqui.

Se imaginarmos o comportamento dos profissionais de vendas distribuído ao longo de um espectro, podemos visualizá-lo como na figura 7.1, com a atitude "passiva" numa extremidade e a "agressiva" na outra.

A passividade, claro, é relativamente evidente. O vendedor cede às demandas alheias, se expressa de maneira conciliativa e permite que seus limites pessoais sejam desrespeitados pelo cliente. Parece familiar? Esses são os traços distintivos do Construtor de relacionamentos. O principal objetivo do profissional de vendas passivo é agradar o cliente. É um desejo tão veemente que os Construtores de relacionamentos chegam a tomar atitudes que contrariam seus próprios interesses ou os de sua empresa — por exemplo, tomam a iniciativa de oferecer um desconto que nem sequer foi solicitado pelo cliente.

Figura 7.1. Espectro do comportamento dos profissionais de vendas, da passividade à agressividade

Passivo	Assertivo	Agressivo
• Submete suas metas às necessidades alheias • Permite que seus limites pessoais sejam desrespeitados • Expressa-se de forma indireta e conciliativa	• Empenha-se em atingir suas metas de maneira direta e construtiva • Defende seus limites pessoais • Expressa-se de forma direta	• Busca atingir seus objetivos ultrapassando os limites do profissionalismo • Ataca os limites pessoais alheios • Posiciona-se de maneira antagônica
Problema de desempenho nas vendas Os representantes comerciais costumam mostrar-se excessivamente passivos diante dos clientes, procurando sanar conflitos sempre que possível.		**Temor comum dos gestores de vendas** Quando se diz para os vendedores serem mais assertivos, eles podem acabar adotando uma postura agressiva.

FONTE: Pesquisa do SEC.

Os gestores de vendas não têm grandes dúvidas quanto a como identificar o comportamento passivo; a confusão se dá, de fato, entre a assertividade e a agressividade.

A diferença básica entre ambas é a atitude. Enquanto os agressivos procuram atingir seus propósitos atacando terceiros e adotando uma linguagem antagonista, a postura dos assertivos é muito mais construtiva; expressam-se com vigor, talvez, mas não tanto que chegue a ser antipático ou ofensivo. Assim, o vendedor pressiona o cliente, mas com respeito e atenção ao modo como este reage. Não luta cegamente pelos próprios interesses; movimenta-se com decisão, sempre atento e responsivo.

Tomemos um exemplo que nos foi relatado por um dos membros do SEC. No começo de 2009, um dos representantes comerciais de sua empresa estava vendendo tinta para uma grande linha de produção. As margens da empresa não eram boas devido ao alto grau de competitividade da indústria, exacerbada pelo aumento vertiginoso dos custos da matéria-prima. O representante do fornecedor de tinta enviou ao setor de compras uma carta comunicando um aumento de preço, seguida de uma visita para discutir a justificativa e obter aprovação para a mudança de preço no início do trimestre seguinte. O gerente de compras, porém, recusou-se terminantemente a aceitar o aumento, argumentando que os negócios estavam péssimos (e era verdade). O profissional Desafiador, porém, não abriu mão do preço. Fincou pé durante a visita inicial e as duas seguintes, citando o radical aumento de produtividade na fábrica de tinta devido ao equipamento instalado e à equipe dedicada do fornecedor. Por mais que o comprador ameaçasse com as mais terríveis consequências para o aumento (intervenção dos gerentes seniores, cancelamento de um contrato de longo prazo etc.), o representante não cedeu.

Marcou uma entrevista com o gerente da fábrica afetada pelo aumento, a qual era também a maior consumidora da tinta e principal beneficiária do serviço. Expôs a questão e a necessidade do aumento. Em seguida, passou em revista todas as providências tomadas por sua empresa a fim de aumentar a própria produtividade. O gerente de fábrica entrou em contato com seus superiores e confirmou o relato do vendedor — ao que eles, por sua vez, avalizaram sua avaliação do valor oferecido. O vendedor então pediu que o gerente de fábrica agendasse uma reunião dos dois com o responsável do setor de compras, a fim de explicitar o apoio ao aumento. Assim foi feito, e o aumento acabou sendo aprovado.

Nesse caso, o profissional de vendas fincou pé e demonstrou uma extraordinária assertividade, mas não agressividade. Embora sem dúvida tenha chegado a um limite com a equipe de compras, soube defender o valor da solução oferecida e manter sua posição.

O mais interessante nesse continuum é o temor dos gestores de vendas de que seus representantes comerciais acabem se aproximando demais do extremo agressivo do espectro. De modo geral, receiam que, se disserem para seus subordinados para assumir o controle e serem mais assertivos, eles acabem pulando o meio do continuum e passem direto para o domínio da agressividade.

Na verdade, porém, constatamos que isso quase nunca é o que acontece. Os profissionais de vendas em geral continuam tendendo ao extremo passivo do espectro, em vez de sequer adentrarem o lado direito. Sentem-se compelidos a tentar sanar a tensão com o cliente, em vez de sustentá-la.

E por que isso acontece? Primeiro, há uma assimetria percebida de poder na relação entre clientes e vendedores: como estes veem os primeiros como detentores de um poder bem maior, acabam cedendo às suas demandas por termos e condições melhores por acreditarem que não têm escolha. Em geral, recuam antes mesmo de entender plenamente a razão de ser da solicitação do cliente! No entender do profissional mediano, ou ele concorda rapidamente ou perderá o acordo. Por mais concreta que essa percepção possa ser, no entanto, a realidade não podia ser mais diferente.

Um levantamento recente da BayGroup International junto a representantes comerciais e gerentes de compras constatou que 75% dos vendedores acreditam que os compradores têm mais poder, ao passo que 75% destes atribuem a superioridade aos primeiros! No mínimo, esses dados revelam que, se os vendedores cedem por acreditar que o cliente tem mais poder, estão redondamente enganados. Eis aí algo de

A VENDA DESAFIADORA

que os Desafiadores também parecem ter um conhecimento intuitivo: não recuam na compra por saberem que sempre há mais espaço para a negociação do que um profissional mediano jamais acreditaria. O Desafiador simplesmente sabe como conduzi-la — ou personalizá-la — do jeito certo.

A nosso ver, muitos profissionais de vendas subestimam a contribuição que dão aos clientes. Desqualificam o tremendo valor dos recursos de sua empresa — não só no domínio técnico, mas também em termos de implementação e gerenciamento de mudanças — e supervalorizam as objeções feitas pelo cliente. Esse ponto costuma ser um momento "Eureca!" para os vendedores quando realizamos nosso treinamento das competências dos Desafiadores. Sugerimos que pensem nos recursos que têm à sua disposição para ajudar seus clientes a se aprimorar. Nas palavras de um dos facilitadores da SEC Solutions: "Pensem bem. Vocês estão ensinando aos seus clientes coisas que eles não sabiam antes. Possuem a experiência prática de centenas, se não milhares, de implementações, enquanto esta talvez seja a primeira do gênero para seu cliente. Assumir o controle significa que você reconhece o valor desses recursos e não vai oferecê-los improvisadamente a um cliente que não leve a sério a escolha feita. Se o cliente solicita um estudo de caso, ou uma conversa com um especialista, o Construtor de relacionamentos logo responde 'sim!' — enquanto o Desafiador redargue 'claro, mas devo perguntar se essa é a última confirmação de que você necessita antes da decisão de trabalharmos juntos e da assinatura da papelada'. Por quê? Porque o Desafiador está convencido do valor que ele e sua empresa proporcionam ao cliente".

Outro motivo por que a maioria dos representantes comerciais tende a uma postura mais passiva é a sensação de que o controle na relação entre fornecedor-cliente de maneira geral está se erodindo. Trata-se de um fenômeno mais pontual, fruto das atuais dificuldades econômicas. Em meio à crise, o vendedor dá-se por muito satisfeito por fechar qualquer negócio. A última coisa que vai fazer, com o acordo sobre a mesa, é fincar pé no preço; tudo o que ele quer é ver o contrato assinado, antes que o cliente pense em mudar de ideia. Em tempos de recessão, profissionais que habitualmente são assertivos acabam adotando uma

ASSUMA O CONTROLE DA VENDA

atitude mais passiva — e os que normalmente já tendem à passividade tornam-se rematados submissos. O mercado é dos compradores, em grande parte, porque os vendedores assim o tornam, criando condições de negociação favoráveis, que levam a balança a pender muito para o lado do cliente.

Uma segunda razão por que os representantes comerciais vão assumindo uma atitude cada vez mais passiva perante os clientes — e eis aí uma verdade que dói — é o fato de que você mesmo ordenou que agissem assim. Como? Acontece que as estratégias gerenciais têm o efeito de intensificar a tendência da maioria dos profissionais de vendas de "apassivar-se". Quando os gerentes dizem a seus vendedores que tenham o cliente como foco e defendam suas necessidades — que "se ponham no lugar do cliente" —, a mensagem costuma ser interpretada pelos profissionais de vendas como "deem ao cliente tudo o que ele quiser".

Hoje mais do que nunca, ouvimos os gestores de vendas instando suas organizações a "pôr o cliente em primeiro lugar". A expressão "clientecentrismo" está radicalmente de volta. Parte-se da premissa de que, se as empresas quiserem crescer e recuperar-se da recente recessão, precisarão tratar de agregar o máximo de valor para o cliente em tudo o que fizerem. O problema, porém, é que, embora as empresas sejam enfáticas com relação ao seu "clientecentrismo", mostram-se vagas quanto a como, na prática, levá-lo a cabo. Há várias maneiras de ser "clientecêntrico" que são bem ruins para os negócios. Dois exemplos que ouvimos com frequência dos membros do SEC são os descontos (ou outros termos e condições que solapam a rentabilidade, em troca de muito pouco ganho de longo prazo) e a adoção de uma atitude de "anotador de pedidos" perante o cliente (ou seja, aceitar pedidos de curto prazo conforme a demanda do cliente, em vez de induzi-lo a refletir sobre suas atividades de forma mais ampla). Ambas as atitudes levam as empresas à loucura, mas as mensagens por elas transmitidas às respectivas forças de vendas contribuem muito pouco para persuadir seus representantes comerciais de que essas não são boas posturas a adotar na relação com os clientes.

São esses motivadores de um comportamento predominantemente

passivo por parte dos profissionais de vendas que os gestores da área precisam superar para criar profissionais Desafiadores capazes de assumir o controle da venda. A verdadeira questão não é como impedir os vendedores de serem assertivos demais, mas sim como fazer com que sejam assertivos o bastante.

Preparando os vendedores para assumir o controle

Como as empresas sacodem seus representantes comerciais para que saiam da passividade? Para conseguir, têm de encarar o maior obstáculo que impede os vendedores medianos de assumir o controle de fato: a ânsia por um ponto final.

Os profissionais de vendas têm uma avidez natural pela certeza. Como a maioria das pessoas, sentem-se profundamente desconfortáveis com a ambiguidade, sobretudo porque é essa ambiguidade que normalmente se interpõe entre eles e o pagamento de suas comissões. É, pois, uma propensão humana (que eles precisam superar) ansiar pelo encerramento de situações desagradáveis. Sucumbir a ela é o que mata o vendedor médio.

Os Desafiadores, em contrapartida, prosperam na ambiguidade. Sabem como atravessá-la e entendem como alavancá-la em proveito próprio. Revelam um notável grau de conforto com o silêncio durante a conversa com o cliente, bem como em manter pontos da negociação e objeções do cliente em aberto e sobre a mesa por mais tempo do que habitualmente acontece. Talvez seja um pouco de exagero dizer que eles "gostam" de tensão, mas provavelmente isso não está muito longe da verdade.

Reconhecidamente, é uma barreira difícil de ultrapassar. Não seria realista supor que vendedores que não gostam de tensão e ambiguidade de repente vão começar a gostar. De certo modo, esse tipo de reação é inerente a quase todos nós. Ou ficamos à vontade nessas situações ou não. E, se não, vamos procurar qualquer desculpa para evitá-las. Por menos razoável que seja esperar mudar o comportamento humano, todavia, podemos ajudar os representantes comerciais a tomar consciência de suas tendências naturais e fornecer-lhes algumas ferramentas práticas para nos assegurarmos de que eles não recuem prematuramente quando chegar a hora de intensificar as discussões. É aqui que entra a experiência da DuPont. Eles desenvolveram um treinamento e ferramentas de negociação muito eficazes para ajudar seus vendedores a evitar o fechamento precoce do diálogo.

Estudo de caso de apropriação do controle:
O esquema de negociação controlada da DuPont

Ao analisarmos o caso da DuPont, não se esqueça de que essa prática tem por foco exclusivamente a apropriação do controle no contexto da negociação. Embora os Desafiadores assumam o controle no decorrer da venda como um todo, a mesa de negociação ainda é um ótimo lugar para estudar esse conceito. E a DuPont constitui um excelente exemplo de como preparar seus representantes comerciais para pressionar os clientes de uma maneira assertiva, mas não agressiva.

Para assumir o controle é preciso criar tensão construtiva — desafiando a visão que o cliente tem de seu próprio mundo e resistindo de maneira construtiva nas negociações difíceis. A DuPont adotou ferramentas potentes para ajudar seus representantes comerciais a superar sua inclinação natural a ceder às demandas de seu interlocutor em um momento demasiado precoce da venda. Para tanto, trabalhou com a BayGroup International, prestadora de serviços de treinamento de negociação, embora valha notar que há no mercado vários produtos análogos igualmente robustos, com os quais os membros do SEC estão bastante satisfeitos.

O objetivo, no caso da DuPont, era bem específico. Tratava-se de assumir o controle, o terceiro ingrediente central do desenvolvimento de profissionais Desafiadores — uma área em que podemos exercer um impacto avassalador, se seguirmos uma receita como esta.

PLANEJAMENTO CRITERIOSO

A DuPont fornece uma vasta gama de produtos e serviços inovadores para os mais diversos setores, entre eles agricultura, eletrônicos, transportes, construção e segurança e proteção. O segredo da sua abordagem de preparação dos representantes comerciais para assumir o controle à mesa de negociação é o seguinte: é imprescindível ter um plano. A única maneira de garantir que os profissionais de vendas terão autoconfiança suficiente para não recuar diante da perspectiva de desafiar o cliente é se já tiverem chegado à reunião munidos de uma estratégia para tanto.

A DuPont oferece aos seus vendedores um modelo simples para o planejamento da pré-negociação, baseado no método de Situational Sales Negotiation™ (Negociação de Venda Situacional, SSN™) da Bay-Group International. O modelo SSN em si é breve, mas a variedade e o valor dos dados coletados é que são críticos aqui (ver figura 7.2), na medida em que todas essas informações, juntas, proporcionam uma perspectiva abrangente e põem o vendedor em uma posição significativamente melhor quando chega o momento da negociação.

Essa ferramenta pretende assegurar aos profissionais de vendas as competências e ferramentas necessárias para negociar de maneira eficaz, em vez de ceder quando o cliente pede concessões. O modelo SSN requer que o vendedor tome nota das "posições de poder" relativas do fornecedor — sob todos os aspectos, desde os produtos até a marca, preços, atendimento e relacionamentos. A ideia aqui é pôr no papel todas as áreas em que dispomos de vantagens relativas perante o cliente e todos os pontos em que temos deficiências relativas. Quando bem realizada, só o grau de detalhamento nesta primeira seção já proporciona ao representante comercial uma noção melhor do valor mais amplo que sua empresa traz para a mesa, reforçando sua autoconfiança para exigir um preço mais alto por tal valor.

Figura 7.2. Análise de negociação e plano de ação

FONTE: SSN Negotiation Planner™ e © 2009; BayGroup International, Inc., pesquisa do SEC.

O modelo SSN também obriga os representantes da DuPont a parar para pensar com antecedência em todas as informações que precisam obter do cliente e enumerar as perguntas específicas que terão de fazer para consegui-las. Do mesmo modo, exige do vendedor que esmiúce as informações que o cliente provavelmente vai desejar, de modo que o profissional chega à reunião preparado para fornecê-las ou resguardá--las, conforme o caso.

Em seguida, quais dúvidas e objeções difíceis o vendedor tem grandes chances de ouvir do cliente, e como exatamente pretende responder? É sempre melhor preparar as respostas com antecedência, em vez de se ver obrigado a tirar uma resposta qualquer da cartola — o que, muito provavelmente, o levaria a efetuar concessões prematuras às demandas do cliente. A isso se segue um exame dos fatores específicos almejados pelo fornecedor naquele acordo — aquilo que ele pode negociar e uma série de hipóteses acerca também das necessidades do cliente.

Por fim, o modelo SSN pede que o vendedor efetue uma análise de possíveis concessões tanto a oferecer ao cliente quanto a solicitar dele. Por exemplo, o cliente pode pedir que o fornecedor reduza seu preço, enquanto este pode pedir ao cliente que abdique de algumas de suas solicitações de customização. Aqui, o modelo requer que o vendedor atribua um valor a cada uma dessas concessões, tanto para o fornecedor quanto para o cliente. Por exemplo, considerando a tabela 7.2, o vendedor pode calcular que a oferta de uma redução de preço corresponderia a um 5 em termos de custo para o fornecedor — talvez por operar com margens muito estreitas —, mas a somente 2 para o cliente em termos de valor — uma vez que sua maior preocupação não é o preço, mas a qualidade e a funcionalidade do produto.

Ao analisar esse método de planejamento, pergunte-se quantos dos seus representantes comerciais reservam o tempo necessário para levantar esse tipo de informação antes de uma negociação, sobretudo quando é provável que o preço constitua um fator de atrito. Lembre-se de que vencer essas discussões é o que de fato diferencia o Desafiador. É como se o profissional com esse perfil tivesse uma ficha dessas gravada nos neurônios. Essa é a sua visão de mundo, e o que lhe permitirá resistir ao cliente quando for a hora. Em outras palavras, o modelo SSN é um substituto daquilo que os Desafiadores já fazem espontaneamente. É assim que se captura e põe no papel o segredo do planejamento que esse tipo de profissional efetua antes da visita de vendas.

Ao orientar seus representantes comerciais a aplicar uma ferramenta assim, você estará um passo mais perto de muni-los da confiança necessária para aguentar firme quando a conversa ficar mais difícil — além de obrigá-los a antecipar-se às próximas interações na negociação. Estudos do SEC mostram que um dos maiores diferenciais dos vendedores de alto desempenho é o tempo que dedicam ao planejamento — e esse é um exemplo cabal. Como um campeão de xadrez, os profissionais de vendas de melhor desempenho concentram-se não só na jogada em curso, mas nas possibilidades que se desdobrarão várias jogadas à frente.

ASSUMA O CONTROLE DA VENDA

A DuPont percebeu que, para a maioria dos vendedores, a assertividade requer prática e planejamento. Assim, prepara-se uma estrutura para ambos. Se você entregasse essa ficha para dez dos seus representantes comerciais na semana que vem, imediatamente antes de saírem para visitar um cliente, será que eles conseguiriam preenchê-la? Se a resposta for embaraçosa, é muitíssimo provável que seus representantes comerciais estejam cedendo às demandas do cliente cedo demais, por falta de preparo para resistir no momento certo. Não estão preparados para desafiar.

Que outras iniciativas você pode tomar para preparar seus representantes para desafiar as demandas do cliente quando, durante a visita de vendas, ele começar a fazer solicitações para o acordo?

ANATOMIA DE UMA NEGOCIAÇÃO BEM-SUCEDIDA

A condução de uma conversa difícil com o cliente é o tipo de coisa que sempre parece um pouco mágica. Há pessoas que simplesmente parecem ser capazes de realizar esse tipo de tarefa à perfeição — embora nunca fique muito claro como. Porém, que medidas tangíveis podem ser tomadas para ajudar os profissionais de vendas a assumir o controle durante a conversa em si?

A DuPont desmistificou o processo, reduzindo-o a uma estrutura em quatro estágios baseada no método da BayGroup International e usando-a para submeter seus representantes a uma oficina de dois dias sobre o modelo ssn, a fim de romper a tendência dos profissionais de vendas a ceder rápido demais.

1. Reconhecer e acatar
2. Aprofundar e ampliar
3. Explorar e comparar
4. Ceder conforme o planejado

A ideia é fornecer um esquema de sustentação da tensão construtiva durante a negociação. É algo que seus Desafiadores fazem por instinto

175

— é o ponto exato em que todos os demais precisam justamente desse tipo de orientação concreta.

Como isso tudo funciona? Vamos começar pelo primeiro item: "Reconhecer e acatar".

Como se acata um pedido de concessão de um cliente — um desconto no preço, por exemplo — sem pôr o acordo em risco? Aqui, a DuPont tomou uma providência muito inteligente e objetiva: forneceu aos seus representantes as palavras exatas a dizer nesse momento.

Embora o discurso não precise ser ipsis litteris, os vendedores são incentivados a dizer algo como: "Sei que o preço é um ponto importante a tratar, mas, antes de chegarmos lá, gostaria de tomar um momento para verificar se entendi bem as suas necessidades; assim, teremos a certeza de estar fazendo tudo o que estiver ao nosso alcance para tornar esse acordo o mais valioso possível para vocês. Assim está bem para você?".

É um pedido relativamente simples, mas que abrange muitos elementos. O vendedor promete um fechamento — tão desejado pelo cliente quanto por ele mesmo — mas também obtém permissão para prosseguir (presumindo-se que a receba). E isso é importante, porque é necessária a autorização do cliente para acatar. Do contrário, eles não vão ouvir o que você dirá em seguida — um erro recorrente dos profissionais não Desafiadores, que raramente chegam a acatar e, quando o fazem, é sem a permissão de seu interlocutor, o que os põe em risco de parecer negligentes ou, pior, agressivos.

Obtida a autorização para prosseguir, o profissional passa às duas etapas seguintes: "Aprofundar e ampliar" e "Explorar e comparar", que examinaremos em paralelo.

A essa altura, o vendedor não só ganhou algum tempo como introduziu uma dose de tensão na conversa. Portanto, agora precisa encontrar um meio de administrar a tensão e armar-se da autoconfiança necessária para seguir em frente. A DuPont treina seus representantes comerciais em uma técnica específica para levar a conversa para um lugar mais produtivo quando o cliente se atém ao preço. Vamos examiná-la, e você verá que o que a torna tão prolífica é sua objetividade e repetibilidade, que pode ser reproduzida e aprendida por profissionais que não sejam Desafiadores.

Para "Aprofundar e ampliar", a DuPont fornece aos seus representantes certas táticas para trazer à tona as necessidades subjacentes do cliente; para "Explorar e comparar", treina-os em técnicas de comparação e avaliação de outras necessidades identificadas no decorrer da conversa.

O objetivo central, aqui, é expandir o modo como o cliente vê aquilo que é significativo para ele. O que mais, além do preço, tem importância? Pode ser a garantia, ou o plano de serviço, ou o envio em caráter de urgência, ou a instalação. Se tudo isso estiver sobre a mesa, o preço deixa de ser o único item negociável em evidência. Na fase de "Aprofundar e ampliar", o representante comercial da DuPont costuma começar pedindo a seu interlocutor que enumere seus pontos preferidos (e que o vendedor já sabe quais são) na proposta da empresa.

Uma vez ampliado ao máximo esse universo, o vendedor pode começar a retraí-lo outra vez, retornando ao preço, mas de uma maneira muito específica. Aplicando essa técnica, os vendedores não vão direto para o "posso oferecer 10%, não 20%". Pelo contrário, a conversa começa por um "o que você pretende conseguir com uma redução de 20% no preço?". A ideia é desvelar a razão do pedido — um pré-requisito para chegar à resposta mais adequada.

Em geral, a causa do pedido é algo que pode ser obtido por algum outro meio — visto que quase sempre se trata menos de uma necessidade econômica e mais do desejo do cliente de atingir alguma meta específica, tal como uma redução do custo de produção, por exemplo.

Veja só o que, a essa altura, você já está negociando: não só preço, mas todas as outras maneiras mediante as quais o fornecedor cria valor para o cliente e o ajuda a solucionar seus maiores desafios. Dessa forma, o vendedor amplia consideravelmente as opções de negociação — e encontra-se agora em condições muito melhores de oferecer concessões menos dolorosas para sua receita bruta —, que, além disso, talvez sejam ainda mais valiosas para o cliente. Ao começar a comparar várias alternativas de troca de valor com o cliente, a preparação feita com a ferramenta de planejamento prévio revela toda a sua importância. Se o vendedor tiver feito o dever de casa direitinho, saberá qual é a relação custo-benefício de cada elemento da solução de sua empresa.

Isso nos traz à derradeira etapa da negociação: "Ceder conforme o planejado". Não se trata apenas de um jogo engraçadinho de palavras. Os profissionais de vendas aprendem, aqui, a importância de seguir uma estratégia de negociação minuciosamente planejada, que abdica primeiro de elementos de baixo valor da solução antes de ceder no preço. Em outras palavras, é fundamental determinar o que você vai se dispor a ceder... mas o que se costuma negligenciar é como e em que estágio da negociação essas concessões devem ser feitas. Há um sem-número de maneiras diferentes de fazer concessões a um cliente; cada uma delas pode transmitir-lhe uma mensagem muito distinta, mesmo quando se acaba chegando exatamente aos mesmos resultados.

A DuPont ensina seus representantes a evitar determinados padrões de concessão (tais como começar por itens menores e ir paulatinamente oferecendo outros maiores à medida que a negociação avança, ou fazer uma proposta do tipo "pegar ou largar") porque essas abordagens são não somente arriscadas, mas podem levar o cliente a achar que foi ludibriado. Em vez disso, os profissionais de vendas da empresa aprendem a ceder em pontos negociáveis em determinada ordem de prioridade e montante, de modo a fazer com que as duas partes sintam que saíram ganhando; aprendem, por exemplo, a começar por uma concessão significativa, oferecendo depois outras cada vez menores no decorrer das negociações.

Técnicas assim ajudam os representantes comerciais da DuPont a administrar a tensão de uma maneira construtiva. Não é algo que profissionais não Desafiadores saibam fazer instintivamente. A ideia é muni-los das informações necessárias para que tanto possam fazer escolhas melhores na hora de negociar quanto compreender as consequências e possíveis repercussões de se optar por cada uma delas em oposição às demais. É assim que a empresa deve prepará-los para lograr êxito em seus desafios.

Para estabelecer com bastante clareza a diferença, durante as oficinas de desenvolvimento de competências do modelo ssn, os representantes comerciais da DuPont montam cenas em que representam diferentes padrões de concessão, para em seguida discutir como se sentiram no fim das negociações. O exercício serve para ilustrar o efeito de cada um desses padrões sobre os clientes, o que acaba conferindo aos vendedores a certeza de que têm em mãos um plano inteligente para chegar a um acordo — um plano que levará o cliente a sentir que saiu ganhando, e não que foi enganado.

Uma palavra de alerta

Embora o caso da DuPont gire em torno da apropriação do controle na fase da venda de negociação, vale reiterar aqui um ponto que salientamos no início deste capítulo: a tomada do controle se dá ao longo de todo o processo de venda, não só no final. Em nosso Programa de Desenvolvimento de Desafiadores, boa parte do módulo sobre "apropriação do controle" nem sequer toca na questão da negociação. Está aí algo que fazemos questão de salientar: o controle deve ser assumido no decorrer de toda a venda, para não acabar parecendo "falso" (ou, pior, dissimulado ou antipático) aos olhos do cliente.

Para tanto, dispomos de uma série de técnicas e exemplos práticos. Uma das técnicas básicas que abordamos é a elaboração de solicitações enérgicas, o que deve se dar no decorrer de toda a venda. A elaboração de solicitações enérgicas ajuda o cliente a entender que o representante comercial está ali para fazer as coisas caminharem; trata-se de uma ferramenta crucial do repertório do Desafiador para "assumir o controle".

E como isso funciona? Eis um exemplo rápido: um vendedor demonstra que seu cliente está desperdiçando milhões de dólares em custos de instalação em virtude de ineficiência no gerenciamento de servidor. A solução proposta lhe permitirá economizar uma quantia polpuda, mas é preciso envolver outros na decisão de compra para seguir adiante. Uma solicitação enérgica seria posta mais ou menos nos seguintes termos: "Com base no que discutimos, concordamos que a implementação de um servidor em *rack* representaria uma economia de 5 milhões de dólares ao ano. Para vocês se beneficiarem desse valor no ano fiscal corrente, temos de instalar o novo equipamento o mais rápido possível. Assim, para começar, preciso que o Dave assine o contrato até semana que vem, o que nos permitirá trazer os engenheiros de implementação para iniciar o processo, de modo que vocês atinjam suas metas de economia". Esse é apenas um exemplo, relacionado ao fechamento do acordo, mas há muitos outros que ajudam os profissionais de vendas a compreender como assumir o controle num momento ainda mais precoce do processo de venda.

Juntando todas as peças

A apropriação do controle é, dos pilares do Modelo Desafiador de Vendas, o que os gestores de vendas mais tendem a interpretar como uma característica inata, não como algo que possa ser adquirido. Contudo, embora não deixe de ter sua utilidade quando o vendedor nasce com o "gene da assertividade", ele não constitui, de modo algum, um pré-requisito para o sucesso no ramo. A solução para superar a passividade é muito objetiva: ensinar aos profissionais de vendas que a clareza de direção é mais importante que uma acomodação rápida, e mostrar-lhes como gerar um valor real no contexto do processo de vendas. Combinadas, essas competências podem ajudar qualquer representante comercial a criar um vigoroso substituto para a assertividade natural.

8
Os modelos de vendas Desafiador e Gerencial

ATÉ AQUI, TRATAMOS DAS COMPETÊNCIAS do profissional de vendas e dos recursos organizacionais necessários para a implementação do Modelo Desafiador de Vendas. Porém, qualquer um que já tenha tentado realizar mudanças em grande escala em uma organização de vendas sabe que incorremos em uma omissão gritante até aqui: o gerente de vendas da linha de frente.

Como organização de pesquisa dedicada ao aprimoramento do desempenho em vendas, estudamos praticamente todos os aspectos desse universo — e a mensagem dos dados é sempre a mesma: sem a adesão dos gerentes da linha de frente, o projeto irá por água abaixo. Seja no caso de alterações nos planos de remuneração, no sistema de CRM, no processo de vendas ou em competências e comportamentos mais básicos, o envolvimento do gerente é sempre imprescindível. O gerente de vendas da linha de frente, em qualquer organização de vendas, é o elo fundamental entre estratégia e execução — o ponto onde as iniciativas de mudança e as transformações na força de vendas prosperam ou naufragam.

Com a implementação do Modelo Desafiador de Vendas não poderia ser diferente. Não se pode pensar em criar uma organização de vendas Desafiadora bem-sucedida sem a participação da gerência da linha de frente. Esse é o pivô que faz o modelo inteiro funcionar. E, por mais óbvio que esse ponto possa parecer para o líder de vendas experimentado, o que de concreto as organizações de vendas podem fazer para incrementar a eficácia de seus gerentes é menos evidente. Embora haja amplo consenso quanto ao fato de que a qualidade dos gerentes é a mais importante alavanca para o aprimoramento do desempenho dos vendedores, os líderes de vendas tendem a encarar a eficácia do escalão gerencial como uma espécie de enigma. Como nos disse um membro do SEC, "sei que o êxito dos gerentes é crucial para o sucesso geral; o problema é que não sei o que fazer com relação ao meu conhecimento".

É uma preocupação generalizada, sobretudo quando os líderes de vendas pensam no futuro. Com efeito, quando indagamos aos membros do SEC a respeito da capacidade de seus gerentes, chocantes 63% informaram que seus gerentes não possuem as competências e habilidades necessárias para acompanhar as transformações de seu modelo de vendas — para não falar nos 9% dos gerentes que nem ao menos dispõem das competências necessárias para realizar suas atribuições atuais. Três quartos dos membros do SEC admitem ter gerentes que não darão conta dos requisitos do novo ambiente. É um problema grave. Embora os líderes concordem com relação à importância vital desses cargos, muito poucos têm confiança em seus ocupantes, e a maioria não sabe sequer o que fazer a respeito.

Retrato de um gerente de vendas de alta qualidade

Na tentativa de identificar os principais atributos de um gerente de vendas de alta qualidade — competências, comportamentos e atitudes mais significativos para a excelência na gerência de vendas — criamos uma ferramenta que chamamos de Sales Leadership Diagnostic [Diagnóstico de Liderança em Vendas]. Na última contagem, mais de 65 empresas haviam administrado o questionário a mais de 12 mil vendedores, e havíamos coletado dados diretamente de mais de 2,5 mil gerentes de vendas da linha de frente.

OS MODELOS DE VENDAS DESAFIADOR E GERENCIAL

Amostra parcial de variáveis testadas			
Princípios básicos de gestão	Venda	Coaching	Liderança de vendas
• Mantém a integridade • Demonstra ser confiável • Reconhece os subordinados diretos • Cria equipes coesas • Pratica a comunicação em mão dupla • Ouve e compreende o ponto de vista do vendedor	• Apresenta novas perspectivas aos clientes • Personaliza as ofertas • Discute preços e dinheiro com os clientes • Mantém relacionamentos produtivos com o cliente • Hábil nas negociações	• Personaliza a abordagem de coaching • Prepara-se para as sessões de coaching • Comunica expectativas • Compartilha conhecimentos sobre produtos ou indústrias • Completa as atividades de desenvolvimento	• Maximiza o potencial do território • Analisa dados do processo de vendas • Delega projetos • Fomenta a cultura de vendas • Compartilha melhores práticas • Realiza trocas • Inova, criando novos modos de posicionar as ofertas

Como em todos os nossos estudos, esses dados constituem uma amostra vigorosa e representativa de todas as principais indústrias, contextos geográficos e modelos mercadológicos dos integrantes do SEC. Na pesquisa, pedimos aos profissionais de vendas que avaliassem o desempenho dos respectivos gerentes em 64 atributos diferentes, alguns dos quais podem ser vistos nas quatro categorias gerais da tabela acima.

Começamos perguntando sobre princípios básicos de gestão — fatores como integridade, confiabilidade, reconhecimento e competências de criação de equipes. Não necessariamente são variáveis específicas de vendas, mas têm imensa importância. Assim, fizemos questão de incluí-las em nossa análise a fim de investigar sua relação com outros atributos, em termos de sua contribuição para desempenho gerencial. Em segundo lugar, examinamos atributos referentes à habilidade efetiva em vendas. Embora não queiramos que nossos gerentes vendam pelos seus subordinados, faz todo o sentido que eles provavelmente precisem saber como vender, se pretendem ajudar outros a se sair melhor nessa área. Aqui, perguntamos sobre atributos como capacidade de negociação e se o gerente oferece ao cliente pontos de vista únicos. Terceiro, indagamos sobre as competências de *coaching* do gerente. Os gerentes se preparam e personalizam suas sessões de *coaching*? Levam a cabo os compromissos de desenvolvimento assumidos? Por fim, abordamos os aspectos de liderança específicos de vendas — elementos como planejamento de contas, gerenciamento de território e o nível de inovação demonstrado pelo gerente ao posicionar as ofertas para os clientes.

Em seguida, a fim de garantir que os dados fornecidos por algum profissional insatisfeito distorcessem nossos resultados, excluímos da análise aqueles gerentes acerca dos quais não conseguimos obter dados de menos de três vendedores. Depois, para possibilitar o gerenciamento dos resultados, realizamos uma análise fatorial dos dados, reduzindo-os ao menor número possível de grupos ou categorias significativos em termos estatísticos. A análise fatorial nos revelou que as tais 64 variáveis distribuem-se por cinco categorias distintas. Por fim, para compreender a importância de cada categoria em relação às outras quatro, aplicamos uma análise de regressão desses fatores, comparando-os ao desempenho real dos gerentes — tal como descrito tanto pelos vendedores quanto pelas empresas. Isso nos permitiu determinar, de todas as características que um gerente pode desenvolver, quais desses 64 comportamentos e competências são mais significativos para seu desempenho real — tal como avaliados pelos profissionais de vendas, que observam esses comportamentos todos os dias, e pelas empresas, que têm uma percepção mais ampla de como esses gerentes mantêm e expandem seus territórios ao longo do tempo. No fim das contas, esse exercício produziu a resposta para a principal questão do desempenho gerencial, isto é, o menor número de categorias distintas e estatisticamente significativas que, quando combinadas, explicam a excelência do gerente de vendas na linha de frente.

Para interpretar nossas descobertas, vamos começar separando os princípios básicos de gestão, como confiabilidade, integridade e capacidade de escuta, dos elementos do desempenho gerencial mais específicos de vendas. Constatamos que os princípios básicos de gestão respondem por cerca de um quarto do sucesso dos gerentes de vendas. São as competências fundamentais, imprescindíveis para o êxito em qualquer cargo de gestão, independente de qual seja a função. Curiosamente, porém, descobrimos também que o desempenho nesses atributos não se distribui ao longo de um espectro, mas tende a ser binário. Ou você é confiável, ou não é. Ou é íntegro, ou não é. Isso, por sua vez, revela que estamos falando de traços inerentes que você deve buscar nos profissionais que contratar, não de competências que você pode desenvolver em seu pessoal com o tempo.

Em outras palavras, vendedores de destaque nem sempre se destacarão como gerentes. Para ser um grande gerente de vendas, não basta ser um excelente vendedor — é preciso também apresentar notória competência como gestor. Não obstante, é exatamente assim que a maioria das empresas continua prospectando novos talentos para a gerência na linha de frente — uma abordagem que está na origem dos altos índices de fracasso gerencial em muitas organizações. Não admira que nossa análise do desempenho gerencial tenha indicado que uma parcela dos gerentes (cerca de 4% de nossa amostra) falha em pelo menos um desses princípios básicos de gestão. Assim, uma das primeiras recomendações que fazemos às empresas-membro do SEC que participam do Diagnóstico de Liderança em Vendas é que designem para outros cargos os gerentes que recaírem nesses 4%. Afinal, nem chegamos aos traços específicos de vendas que os melhores gerentes devem apresentar e esse grupo já não conseguiu atingir o mínimo necessário.

Figura 8.1. Os princípios básicos de gestão são o fundamento do sucesso do gerente de vendas

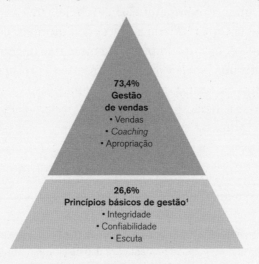

[1] Amostra representativa de atributos básicos de gestão.
FONTE: Pesquisa do SEC.

A VENDA DESAFIADORA

Por outro lado, embora um histórico profissional brilhante em vendas não seja um indicador confiável de potencial para a gerência, uma alternativa se apresenta nos dados que expomos neste capítulo. Munidas de um entendimento do que constitui um perfil de excelência para um gerente, as organizações podem adaptar seus protocolos de avaliação de candidatos, de modo a buscar aqueles com mais chances de apresentar comportamentos que sabidamente promovam os melhores resultados comerciais. Ademais, sabendo que algumas dessas características são difíceis (se não impossíveis) de se desenvolver com o tempo — sobretudo princípios básicos de gestão como integridade e confiabilidade —, fica evidente que esses são pontos que vale a pena investigar de antemão.

Entretanto, os métodos de avaliação tradicionais, baseados em entrevistas, podem não constituir indicadores confiáveis do potencial dos candidatos nem de suas capacidades básicas de gestão. Assim, há empresas progressistas que lançam mão de uma variedade de avaliações com "fogo real",* que lhes permitem observar como o candidato se desincumbe das atribuições do cargo em vista antes de contratá-lo. Por exemplo, uma grande fabricante de produtos de tecnologia de ponta utiliza um método de simulação de um dia inteiro de trabalho, a fim de averiguar as competências gerenciais de candidatos externos antes de dar continuidade à oferta de emprego. Um fornecedor de materiais de construção faz uso de uma abordagem similar para candidatos internos — sua verificação anterior à promoção à gerência tem por objetivo assegurar que os candidatos possuam e demonstrem a combinação essencial de competências necessárias para seu bom êxito como gerentes de vendas.

---

* No vocabulário militar, os exercícios com fogo real (*live fire exercise*, LFX) são aqueles em que se simula um cenário realista para uso de equipamentos específicos. Por extensão, refere-se aos exercícios ou treinamentos em geral com simulações de alto grau de realismo. (N. T.)

O COMPONENTE "VENDAS" NA EXCELÊNCIA
DO GERENTE DE VENDAS

No exército, há um provérbio tradicional que se aplica igualmente bem para vendas: "Nenhum plano sobrevive ao encontro com o inimigo". Por mais cuidado que se tenha ao planejar o confronto, considerando-se todos os cenários concebíveis do que pode acontecer e do que pode dar errado, a realidade no campo de batalha será inevitavelmente diferente.

Por conseguinte, os líderes militares adotam um estilo de liderança conhecido como "intenção do comandante". Trata-se exatamente do que o nome diz: uma descrição clara e concisa do objetivo específico que o comandante pretende alcançar. Algo como "capturar e controlar aquela colina até a chegada de reforços". Nessa forma de liderança, os líderes militares já não fornecem instruções minuciosas sobre como efetivamente capturar a colina — por terem aprendido que, quando seus homens saem em campo e se veem no calor da batalha, precisam adaptar-se rapidamente à situação real de maneiras imprevistas.

Não admira, pois, que os líderes de campo que se destacam no exército são os que se mostram criativos, inovadores e capazes de se adaptar às suas circunstâncias. Normalmente, são aqueles que reconhecem os possíveis cursos de ação que ninguém, atrás da linha de frente, poderia prever, e que conduzem suas tropas à vitória graças à interpretação criativa da intenção de seu comandante. Está comprovado que se trata de uma potente filosofia gerencial, que confere ao processo como um todo fecundidade, por um lado, e, por outro, inovação. Quando a vitória está em risco, confie a batalha aos seus melhores líderes de campo — aqueles que identificam uma vasta gama de possibilidades e elaboram uma opção inovadora, especificamente adequada àquela situação particular.

Ocorre que fizemos essa mesma constatação ao estudar o componente "vendas" da excelência gerencial — aqueles atributos mais importantes que respondem pelos três quartos restantes do êxito do gerente de vendas. A figura 8.2 mostra os atributos de vendas mais importantes para a excelência gerencial. É aqui que o foco de nossa história deixa de ser a prevenção do fracasso para a promoção do sucesso.

Ao executar nossa análise, descobrimos que os traços que contribuem para a excelência gerencial dividem-se em três categorias gerais — e são exatamente aquelas que você poderia esperar: vendas, *coaching* e apropriação. Esta última esfera diz respeito à capacidade, tão apreciada pelos líderes seniores, de os gerentes se apropriarem das atividades da organização; isto é, até que ponto eles administram seus respectivos territórios como se se tratasse de seu próprio negócio.

Figura 8.2. Atributos que afetam o desempenho do gerente de vendas da linha de frente

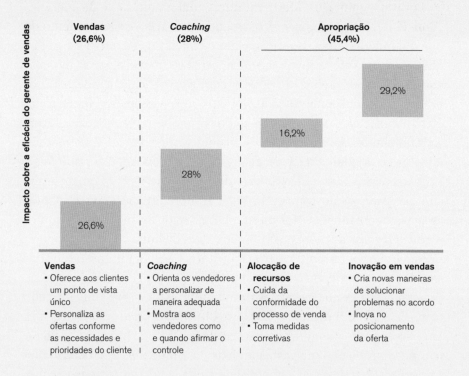

Obs.: Os princípios básicos de gestão respondem por 26,6% da eficácia dos gerentes, ao passo que o gerenciamento de vendas (venda, *coaching* e apropriação) corresponde aos 73,4% restantes.
FONTE: Pesquisa do SEC.

A figura 8.2 representa os fatores estatisticamente significativos que definem o componente "vendas" da excelência do gerente de vendas (recalibrados para 100%, já que representam 100% de suas atribuições nesse quesito). A primeira coisa que podemos dizer a res-

OS MODELOS DE VENDAS DESAFIADOR E GERENCIAL

peito desse aspecto das atribuições gerenciais é que a venda ainda é fundamental. Evidentemente, esses resultados não significam que seus melhores gerentes passem 25% de seu tempo vendendo, mas indicam que, se formos explicar o que põe seus melhores gerentes tão acima de todos os demais, cerca de 25% da razão residiu em suas fortes competências em vendas.

Como todos os líderes de vendas sabem, as competências de vendas por vezes se fazem necessárias, uma vez que os gerentes costumam ser convocados para cobrir territórios de vendas vagos, ajudar a fechar as vendas maiores ou apenas ocupar o lugar de um vendedor que esteja de licença. Mais objetivamente, supõe-se também que os gerentes se constituam em modelos de comportamentos de venda para suas equipes.

O mais interessante na coluna de "Vendas" desse gráfico, porém, são os atributos específicos que despontam no topo dessa categoria. Aqui, vemos que as competências mais importantes para o êxito do gerente são os mesmos pré-requisitos fundamentais para o sucesso dos vendedores: "Oferece ao cliente pontos de vista únicos", "personaliza a oferta conforme as necessidades dos clientes", "sente-se à vontade discutindo sobre dinheiro". Isso sugere que seus melhores gerentes provavelmente estarão entre os seus Desafiadores, o que ajuda a explicar por que os gerentes de melhor desempenho são muito cobiçados pelo apoio que podem dar nos acordos maiores e mais complexos — aqueles em que as competências dos Desafiadores, como já vimos, são mais necessárias.

Isso nos traz ao segundo componente, *coaching*, que responde por 28% da eficácia do gerente de vendas da linha de frente. Tamanho impacto revela o que você provavelmente já supunha: em se tratando de gestão de vendas, o *coaching* é fundamental. Trata-se de um elemento central da eficácia dos gerentes — e, como há muito defendemos junto aos membros do SEC, também um componente primordial do desempenho dos profissionais de vendas.

Ao contrário das vendas, porém, que dizem respeito à capacidade do gerente de se tornar vendedor quando necessário, o *coaching* refere-se ao trabalho conjunto do gerente com seus subordinados, no intuito de partilhar seu conhecimento, suas ideias e sua experiência para diagnosticar e corrigir comportamentos específicos dos profissionais de vendas que possam constituir empecilhos ao bom desempenho.

Quando examinamos os atributos específicos do *coaching* eficaz, constatamos que ele tem por foco, pelo menos quando conduzido por gerentes da mais alta qualidade, as mesmas competências do Desafiador que observamos na categoria de vendas: "Orientar os vendedores para que personalizem de maneira eficaz", "mostrar aos representantes como e quando asseverar o controle", "ajudar os vendedores na realização de negociações complexas". O *coaching* é uma parte tão importante da eficácia gerencial que dedicaremos boa parte deste capítulo a ele.

Isso não é tudo, porém. Para muitos líderes de vendas, boa gestão e bom *coaching* tornaram-se sinônimos; todavia, a excelência gerencial envolve não só o *coaching*, mas liderança, orientação e direcionamento de uma maneira mais geral. Trata-se efetivamente de tomar a organização para si. Com efeito, nossa análise mostra que mais de 45% da excelência do gerente de vendas é uma função da excelência no gerenciamento da organização como um todo. Por mais fantásticos que sejam os grandes gerentes de vendas no *coaching* de seus subordinados, são ainda melhores na construção de seu negócio. O *coaching* de qualidade é importante, mas ainda assim é apenas uma parte da história.

Ora, se tivéssemos que dar um palpite, diríamos que a eficácia do líder de vendas depende sobretudo do seu modo de alocar recursos — e referimo-nos, aqui, a elementos como a busca da conformidade do processo, a correção de iniciativas em descompasso com esse mesmo processo e o gerenciamento mais eficiente possível de recursos em seu território. Contudo, não é nada disso. Todas essas competências são abarcadas pela categoria de alocação de recursos — que, ultrapassando apenas um pouco os 16%, é a menor barra do nosso gráfico. Isso nos mostra que a alocação de recursos não é a parte mais importante do trabalho de um gerente de vendas. Com efeito, é a parte menos importante do trabalho gerencial.

Ora, se a "liderança em vendas" não guarda relação com a alocação de recursos, então está relacionada a quê? Bem, acontece que a liderança em vendas depende basicamente do quanto o gerente de vendas consegue ser inovador.

OS MODELOS DE VENDAS DESAFIADOR E GERENCIAL

Sim, "inovação" é, reconhecemos, um termo sobrecarregado, que pode significar muitas coisas diferentes para muitas pessoas. Referimo-nos aqui à colaboração entre gerentes e vendedores, a fim de compreender, com o maior grau de profundidade possível, o que está entravando determinado acordo, desvelando por que e em que ponto as negociações estão se complicando perante o cliente e, por fim, identificando maneiras inovadoras de recolocá-lo nos eixos. Nunca é demais reiterar que a inovação, nesse contexto, nada tem a ver com a criação de uma nova proposta de valor ou a invenção de uma nova série de serviços ou recursos de produtos. Trata-se, isso sim, de ligar os recursos já existentes do fornecedor ao ambiente único de cada cliente, apresentando-lhe então esses recursos pelo viés do obstáculo que está impedindo o fechamento do acordo.

Essa é a "intenção do comandante" aplicada ao mundo das vendas. Trata-se de modificar a estratégia de venda, de maneira criativa, a cada acordo, de modo a adaptar-se ao contexto específico de cada cliente — a "realidade prática", por assim dizer. O que esse fator de "Inovação em vendas" nos revela é que os gerentes de maior destaque por seu desempenho têm uma misteriosa habilidade para desatolar acordos paralisados e conseguir fechá-los.

Observe a diferença para o *coaching*, que diz respeito ao incentivo ao desempenho com base em comportamentos conhecidos — uma abordagem à gestão de vendas perfeita para um mundo caracterizado por um caminho previsível para o sucesso. Já a inovação, por outro lado, diz respeito ao estímulo ao desempenho através de obstáculos imprevistos — mais adequada a um mundo de acontecimentos dinâmicos e inesperados. No *coaching*, o gerente já conhece a resposta, e a transmite ao seu subordinado. No caso da inovação, nem o vendedor, nem seu gerente sabem de antemão qual é a resposta, e por isso colaboram, por intermédio da liderança do gestor, a fim de descobrir um meio eficaz de seguir em frente. Não dá para fazer *coaching* daquilo que não se conhece, mas sempre se pode inovar.

Sem dúvida, a constatação mais significativa de todo o nosso trabalho junto a gerentes de vendas é exatamente a da relevância dessa competência. Com 29%, a inovação em vendas é o maior atributo de vendas isolado a contribuir para o desempenho de gerentes de vendas de primeira linha — superando em importância as competências de vendas e ultrapassando em muito a capacidade do gerente de alocar recursos.

Embora o *coaching* venha logo atrás, com 28%, o mais interessante com relação à inovação em vendas é o fato de que — ao contrário do *coaching*, alvo de vastos investimentos de tempo e atenção nos últimos cinco anos — não se trata de algo a que a maioria dos líderes em vendas costume dedicar uma atenção mais considerável e sistemática.

Se nos derem uma folha de papel e pedirem para enumerar de quatro a cinco os principais elementos responsáveis pelo êxito dos gerentes, quantos de nós incluiriam espontaneamente nessa lista algum outro atributo além de vendas, *coaching* e alocação de recursos? Todavia, os dados revelam que a inovação em vendas compreende um conjunto de atributos de fundamental importância. Em suas respostas ao nosso levantamento, em geral, os profissionais de vendas citavam gerentes com boa classificação em *coaching* mas com uma nota baixa em inovação, ou vice-versa. As duas competências apresentam comportamento independente entre si.

A inovação em vendas é o elo perdido para a plena compreensão dos benefícios do Modelo Desafiador de Vendas. Mesmo com os melhores discursos didáticos e as mais afiadas capacidades de personalização e apropriação do controle; mesmo com gerentes de vendas competentes, capazes de fazer o *coaching* desses comportamentos e dar pessoalmente o exemplo dos comportamentos de venda Desafiadores, muitos acordos, ainda assim, não chegam a ser fechados. Por mais que o modelo Desafiador aumente as chances de os acordos passarem pelo funil, superar o status quo é uma tarefa árdua. Os clientes relutam em mudar. A necessidade de consenso cresce cada vez mais. Os responsáveis pela tomada de decisões continuarão preferindo "decisão nenhuma" mesmo a uma boa decisão. É aqui que entra o gerente inovador. Munido da habilidade de inovar no acordo concreto, ele pode ajudar seus subordinados a evitar o "pântano da não decisão" com mais frequência do que os profissionais de vendas — mesmo os Desafiadores — conseguiriam por conta própria. É um recurso crítico na batalha pela venda de soluções cada vez mais complexas para clientes compreensivelmente cada vez mais relutantes.

Para a maioria dos líderes de vendas, que têm a missão de aumen-

OS MODELOS DE VENDAS DESAFIADOR E GERENCIAL

tar a eficácia de seus gerentes de vendas na linha de frente, tais dados revelam uma extraordinária oportunidade inexplorada de promover uma melhoria drástica no desempenho desses gerentes. Por isso, dedicaremos boa parte deste capítulo ao aprofundamento desse conceito de inovação em vendas, a fim de compreender do que se trata, como funciona e, sobretudo, como seria possível incorporá-lo de maneira mais sistemática à totalidade de nossos gerentes de vendas.

Antes de entrarmos em mais detalhes nessa ideia de inovação em vendas, porém, será preciso primeiro promover uma discussão mais aprofundada em torno do *coaching* em vendas — que, quando formalizado, representa uma das maiores oportunidades de aprimoramento do desempenho dos vendedores em ambientes complexos de vendas, mas constitui também um dos elementos de alavancagem da produtividade mais mal gerenciados e alvo dos maiores mal-entendidos.

Fazendo *coaching* do que já é conhecido

Para compreender por que o *coaching* com tanta frequência é mal gerenciado pelas organizações de vendas, precisamos começar definindo-o.

Esta é a definição de *coaching* a que chegamos com ajuda de uma equipe de integrantes do SEC: "Uma série permanente e dinâmica de interações entre um gerente de vendas e seu subordinado direto, parte integrante das atividades dos respectivos cargos, que têm por objetivo diagnosticar, corrigir e reforçar comportamentos específicos àquele indivíduo". Tal definição descreve tanto os fundamentos do *coaching* quanto como ele difere do treinamento.

Há aí alguns pontos que costumamos salientar para os membros do SEC. Primeiro, o *coaching* é permanente — trata-se de uma atividade continuada, em oposição a um evento isolado ou série de treinamentos. Segundo, envolve um diagnóstico específico do vendedor individual; portanto, é personalizado. Enquanto o treinamento de modo geral implica em uma abordagem unificada, que oferece o mesmo ensinamento, no mesmo formato, a todos os participantes, o *coaching* é completamente adaptado às necessidades específicas do profissional individual.

193

Por fim, o *coaching* é comportamental — não se trata da mera aquisição de competências e conhecimentos, mas da aplicação prática destes.

Nenhuma dessas nossas colocações pretende sugerir que o treinamento seja desprovido de valor. O treinamento é ótimo para compartilhar conhecimentos. O *coaching* serve para colocá-los em prática. As vantagens exclusivas do *coaching* são derivadas do modo como ele é personalizado para o indivíduo e oferecido sistematicamente conforme as suas necessidades. Muitas organizações definem o *coaching* como um mero "treinamento informal", mas nossas pesquisas revelam que o *coaching* eficaz é, na verdade, muito formal, sendo altamente estruturado e ocorrendo com periodicidade regular.

Em nossas conversas com os membros do SEC a esse respeito, fazemos outra distinção importante: a diferença entre *coaching* e gerenciamento. Embora a maioria dos gerentes de linha de frente com quem conversamos afirme realizar atividades de *coaching*, em muitos casos o que eles descrevem não passa de gerenciamento. "Dizemos", em vez de "perguntar"; "fazemos", em vez de "orientar."

JUSTIFICATIVA DO *COACHING* EM VENDAS

A figura 8.3 (página 195) — uma das descobertas pelas quais o SEC mais se notabilizou — mostra o impacto avassalador que o *coaching* eficaz pode exercer sobre uma organização de vendas.

Quando se melhora a qualidade do *coaching*, a curva de desempenho não se desloca, ela se comprime. O centro se move, mas a base não. O que exatamente isso significa? Primeiro, passar de um *coaching* abaixo da média para outro acima da média não parece afetar profundamente nossos vendedores de desempenho mais fraco, o que pode parecer contraintuitivo. Poderíamos imaginar que esses profissionais são justamente aqueles cujo desempenho seria mais facilmente aprimorado caso se beneficiassem de um *coaching* um pouco melhor. Entretanto, o canto inferior esquerdo desse gráfico aponta para o exato oposto: *coaching* nenhum é capaz de sanar a inadequação de alguém a determinado cargo.

Figura 8.3. Distribuição de desempenho relativo dos vendedores conforme a eficácia do *coaching*

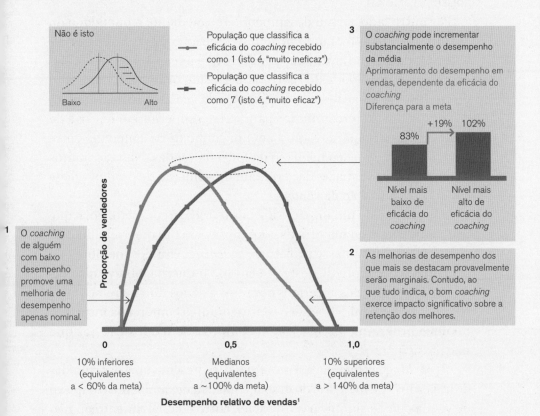

[1] Para explicar diferentes distribuições de acordo com o contexto de vendas, os números da diferença para a meta foram convertidos em decis.
FONTE: Pesquisa do SEC.

Analogamente, a passagem de um *coaching* fraco para outro mais forte não exerce grande impacto sobre os profissionais de melhor desempenho — uma constatação que também pode parecer um pouco contraintuitiva, uma vez que talvez tendamos a crer que o *coaching* tornaria excelente o que já é ótimo. A analogia que fazemos aqui é com o golfista profissional. Muitos deles têm técnicos de *swing*, com quem trabalham o tempo inteiro. No fim das contas, porém, sua maior ambição é reduzir em talvez uma tacada a sua média. Seu desempenho já

195

é muito alto; tudo o que querem são ligeiros acréscimos quantitativos ao seu nível atual.

Por outro lado, se seu desempenho for mediano, a qualidade do *coaching* recebido terá um impacto significativo sobre os seus resultados. Os dados que levantamos indicam que um aprimoramento significativo na qualidade do *coaching* oferecido promoveria um salto de até 19% na atuação dos profissionais de vendas médios. O mero deslocamento do terço inferior para o terço superior em eficácia de *coaching* bastaria para resultar em um ganho de desempenho entre 6% e 8% para o núcleo mediano da força de vendas. Não são muitos os investimentos capazes de gerar tamanha injeção de produtividade em uma organização de vendas.

Não se trata de um impacto apenas teórico; é concreto. Foi o que testemunhamos na maioria das organizações com que trabalhamos e que embarcaram nesse projeto de *coaching*. Um dos membros do SEC, uma seguradora de destaque em sua indústria, obteve resultados similares àqueles sugeridos por nossos dados: um incremento de 10% no desempenho dos seus representantes comerciais inseridos no novo programa de *coaching* da empresa, em oposição aos que não participaram.

O *coaching* faz diferença. Formalizado, representa uma oportunidade imperdível de melhoria do desempenho em um ambiente complexo de vendas. Pode significar a diferença entre o cumprimento ou não das metas para o grosso da sua força de vendas. Nossa recomendação mais enfática para aqueles que pretendam melhorar o desempenho em vendas é que se livrem do *coaching* "democrático" — ou seja, aquele que é oferecido de igual maneira a todos — e, em vez disso, deixem de priorizar seus vendedores de pior e melhor desempenho e passem a enfocar os médios.

Ademais, o *coaching* não se limita a dar uma contribuição crucial para o desempenho de vendas; trata-se também de um fator central na retenção de funcionários e naquilo que chamamos de empenho "voluntário" — o esforço extra. Essa foi uma das conclusões bombásticas de nosso estudo quantitativo original sobre esse tema, revelando o impacto que a qualidade do *coaching* pode exercer sobre o moral dos empregados. O que os dados nos mostram é o seguinte: gerentes capazes de realizar um bom *coaching* fazem com que os funcionários queiram ficar. Um *coaching* de má qualidade, por sua vez, gera um ambiente essencialmente desmoralizante e afasta as pessoas da organização — o que vale tanto para os profissionais de desempenho mais baixo quanto para os de resultados medianos e os de maior destaque.

A fim de corroborar essa descoberta, recortamos os dados relativos ao empenho voluntário. Para tanto, incluímos em nosso levantamento uma pergunta sobre o quanto os profissionais se esforçavam em seu dia a dia de vendas. Basicamente, descobrimos que gerentes e *coaching* de má qualidade levam as pessoas a querer desistir. Dos profissionais de baixo desempenho aos de maior destaque, nenhum deles pode ser recriminado se sentir que não está recebendo um *coaching* eficaz de seus gerentes. A qualidade do *coaching* faz toda a diferença.

DÊ UMA DIREÇÃO AOS SEUS GERENTES DE VENDAS

No que diz respeito à qualidade do *coaching*, a principal lição que aprendemos após anos de pesquisa foi que não se pode oferecer um *coaching* eficaz se ele não tiver uma direção. Não se pode simplesmente dizer "vá lá e faça o *coaching*". É preciso torná-lo algo concreto para os seus gerentes. Eles precisam de uma direção — um entendimento claro do que seria "bom" em termos de vendas na sua organização (isto é, uma hipótese).

Embora tenhamos, no SEC, documentado uma vasta gama de ferramentas, modelos e melhores práticas de *coaching*, uma das táticas mais inteligentes que já vimos para aumentar a qualidade do *coaching* de vendas nos foi apresentada por um dos nossos membros, da indústria de serviços financeiros. Nessa empresa, o novo sistema de *coaching* foi criado com base no processo de vendas em vigor, de modo que o trabalho de *coaching* dos gerentes fosse incorporado diretamente às atividades já realizadas por eles junto à equipe de vendas.

A figura 8.4 mostra uma versão genérica do esquema montado para os gerentes de vendas dessa empresa. Cada fase do processo de vendas tem uma série diferente de objetivos — que constituem os comportamentos críticos em cada estágio, aqueles que se procura reforçar. A ferramenta oferece ainda vários exemplos de perguntas que um gerente pode fazer em uma conversa com seus subordinados acerca dos objetivos daquele estágio específico.

Na primeira fase, a de "Criação de oportunidades", por exemplo, o gerente pode verificar nesse quadro quais são os objetivos e atividades específicos associados àquele estágio do processo. São elementos como o estabelecimento e a confirmação de um objetivo claro para a visita de vendas e a realização de pesquisa suficiente antes da mesma — coisas que seus profissionais de melhor desempenho provavelmente já fazem. Abaixo, veem-se as perguntas que o gerente pode usar para averiguar como o vendedor está se saindo na concretização dessas metas, por exemplo: "Qual é seu principal objetivo para essa visita?".

Constatamos que, com frequência, ao fazer seu *coaching* os gerentes concentram-se mais em resultados que em comportamentos, o que se manifesta em falas como "Sua taxa de conversão está muito baixa. Qual é o problema? Você não está seguindo o processo?". Mas não é por esse caminho que se deve enveredar; isso é o que alguns dos membros do SEC gostam de chamar de "*coaching* automático", aquele que se concentra em resultados em vez de comportamentos e é oferecido num formato único, que dispensa a todos o mesmo tratamento. Para ser bem executado, porém, o *coaching* deve girar em torno de comportamentos, não de resultados — que é exatamente o que torna essa ferramenta tão eficaz. Melhor ainda, todos esses fatores são sintetizados em um esquema de uma página, que não é mais complicado do que este que apresentamos aqui. Aliás, os gerentes de vendas dessa empresa carregam consigo versões plastificadas dessa folha.

Essa é a "cola" perfeita para iniciar uma sessão de *coaching* — sem necessidade de um monte de listas de métodos, treinamentos e procedimentos administrativos. Em um mundo em que os gerentes, em sua maioria, se mostram no mínimo céticos com relação ao *coaching*, uma ferramenta como essa tem grande utilidade ao lhes conferir um referencial prático, não invasivo, que não é elaborado demais e não lhes impõe nenhuma mudança radical de comportamento.

Figura 8.4. Guia de *coaching* alinhado com o processo de vendas

> Pontos aos quais, segundo melhores práticas comprovadas, deve-se dedicar mais tempo de *coaching*

Estágio do processo de vendas	Criação de oportunidades	Busca de oportunidades	Fechamento de oportunidades	Atividades continuadas
Objetivos de *coaching* alinhados com cada estágio (exemplos)	• Verificar se o cliente representa uma oportunidade válida e constitui um bom alvo para o que vendemos. • Certificar-se de que o vendedor conduza a pesquisa necessária para identificar os contatos adequados na organização-cliente ou cliente em potencial. • Averiguar se o vendedor realizou planejamento suficiente antes da visita ou se possui uma estratégia específica para a instituição em vista.	• Certificar-se de que o vendedor faça uso de perguntas abertas para identificar e validar as necessidades do cliente. • Confirmar se o vendedor recorreu a um especialista adequado para avaliação de necessidades e desenvolvimento de soluções. • Confirmar se as soluções propostas estão de acordo com as necessidades encontradas. • Certificar-se de que o vendedor identifique possíveis obstáculos ao fechamento do acordo por parte do cliente e os enfrente de maneira eficaz.	• Confirmar se o vendedor estabeleceu prioridades e prazos com o cliente. • Verificar se o vendedor determinou o preço "correto" a oferecer ao cliente. • Certificar-se de que o processo de negociação seja conduzido de maneira eficaz. • Confirmar se o vendedor se certificou de que o cliente compreendeu o plano de negócios.	• Certificar-se de que o vendedor obtenha um feedback do cliente após a concretização do acordo. • Avaliar a coordenação do acordo, por parte do vendedor, através das várias unidades internas (por exemplo, divisões, funções, regiões). • Confirmar se o vendedor estabeleceu prioridades e prazos com o cliente.
Perguntas introdutórias para o *coaching* alinhadas com cada estágio (exemplos)	• Vamos representar uma cena em que eu serei o cliente; mostre-me quais são as suas primeiras atitudes na visita, e como você vai conquistar minha confiança. • Qual é seu principal objetivo nesta visita? • Como você se preparou para a visita de hoje? • Você está procurando eventuais indícios de que este cliente não seja adequado para nós? • Quais são as três iniciativas estratégicas mais importantes da instituição do cliente?	• Que perguntas você acha que vão lhe fazer? • Que indicadores você vai buscar para confirmar que vale a pena continuar correndo atrás desse cliente? • Ao examinar as soluções oferecidas, você se colocou no lugar do cliente e perguntou "E daí?"? Em que pontos ele pode indagar "E daí?"? • O que você acha que o ajudou a ter uma conversa de mão dupla com o cliente? • Você sente que identificou necessidades implícitas?	• Que obstáculos você supõe que vai encontrar? • Você tem um plano para reposicionar os elementos mais vulneráveis do acordo? • Que necessidades corporativas não monetárias você identifica nessa negociação? • Qual é a pergunta mais difícil que você pode ouvir? Como você a responderia? • Que recursos internos você pode usar para fechar esse acordo?	• Como você pretende lançar as bases para uma relação permanente? • Quem você precisa influenciar internamente para garantir o sucesso desse acordo? • Como você pretende se retirar do acordo para se concentrar na próxima grande oportunidade? • Quais serão os seus próximos passos, depois desse processo?

FONTE: Pesquisa do SEC.

A VENDA DESAFIADORA

No apêndice A, apresentamos um fragmento do nosso guia de *coaching* para gerentes, criado especificamente para ajudar a reforçar o Modelo Desafiador de Vendas (a versão na íntegra pode ser baixada em nosso site). É a mesma ferramenta usada pela SEC Solutions em seu Programa de Desenvolvimento de Desafiadores. Como o já mencionado (página 199) guia de *coaching* alinhado com o processo de vendas, ele remete aos fundamentos do modelo — ensinar, personalizar e assumir o controle —, fornecendo aos gerentes uma referência do que seria "bom" no caso de cada um desses comportamentos críticos, além de perguntas básicas para facilitar as discussões de *coaching*.

AJUDE OS GERENTES A FAZER UMA "PAUSA" PARA REALIZAR UM *COACHING* EFICAZ

A importância do gerente — e especificamente de sua responsabilidade pelo *coaching* — na boa implementação do modelo Desafiador não poderia ser maior. Em vista da necessidade de um bom *coaching* para a promoção de mudanças comportamentais desse gênero, orientamos os membros do SEC a partir da premissa de que seu programa de *coaching* provavelmente não está funcionando tão bem quanto deveria.

Na SEC Solutions, ajudamos os gerentes de vendas de dezenas de empresas a aprimorar sua capacidade de *coaching*, transmitir competências de inovação em acordos e aumentar a qualidade geral do corpo de gerentes da linha de frente. Um dos elementos centrais de nosso Programa de Desenvolvimento de Gerentes é o "*coaching* baseado em hipóteses", que, a nosso ver, aborda a questão mais premente com que as empresas têm de lidar, em se tratando de *coaching*: fazer com que os gerentes deem o "salto duplo", passando de representantes comerciais que vendem produtos a gerentes que vendem soluções, tornando-se especialistas tanto na observação de interações de vendas quanto no *coaching* nelas baseado. Daí o nome "*coaching* baseado em hipóteses", em que os gerentes iniciam o *coaching* munidos de uma hipótese clara do que se pode considerar "bom".

O "*coaching* baseado em hipóteses" alavanca uma estrutura muito en-

200

OS MODELOS DE VENDAS DESAFIADOR E GERENCIAL

riquecedora intitulada "PAUSE" que incentivamos todos os membros do SEC a empregar com seus gerentes. A sigla significa o seguinte:

- Preparar-se (*Preparation*) para a sessão de *coaching*: os gerentes devem realizar uma preparação adequada e abrangente antes de qualquer sessão de *coaching*, o que propicia a continuidade entre uma e outra. Ao parar para identificar em que estágio do processo de vendas seu subordinado se encontra, os gerentes podem detectar os comportamentos que serão críticos — que é o primeiro passo para solucionar o problema da observação de variações situacionais.
- Afirmar (*Affirm*) o relacionamento: se o profissional de vendas não estiver disposto a dar ouvidos às orientações e aceitar o papel do gerente no *coaching*, todo o trabalho será em vão. Os gerentes devem aprender a dar ênfase ao desenvolvimento separando a gestão de desempenho das sessões de *coaching* — cujos limites são sempre tênues, embora seja possível criar situações "seguras" para que o *coaching* se dê.
- Compreender (*Understand*) os comportamentos esperados (e observados): o grande desafio, para muitos gerentes, consiste em compreender o que estão vendo e que devem procurar ao observar seus subordinados. Se tiverem um entendimento do que deve acontecer em uma reunião, será muito mais fácil perceber se é o que está acontecendo ou não.
- Especificar (*Specify*) a mudança de comportamento: se os gerentes souberem como se definem os comportamentos críticos e dispuserem de parâmetros objetivos para avaliá-los, será muito fácil para eles dar um retorno específico e objetivo. Isso evita que o *coaching* se torne demasiado genérico, subjetivo, mal orientado ou exagerado.
- Incorporar (*Embed*) novos comportamentos: aqui, a finalidade é fazer com que o programa de *coaching* deixe de girar exclusivamente em torno das sessões específicas e se torne, pelo contrário, um processo institucionalizado. As empresas devem fornecer ferramentas que permitam aos gerentes criar planos de ação para cada um de seus vendedores, criando continuidade entre as sessões e proporcionando aos gerentes de vendas de segunda linha uma perspectiva quantitativa e qualitativa das atividades e competências de *coaching* de seus próprios gerentes.

Gostamos dessa estrutura porque ela transpõe alguns dos maiores obstáculos à realização de um *coaching* eficaz. Parece-nos também que a noção de uma "pausa" pode ser interessante para o gerente por sugerir uma desaceleração e uma reflexão acerca da intenção e do propósito do *coaching*, em vez de reduzir cada sessão a uma mera atividade de controle, como muitos gerentes de vendas apressados tendem naturalmente a fazer. Essa abordagem faz com que cada sessão seja a continuação da anterior, o que ajuda os gerentes a manter a objetividade e o conteúdo prescritivo do trabalho, na medida em que mantém o foco nas oportunidades de desenvolvimento documentadas. É preciso dedicação para chegar ao ponto certo, mas simplesmente ignorar o *coaching* tem consequências bem mais desastrosas — sobretudo para uma organização que esteja tentando implementar uma mudança ambiciosa como o Modelo Desafiador de Vendas — do que reservar o tempo necessário para assegurar sua elaboração e execução adequadas.

Dedicamos bastante tempo ao *coaching* por ser um pilar crucial da gestão de vendas de qualidade. Todavia, recordando os resultados da nossa análise da eficácia gerencial que apresentamos no começo deste capítulo, uma das maiores surpresas para os membros do SEC em geral é o fato de a barra do *coaching* não ser maior. Antes de divulgarmos esses resultados, muitos deles acreditavam que pelo menos uns 50% da excelência gerencial seriam atribuídos à qualidade do *coaching* realizado.

Não é o caso. Embora o *coaching* tenha uma importância fundamental, claro, e seja sem dúvida vital para a excelência dos profissionais de vendas, já sabemos que a excelência dos gerentes vai muito além. Examinemos agora o último elemento da eficácia gerencial, a inovação em vendas.

Inovando no desconhecido

Se a inovação em vendas é o mais significativo atributo gerencial, o que na prática os gerentes de vendas devem fazer para inovar?

A figura 8.5 mostra os nove atributos que se revelaram mais cruciais para a definição do fator de inovação em vendas. Como se pode ver, resumem-se a três atividades básicas: investigar, criar e compartilhar.

OS MODELOS DE VENDAS DESAFIADOR E GERENCIAL

"Investigar" refere-se à capacidade do gerente de identificar qual exatamente é o obstáculo que impede determinada venda de avançar. Quem são os envolvidos? Que critérios de decisão levam em consideração? Que tipo de preocupação financeira pode constituir um empecilho? O gerente inovador trabalha junto com seus vendedores no detalhamento do processo decisório do cliente na negociação de cada acordo específico — sobretudo aqueles que tiverem emperrado no meio do caminho.

É uma atividade fundamental não só porque a maioria dos fornecedores possui apenas o mínimo necessário de informações acerca de como seus clientes tomam decisões, mas também porque os próprios clientes muitas vezes não sabem bem como se dá a tomada de decisões em sua organização. Some-se a isso seu próprio empenho na venda de soluções cada vez mais complexas, tanto para clientes novos quanto para os já existentes, e você se vê diante de uma gama infinitamente complexa de possíveis obstáculos ao fechamento do acordo. É nesse campo de batalha que o gerente inovador prospera de fato: na colaboração com os vendedores, identificando de maneira criativa o ponto em que determinado acordo está se entravando, a fim de decidir como contornar a dificuldade.

Figura 8.5. Componentes da inovação em vendas

Investigar	Criar	Compartilhar
• Identificar obstáculos que entravam uma nova venda • Obter retorno com relação ao que está ou não funcionando • Identificar como resolver o problema do cliente	• Inovar quanto a novas maneiras de posicionar nossa oferta • Identificar o resultado ideal para a organização • Definir e explorar novas soluções e ofertas de vendas	• Compartilhar táticas e melhores práticas • Desenvolver e sustentar relacionamentos multidisciplinares • Fazer novidades e informações chegarem aos escalões inferiores
Quem faz isso? • O profissional de vendas coleta as informações • O gerente corrobora	**Quem faz isso?** • O gerente desenvolve soluções • O profissional de vendas fornece dados	**Quem faz isso?** • O gerente divulga ideias • A organização facilita

FONTE: Pesquisa do SEC.

A VENDA DESAFIADORA

O segundo ponto em que os gerentes inovadores se destacam é na criação de soluções. Não estamos sugerindo que você deva conferir autonomia aos gerentes de vendas da linha de frente para elaborar soluções novas ou inventar novos serviços. Lembre-se de que não se trata de inovação em produtos, mas em vendas. Ainda assim, resta aos gerentes inovadores latitude suficiente para inovar a cada acordo — o que pode incluir um reposicionamento das competências do fornecedor, a fim de melhor corresponder às dificuldades do cliente, ou compensar os riscos do cliente para o fornecedor com um contrato de prazo mais longo ou acesso a oportunidades de outras vendas cruzadas.

Todos os seus gerentes passam muito tempo com seus vendedores trabalhando nos acordos, mas a maior parte desse tempo é dedicada à verificação de tarefas: "Ligou para eles?", "Mandou a proposta?", "Falou no pacote opcional de serviços?". Isso não é criação de soluções, mas inspeção de atividades — o que, nos arriscaríamos a dizer, toma uns 70% a 80% do tempo que seus gerentes passam com seus subordinados. Em contrapartida, a inovação não consiste em fiscalizar o profissional de vendas. Trata-se de uma cocriação (isto é, uma parceria de ideias) sem julgamentos de valor; trata-se de trabalhar juntos, de maneira colaborativa, a fim de encontrar uma maneira melhor de fazer determinado acordo avançar. No fim das contas, você vai querer que seus gerentes concentrem suas tentativas de inovação nos acordos em que um valor mais alto esteja em jogo — em outras palavras, onde seu tempo e esforço tiverem mais chances de obter o melhor retorno possível. E, se você parar para pensar, verá que todos contamos com alguns gerentes realmente inovadores. São aqueles que sempre encontram uma maneira de fechar um negócio — mesmo aqueles que pareciam não ter a menor chance de conseguir. E são as soluções criadas por eles que em geral acabam se tornando lendárias na equipe de vendas. "Você soube como o Bob deu um jeito de ajudar a Cindy a conseguir a conta Smith?" "Soube. Foi brilhante! De onde ele tira essas ideias?" Um dos membros do SEC chama esses gerentes de "vendedores ninjas". É uma expressão engraçada, mas pensando bem nota-se o quanto ela é adequada. Esses profissionais têm total domínio de todos os segredos do negócio. Conseguem enxergar uma saída onde ninguém mais vê.

204

OS MODELOS DE VENDAS DESAFIADOR E GERENCIAL

Por fim, os gerentes inovadores compartilham, de maneira ativa e entusiástica, os frutos de seu empenho. Tem enorme valor a capacidade de reproduzir a aplicação de uma determinada inovação em um contexto diferente do original, caso você consiga sintetizá-la de forma que outros possam aprender com o caso; é assim que se ganha escala a partir de tanto esforço para inovar. Os gerentes inovadores dedicam-se a compartilhar as melhores práticas, desenvolvendo e sustentando uma sólida rede de relacionamentos dentro da organização e transmitindo novas ideias e soluções para o resto da equipe.

Assim, agora que entendemos melhor do que trata a inovação em vendas, vamos retroceder um pouco para compará-la ao restante da categoria "propriedade" da excelência gerencial. Vamos discutir algumas implicações importantíssimas acerca da possibilidade de coexistência pacífica entre alocação de recursos e inovação em vendas.

MUNDOS EM CONFLITO

Quando discutimos o "retrato de um gerente de vendas de primeira categoria", no começo deste capítulo, vimos que o perfil necessário ao gerente de vendas vem mudando, abarcando mais características de liderança. Atualmente, os gerentes de alta qualidade são definidos não só por sua capacidade de orientar sua equipe para chegar ao que já se conhece, mas também pela capacidade de inovar no desconhecido.

Esse ponto é de vital importância para a organização que busca aderir ao modelo Desafiador. Mesmo com Desafiadores munidos dos mais eficazes discursos didáticos e das competências certas para personalizar e assumir o controle da venda, nem sempre se conseguirá superar o status quo do cliente. Muitos acordos vão perder o rumo e acabar paralisados. É aqui que o gerente inovador é capaz de fazer toda a diferença entre o fechamento de um acordo e mais uma derrota para a ausência de uma decisão.

Infelizmente, você também deve lembrar que, no que diz respeito ao aumento da eficácia gerencial, a maioria dos líderes de vendas tende a apostar a maior parte das fichas na alocação de recursos — isto é, distribuindo seus gerentes de vendas da linha de frente de forma a gerenciar de modo mais eficiente seus recursos limitados, mediante um melhor gerenciamento de território, qualificação do acordo e adequação ao processo de vendas. Se pararmos para pensar, alocação de recursos é uma questão de eficiência. Já a inovação em vendas, por sua vez, tem mais a ver com eficácia.

Não obstante, como mostra a figura 8.6, em se tratando de desempenho gerencial, quando se examina o efeito do foco na eficiência em vez de na eficácia, nota-se que o segundo tem quase o dobro de impacto do primeiro.

Figura 8.6. Efeito relativo da alocação de recursos e inovação em vendas sobre a eficácia gerencial

FONTE: Pesquisa do SEC.

Só para esclarecer: jamais diríamos que é errado uma organização de vendas estimular a eficiência do processo. Contudo, eficiência tem a ver com fazer aquilo que já se sabe fazer bem: designemos os representantes certos para os clientes certos, envolvidos nas atividades certas. E repitamos a fórmula incansavelmente. Se possível, cada vez mais rápido.

Entretanto, esse foco exclusivo na eficiência só vai funcionar se todos os acordos forem iguais. Se você viver em um mundo de necessidades conhecidas, oportunidades disponíveis e clientes de comportamento previsível, vá em frente: cristalize o processo e explore-o até o bagaço com o *coaching*. Para a maioria dos gerentes de vendas, essa é uma descrição bastante acurada do mundo em que viviam até cinco ou seis anos atrás, quando a venda objetiva de produtos ainda ocupava uma parte relativamente grande de seu tempo. Todavia, não é nesse mundo que vive a maioria dos líderes de vendas hoje. Se eles pretendem aumentar sua receita no ambiente atual, assegurar a eficiência em torno do que já é conhecido, deve, ao menos em parte, ceder espaço à capacidade de inovar, de maneira colaborativa, em torno do desconhecido. Como observou um membro do SEC, "se tivéssemos seguido religiosamente nosso processo de vendas do ano passado, nossos três maiores acordos jamais teriam sido fechados".

Hoje, o sucesso em vendas tem muito menos a ver com melhorar naquilo que já se sabe e muito mais com desenvolver a capacidade de lidar com o que não se sabe ainda. Para prosperar neste mundo, você terá de construir uma organização — e uma cultura — de vendas que possibilite esse tipo de atividade de inovação. Vivemos em um mundo onde a eficácia está acima da eficiência. Entretanto, constatamos que a maioria das organizações de vendas ainda tem um longo caminho a percorrer nesse quesito — veja a figura 8.7.

Figura 8.7. Resposta dos gerentes de vendas à pergunta "qual é, na sua opinião, a probabilidade de que a alta gerência da sua empresa estimule e apoie os seguintes fatores?"

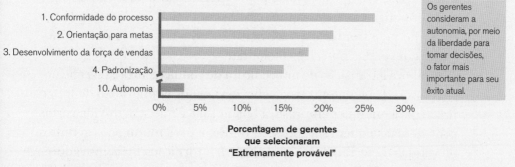

FONTE: Pesquisa do SEC.

Em uma pesquisa recente junto a gerentes de vendas da linha de frente, pedimos que caracterizassem a estratégia atual de sua equipe sênior de liderança com base em uma variedade de atributos e comportamentos. A resposta foi muito clara. A maioria dos gerentes nos revelou que opera em um ambiente onde predomina uma forte ênfase na execução eficiente do processo de vendas. Por outro lado, quase nenhum gerente concordou com a afirmação de que "a liderança confere aos gerentes autonomia para estabelecer seu próprio curso de ação". Nesse mesmo levantamento, contudo, os gerentes declararam acreditar que a autonomia — a liberdade de tomar decisões — constitui, de fato, o fator mais importante para seu êxito atual. E nossos próprios estudos sobre eficácia de gerentes de vendas sugerem que eles têm razão.

Sem dúvida, toda organização precisa de regras válidas que sejam postas em prática; é preciso estabelecer metas relacionadas a resultados específicos, e exercer pressão para atingi-las. Mesmo nesse contexto, porém, é preciso encontrar maneiras de conferir aos gerentes a autonomia necessária para alcançá-las por meios inovadores — e são poucas as empresas que adotam o tipo de cultura capaz de possibilitar isso. Essa é a mensagem desnorteante de tal descoberta aparentemente inócua: numa época em que os líderes de vendas precisam "retomar o crescimento", os mecanismos de expansão da maioria das organizações repousam sobre os fundamentos errados. Sua organização está preparada para a eficiência, numa época em que é a eficácia que vai dar conta do recado. O que os dados sugerem é que a maioria das organizações tem um longo caminho pela frente se quiser instituir uma cultura em que a inovação em vendas possa se consolidar.

Embora a transição de uma cultura de vendas centrada na eficiência para outra com ênfase na eficácia seja uma migração de longo prazo para qualquer empresa, a boa notícia é que sem dúvida certas providências podem ser tomadas desde já para munir seus gerentes de vendas de ferramentas que ajudem a torná-los mais inovadores a cada negociação.

AJUDANDO OS GERENTES A COMPREENDER AS PRÓPRIAS PROPENSÕES

Constata-se que o tipo de pensamento usado pelos gerentes em seu dia a dia para levar a cabo muitos outros aspectos de seu trabalho é um dos maiores obstáculos a uma atuação inovadora. Na figura 8.8, chamamos essa abordagem de "pensamento restritivo", aquele que examina um problema complexo, analisa as opções existentes e chega a uma solução única — inestimável em um mundo em que os gerentes precisam de rapidez para tomar decisões difíceis acerca da alocação de recursos escassos, por exemplo. Infelizmente, ao mesmo tempo, esse modo de pensar também impõe limites estritos à capacidade do gerente de desenvolver soluções criativas para os mais árduos desafios enfrentados por seus clientes, na medida em que tem por foco a redução do leque de opções, em vez da geração de novas alternativas a considerar.

Figura 8.8. Modalidades de pensamento gerencial

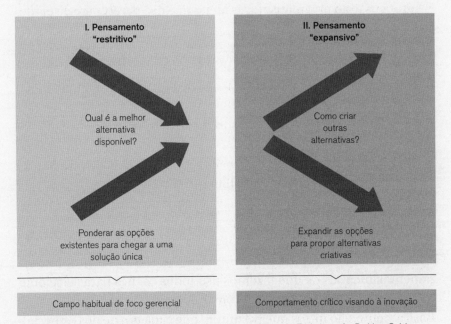

FONTE: Adaptado de Morgan D. Jones, *The Thinker's Toolkit: 14 Powerful Techniques for Problem Solving*. Berkeley: Crown Business, 1998; pesquisa do SEC.

A alternativa é o "pensamento expansivo", que se caracteriza pela geração e análise do maior número possível de opções. Por melhor que o pensamento restritivo possa ser para a gestão de recursos, o expansivo é mais propício para a inovação a cada acordo específico. Se você pretende desenvolver gerentes inovadores, terá de superar a inclinação natural desses profissionais — bem como as pressões a que se veem submetidos em sua rotina diária — a pensar de maneira restritiva, fornecendo-lhes as ferramentas e os referenciais necessários para pensar de maneira mais expansiva, ao menos naquelas ocasiões em que a inovação em vendas se faz necessária. Para tanto, a primeira coisa que a organização deve fazer é promover a tomada de consciência daquilo que acaba servindo de empecilho ao pensamento expansivo.

Décadas de pesquisa acerca do comportamento humano desvelaram uma série de tendências humanas que costumam tolher o pensamento expansivo. As seis mais comuns são as seguintes:

- Propensão ao pragmatismo: as ideias que não parecem realistas devem ser descartadas;
- Propensão à confirmação: comportamentos inexplicáveis por parte do cliente podem ser ignorados;
- Propensão à exportabilidade: se não deu certo aqui, não vai funcionar em nenhum outro lugar;
- Propensão à repetição: o modo como sempre foi feito deve ser melhor;
- Propensão à cristalização da conclusão inicial: a primeira explicação encontrada geralmente é a melhor ou a única escolha;
- Propensão a se ater ao ponto de vista pessoal: se eu não compraria, o cliente também não vai comprar.

Nenhuma dessas tendências é "ruim" em si. Com efeito, são ferramentas mentais de que fazemos uso todos os dias para selecionar informações com mais rapidez e tomar decisões de maneira mais ágil. Basicamente, são filtros que permitem que cada um de nós (especialmente gerentes de vendas de tempo escasso) tome decisões rápidas

OS MODELOS DE VENDAS DESAFIADOR E GERENCIAL

diante da complexidade — uma habilidade da mais vital importância para seu sucesso.

Ao mesmo tempo, no entanto, cada uma dessas propensões é muito eficaz na eliminação de determinadas vias de investigação. Ajudam a tomar decisões mais ágeis, mas em detrimento de uma reflexão aprofundada, uma vez que nos induzem a ver o mundo exclusivamente de nosso próprio ponto de vista. Isso pode ser fatal no universo das vendas, na medida em que não raro impede os gerentes de se colocar no lugar do cliente — não por serem maus gerentes, mas por serem humanos. Assim, ao se sentarem com o vendedor para examinar uma negociação que parece irremediavelmente paralisada, sua visão de mundo é construída a partir dessas propensões, o que os impede de vislumbrar uma maneira inovadora de desencalhar a conversação.

Há duas formas simples de ajudar os gerentes a superar essas inclinações e expandir seu pensamento. A primeira consiste tão somente em conscientizá-los dessas propensões. Basta apontar-lhes a sua existência — e reavivar continuamente essa lembrança — para promover uma considerável redução de sua inclinação natural a essa espécie de autocensura. Segundo, podemos treinar os gerentes para que façam a si mesmos (e aos seus subordinados) perguntas específicas que estimulem o raciocínio a partir de pontos de vista alternativos.

Exploremos em mais detalhes essa ideia de "perguntas de incentivo", a fim de compreender de fato como funciona esse mecanismo.

PRECAVENDO-SE CONTRA AS PROPENSÕES

Em termos simples, as perguntas de incentivo constituem um mecanismo para expansão "à força" do raciocínio. As melhores são aquelas que nos estimulam, diante de um dado problema ou situação, a ou aprofundar nosso entendimento, ou ampliar nossa perspectiva, ou expandir nossas ideias.

211

Figura 8.9. Características de perguntas de incentivo eficazes

	1. Aprofundamento do entendimento	2. Ampliação de perspectivas	3. Expansão de ideias
Objetivo	Ajuda os gerentes a superar a tendência a propor ou descartar soluções antes de obter um entendimento completo do problema em pauta.	Ajuda os gerentes a superar a propensão a compreender os desafios tão somente de um ponto de vista pessoal ou restrito à venda.	Ajuda os gerentes a superar a propensão a considerar apenas ideias consistentes com as premissas já existentes acerca do que é possível.
Exemplos	• Qual é o contexto geral em que a situação deste cliente se enquadra? • O que mais deve estar se passando nos bastidores para que isso aconteça?	• Se você fosse o principal executivo de finanças da organização-cliente, o que despertaria o seu interesse nesta proposta? • O que o diretor de marketing vai pensar ao ver esta proposta?	• O que você faria de maneira diferente caso dispusesse de um orçamento maior para captar este cliente? • Que iniciativas você tomaria caso seu prazo se estendesse de seis meses para um ano?
Quando usar?	Deve ser usado pelos gerentes caso tendam a adotar sempre uma única estratégia, seja qual for o problema em pauta.	Deve ser usado pelos gerentes caso tendam a basear seu entendimento excessivamente na experiência pessoal, mesmo quando ela não é relevante.	Deve ser usado pelos gerentes caso tendam a descartar ideias em nome do pragmatismo, antes de permitir seu pleno desenvolvimento.

FONTE: Pesquisa do SEC.

As perguntas de incentivo são criadas para nos ajudar a explorar em maior profundidade nosso entendimento de determinada questão antes de formar qualquer opinião. Por exemplo, "qual é o contexto geral em que a situação deste cliente se enquadra?", ou "o que mais deve estar se passando nos bastidores para que isso aconteça?". Indagações desse gênero são ótimas para ajudar os gerentes a não lançar mão tão rapidamente da mesma resposta única de sempre.

Segundo, certas interrogações nos obrigam a considerar outros pontos de vista. Perguntas como "Se você fosse o principal executivo de finanças da organização-cliente, o que despertaria o seu interesse nesta proposta?" ou "O que o diretor de marketing vai pensar ao ver esta proposta?" são particularmente úteis para os gerentes que tendem a acreditar que possuem todas as respostas de antemão.

Por fim, há as perguntas que nos estimulam a deixar temporaria-

OS MODELOS DE VENDAS DESAFIADOR E GERENCIAL

mente de lado as preocupações pragmáticas que restringem nossas ideias. Uma boa indagação aqui poderia ser: "O que você faria de maneira diferente caso dispusesse de um orçamento maior para captar este cliente?". São boas interrogações para os gerentes que sabem enumerar rapidamente todos aqueles motivos pelos quais é impossível realizar algo, em vez de explorar como se poderia fazê-lo.

Como, na prática, essa estrutura funcionaria com gerentes de vendas?

No SEC, compilamos para nossos membros uma biblioteca completa de ferramentas relacionadas às perguntas de incentivo, mas esta (mostrada na Figura 8.10) é uma das nossas preferidas, já tendo se mostrado de grande utilidade para vários de nossos integrantes, que as aplicaram às suas próprias organizações de vendas. Chama-se "Estrutura SCAMMPERR" — nome derivado da inicial de cada palavra na primeira coluna do quadro* — e é uma ferramenta clássica para a facilitação de exercícios de *brainstorm*.

A beleza dessa ferramenta está em sua simplicidade. É um método muito objetivo a fim de preparar seus gerentes para submeter cada negociação a um escrutínio sistemático em busca de possibilidades de inovação, sem necessidade de reconfigurar todos os seus neurônios ou submetê-los a anos de treinamento. Ao ler o quadro, note que, por menos familiar que a ferramenta em si possa ser, você provavelmente vai reconhecer boa parte dessas iniciativas como exatamente o tipo de atitude que seus gerentes de melhor desempenho tomam automaticamente quase todos os dias.

Digamos que um gerente esteja trabalhando com um vendedor no sentido de movimentar uma negociação que acabou paralisada devido à intensa resistência do cliente a um aumento de preço. Você sabe muito bem qual seria a proposta do vendedor para agilizar o processo: se o problema é o preço, então ele está muito alto. Vamos oferecer um desconto.

Em vez de se restringir de imediato a essa solução, porém, o gerente inovador trata de lançar mão de uma ferramenta como essa para expandir suas ideias acerca do próximo passo; ela o ajuda a vislumbrar diversas

---

* Em inglês, as palavras são *Substitute, Combine, Adapt, Magnify, Modify, Put to another use, Eliminate, Rearrange* e *Reverse*; suas iniciais formam um trocadilho com o verbo *scamper*, que significa "mover-se com agilidade, com passos curtos e leves". (N. T.)

A VENDA DESAFIADORA

maneiras de reposicionar o acordo, de modo a torná-lo mais palatável para o cliente, sem que seja preciso modificar o preço. Perguntas de incentivo como "O que poderíamos usar em seu lugar?", "Como poderíamos combinar esta com outras ofertas?" ou "Que ideias poderiam ser adaptadas à nossa situação?" obrigam tanto o gerente quanto o vendedor a ampliar suas perspectivas antes de se chegar aos descontos.

Figura 8.10. Estrutura SCAMMPERR

Desafio: os clientes resistem a um aumento de preço.

Inovar	Descrição	Ideias potenciais
Substituir	O que poderíamos usar em seu lugar?	
Combinar	Como poderíamos integrar, misturar ou combinar com outras ofertas?	Juntar com outro produto que o cliente valoriza.
Adaptar	Que ideias externas poderiam ser adaptadas à nossa situação?	
Ampliar	Como poderíamos agregar ou aumentar nossa ênfase em uma característica valiosa?	
Modificar	Como podemos modificar atributos da oferta a fim de torná-la mais relevante?	Vender quantidades menores com maior frequência.
Criar outra aplicação	Como outra função na organização-cliente poderia valorizar isto?	Encontrar um uso secundário para nosso produto em seu processo de fabricação.
Inovar	Descrição	Ideias potenciais
Eliminar	Que elementos pelos quais os clientes não estão dispostos a pagar podem ser removidos?	Eliminar custos desnecessários de embalagem para compensar o aumento de preços.
Reorganizar	Como podemos alterar a ordem das coisas a fim de aumentar sua relevância?	
Inverter	Como podemos inverter nossa abordagem para fazer o exato oposto?	

Não é preciso responder a todas as perguntas para que a estrutura SCAMMPERR funcione.

FONTE: Adaptado de Michal Michalko, *Thinkertoys: A Handbook of Creative Thinking Techniques*. Berkeley: Ten Speed, 2006; pesquisa do SEC.

OS MODELOS DE VENDAS DESAFIADOR E GERENCIAL

Ainda no mesmo exemplo, sob "Modificar", talvez possamos vender ao cliente quantidades menores com frequência maior. Ou, sob "Eliminar", talvez possamos nos livrar de materiais desnecessários ou personalizados de embalagem a fim de compensar eventuais aumentos de preço. Não é preciso responder a todas as perguntas para que a ferramenta SCAMMPERR funcione. A estrutura não passa de um mecanismo para fazer com que os gerentes expandam o leque de iniciativas possíveis. Essa é mais uma das muitas ferramentas de inovação que desenvolvemos para os membros do SEC.

Pondo em prática

Tendo discutido o papel fundamental do gerente de linha de frente nessa história, agora é hora de dar uma olhada em algumas das lições de implementação que aprendemos ao ajudar empresas a construir suas próprias organizações de vendas Desafiadoras.

9
Lições de implementação dos pioneiros

DESDE NOSSAS PRIMEIRAS DESCOBERTAS sobre os Desafiadores em 2009, nossa equipe do SEC e do nosso programa-irmão de consultoria, a SEC Solutions, vem ajudando líderes de vendas e de marketing a adotar o Modelo Desafiador de Vendas em suas próprias organizações. Aprendemos muito com as experiências desses pioneiros. Este capítulo apresenta algumas lições de implementação para altos executivos e demais gestores de vendas e marketing, com base em nossa experiência de campo.

Lições para os líderes de vendas

NEM TODO PROFISSIONAL DE ALTO DESEMPENHO É UM DESAFIADOR

Os executivos com frequência caem na armadilha de presumir que todos os seus profissionais de bons resultados são, por definição, Desafiadores. Há muitas características em comum a todos os vendedores de alto de-

LIÇÕES DE IMPLEMENTAÇÃO DOS PIONEIROS

sempenho, mas apenas alguns deles (cerca de 40%, segundo nossos dados) chegam até aí ensinando, personalizando e assumindo o controle.

Parte do Modelo Desafiador de Vendas consiste em institucionalizar aquilo que os Desafiadores já fazem naturalmente — estudando a maneira como eles ensinam, personalizam e assumem o controle no contexto de sua indústria específica, com seus clientes específicos, e compartilhando esse conhecimento com toda sua força de vendas. Para que isso se dê de maneira eficaz, será preciso certificar-se de não estar documentando, erroneamente, os hábitos e táticas de um Lobo solitário ou de um Construtor de relacionamentos de bons resultados.

É absolutamente crítico que as empresas primeiro identifiquem corretamente seus Desafiadores antes de poderem observar o modo como vendem para seus clientes. Apenas pedir aos gerentes que identifiquem seus Desafiadores não vai funcionar, pois o mais provável é que eles apontem seus profissionais de melhor desempenho, em vez de selecioná-los por estilo de venda.

Nosso grupo de soluções aplica aos nossos clientes um diagnóstico baseado na pesquisa original sobre os Desafiadores, fazendo uso das mesmas perguntas utilizadas na criação do Modelo Desafiador de Vendas. Fornecemos uma versão simplificada no apêndice B, para você ter uma ideia do funcionamento da ferramenta.

Assim como nem todo profissional de alto desempenho é necessariamente um Desafiador, nem todo Desafiador se destaca por seus resultados. Já deparamos com organizações com Desafiadores "inativos" — aqueles que possuem as competências certas, mas não têm noção de como aplicá-las. Uma vez expostos à estrutura de ensino, personalização e apropriação do controle, suas habilidades são "ativadas" de maneira nova e enérgica.

CUIDADO COM O FASCÍNIO DO LOBO SOLITÁRIO

Observadores próximos da nossa pesquisa chegaram a argumentar que são os Lobos solitários, na verdade, que têm mais chances de apresentar um desempenho de destaque — e, tecnicamente, têm toda razão.

A VENDA DESAFIADORA

Embora estes correspondam à menor porcentagem de toda a amostra de representantes comerciais (18%), 25% de todos os profissionais de melhor desempenho recaem nesse perfil — em outras palavras, de todos os perfis, é o Lobo solitário que tem maior probabilidade de apresentar, escolhido ao acaso, os resultados mais expressivos. Entretanto, partir dessa observação para a conclusão de que todos os vendedores deveriam ser Lobos solitários é tolice.

Uma força de vendas inteiramente composta de Lobos solitários não seguiria padrão nenhum. Por definição, os profissionais dessa categoria não seguem nenhum processo ou série de regras além dos seus próprios — o que torna impossível modelar e reproduzir seus comportamentos no conjunto da organização de vendas. Nesse tipo de ambiente, os de melhor desempenho podem até se sair bem, mas não há como elevar até o seu nível os profissionais medianos.

Os Lobos solitários também enfrentam dificuldades nos ambientes colaborativos, baseados em equipes, que oferecem soluções mais complexas aos clientes. Como nos disse recentemente o VP de vendas de uma empresa de alta tecnologia, "em nossa organização, cada vez mais precisamos vender como uma equipe, e não individualmente. Num ambiente desses, os Lobos solitários são um verdadeiro câncer". Por mais eficazes que os Lobos solitários possam ser individualmente, em equipe não conseguem vender nada.

Constatamos também que, em parte, as várias categorias de vendedores dependem de seu ambiente. Em geral, vão adotar a abordagem que lhes render mais dinheiro — aquela que sua empresa recompensar e celebrar. Se são os Lobos solitários que dominam a organização de vendas, isso muito provavelmente se deve ao fato de que o que se comunica aos seus vendedores, de maneira explícita ou implícita, é que devem descobrir por sua própria conta o que funciona para cada um. Num ambiente assim, a empresa perde toda a credibilidade e passa a ser vista por seus representantes comerciais não como uma autoridade acerca do que é valorizado pelos clientes — uma fonte de orientação e sugestões inteligentes —, mas como um estorvo para o êxito do profissional de vendas. A empresa, na equipe composta de Lobos solitários, é uma entidade a ser evitada, já que não agrega nenhum valor

218

LIÇÕES DE IMPLEMENTAÇÃO DOS PIONEIROS

ao vendedor. Tudo o que ela desenvolve em termos de treinamentos, processos de vendas, CRM, ferramentas e tantos mais tem pouco valor para o Lobo solitário. Por mais que os vendedores atinjam suas metas numa organização assim, é apesar, e não em virtude de, todo o apoio e orientação proporcionados pela gerência.

COMECE ONTEM A RECRUTAR DESAFIADORES

Estamos convictos de que é possível construir Desafiadores. À medida que transcorre nosso treinamento para Desafiadores, observamos o entusiasmo demonstrado pelos vendedores com a perspectiva de desempenhar esse papel junto aos seus clientes e de poderem, uma vez desvelado o modelo, começar de imediato a desafiar seus clientes. Entretanto, também faz sentido que as empresas comecem a recrutar Desafiadores a fim de substituir aqueles profissionais que se deslocam naturalmente dentro da própria organização ou preenchem novos cargos, surgidos do crescimento da organização.

Recrutar Desafiadores requer uma abordagem diferente de entrevistas e levantamentos. Fornecemos um Guia de Contratação de Desafiadores a fim de ajudá-lo com esse processo (que você pode encontrar no apêndice C). O guia estrutura-se em torno das competências fundamentais do profissional Desafiador, oferecendo amostras de perguntas que podem ser feitas pelo entrevistador, estipulando qual deve ser o padrão de avaliação de cada competência e apresentando alguns alertas aos quais permanecer atento.

Por exemplo, uma das competências do Desafiador é a capacidade de apresentar um ponto de vista diferente ao cliente. Um entrevistador pode investigar esse aspecto por meio de perguntas como "Como você costuma iniciar sua conversa com o cliente?" ou "Você pode descrever uma ocasião em que levou um cliente a considerar um problema ou necessidade de outra maneira?". Nesse caso, as respostas do entrevistado devem dar mais destaque aos benefícios para o cliente que às vantagens oferecidas pelo fornecedor e, idealmente, oferecer ideias únicas, que levem o cliente a encarar seu próprio mundo de modo diverso. Os alarmes mais importantes são aqueles que denunciam um discurso com ênfase nas características e benefícios do que está sendo vendido.

Essa ferramenta vem sendo adotada, com grande êxito, por muitos dos membros do SEC. Uma das empresas com que trabalhamos, do setor de bebidas, nos informou de que seus novos representantes, recrutados com base no guia de Desafiadores, estão "dando voltas ao redor da equipe de vendas já existente".

Embora também tenhamos ouvido histórias bem-sucedidas de alguns de nossos membros que utilizaram outras ferramentas comerciais de seleção para identificar os Desafiadores, isso se deu basicamente pela adaptação de ferramentas já existentes para "buscar" Desafiadores no mercado de trabalho — e, embora sejam muitas as ferramentas de avaliação disponíveis para vendas, nenhuma delas foi desenvolvida com a finalidade específica de identificar Desafiadores. Enquanto não se criar uma solução para esse problema, recomendamos aos líderes de vendas que tenham cuidado ao empregar ferramentas já existentes para buscar um determinado perfil que não foram criadas para identificar.

COMPETÊNCIAS INDIVIDUAIS E RECURSOS ORGANIZACIONAIS SÃO MAIS BEM DESENVOLVIDOS EM PARALELO

Embora esteja bem claro que as empresas têm de investir tanto em recursos organizacionais quanto em competências individuais para extrair o máximo de benefícios do Modelo Desafiador de Vendas, há dúvidas com relação à melhor maneira de organizar esses investimentos. Será que as empresas deveriam desenvolver primeiro recursos organizacionais ou as competências dos profissionais? É uma pergunta que ouvimos com frequência dos membros do SEC. Nossa resposta é que as melhores organizações investem ao mesmo tempo em ambos os aspectos do modelo.

Já soubemos de empresas que tentaram desenvolver mensagens didáticas comerciais sem tratar de conscientizar e aprimorar as competências de seus representantes comerciais, que acabaram rejeitando as novas mensagens e preferiram permanecer com o estilo

LIÇÕES DE IMPLEMENTAÇÃO DOS PIONEIROS

de comunicação com que já estavam familiarizados e se sentiam à vontade. Analogamente, empresas que investiram nas competências dos vendedores mas não nos recursos organizacionais fizeram com que seus profissionais de vendas se sentissem desprovidos das ferramentas necessárias para efetivamente aplicar o modelo tal como ele deveria funcionar. Em contrapartida, as organizações que cuidam ao mesmo tempo dos dois lados são marcadas por uma colaboração eficaz e dinâmica. Seus vendedores, percebendo o vigor da abordagem do Desafiador, alimentam a demanda de mensagens didáticas junto ao marketing, ao passo que este, tendo do mesmo modo aderido à visão do Desafiador, tem o pessoal de vendas como uma importante fonte de matérias-primas para ideias (ou seja, mensagens apresentadas imediatamente pelos Desafiadores de alto desempenho).

NÃO SE LIMITE A MUDAR O TREINAMENTO, MUDE O QUE ACONTECE ANTES E DEPOIS DELE

Além da remuneração, os treinamentos em vendas constituem uma das áreas que mais consomem recursos nas organizações de vendas. Representam também um dos maiores escoadouros de tempo e dinheiro. Pesquisas realizadas por Neil Rackham indicam que 87% do conteúdo dos treinamentos em vendas são esquecidos pelos vendedores em trinta dias.

O Modelo Desafiador de Vendas requer uma mudança comportamental em larga escala por parte dos profissionais de vendas, o que acentua ainda mais a pressão sobre os cargos de A&D (aprendizagem e desenvolvimento) de vendas no sentido de promover mudanças e sustentá-las ao longo do tempo. O *coaching* é uma das principais alavancas para a manutenção do treinamento, mas há também outras considerações importantes. Em um recente estudo do SEC, descobrimos que algumas das maiores oportunidades para melhorar a retenção de conteúdo dos treinamentos em vendas pouco têm a ver com o aprimoramento do treinamento em si, e sim com aquilo que as empresas podem fazer antes e depois dele e que realmente faz diferença.

A VENDA DESAFIADORA

As empresas líderes de mercado vêm tomando três medidas para aumentar de maneira considerável o retorno sobre seus investimentos em treinamento: primeiro, aumentam a demanda de seus representantes comerciais por mudança e geram um falatório sobre o treinamento antes que ele se dê; segundo, desenvolvem um método de aprendizagem vivencial de alta qualidade, que dá aos seus profissionais de vendas uma sensação de "prática segura", com foco em situações reais; e, terceiro, criam programas de certificação comportamental, de modo a reforçar a aprendizagem ao longo do tempo.

Essa é uma das grandes peculiaridades do modo como nosso grupo sec Solutions criou o Programa de Desenvolvimento de Desafiadores. Embora o conteúdo do treinamento seja único, obviamente, por girar em torno dos comportamentos dos Desafiadores, ele procura ao mesmo tempo ajudar as empresas a gerar o tipo de "demanda social" necessária para evitar a percepção de que esse treinamento não passa de mais uma imposição da cúpula para as bases. Ademais, damos grande ênfase ao conceito de "prática segura", promovendo uma aprendizagem vivencial na sala de aula, conduzida por ex-líderes de vendas de empresas como DuPont, Merck, Nike, ibm, Bank of New York Mellon e Procter and Gamble. É também importante ir além daquele tipo de avaliação com base no "Então, o que foi que você aprendeu?" — adotado por tantas empresas como forma de mensurar se os profissionais "absorveram" o treinamento —, e em vez disso concentrar-se em uma abordagem estruturada, que promova o reforço permanente do aprendizado (mediante a dedicação de bastante tempo aos gerentes, encarregados de promover a mudança a partir de um *coaching* continuado), de modo que possamos nos assegurar de que os vendedores estão de fato praticando os novos comportamentos aprendidos na sala de aula e atingindo os resultados de vendas pretendidos.

A adesão a esses princípios é muito eficaz. Recomendamos a todos os membros do sec que pensem muito no "antes e depois" de seu treinamento, de modo a se certificar de que haja demanda para ele entre seus representantes comerciais e a garantir o retorno sobre tão substancial investimento.

222

Lições para os líderes de marketing

**PARE DE APREGOAR AOS QUATRO VENTOS
O QUANTO VOCÊ É "CLIENTECÊNTRICO"**

Mais do que nunca, os fornecedores vêm enfatizando o quanto põe "o cliente em primeiro lugar". A ideia é que, se você quiser crescer neste período pós-recessão, terá de cuidar para que tudo o que fizer proporcione o máximo de valor para o cliente. Contudo, há diversas maneiras de ser "clientecêntrico" que possuem um impacto bem negativo, na verdade, sobre os negócios. Dois exemplos que com frequência ouvimos de membros do SEC são (1) descontos e outras condições que solapam a rentabilidade em troca de pouco ganho a longo prazo e (2) a adoção de uma postura de anotador de pedidos perante o cliente (ou seja, aceitar pedidos a curto prazo sob pressão do cliente, em vez de levá-lo a pensar em negócios em prazo mais longo).

A nosso ver, a expressão "clientecentrismo" vem sendo usada com tamanho exagero que está completamente desgastada. Só porque você envolve os clientes em seu processo de P&D, por exemplo, não significa que seu profissional de vendas mediano compreenda, nas palavras de um dos membros do SEC, "o que seu maior cliente faz e que dificuldades enfrenta dez horas por dia em seu escritório". É isso que seria clientecentrismo no mundo das vendas — e é muito raro que os vendedores tenham essa noção.

O resultado é muito simples: se você de fato quer construir uma organização "clientecêntrica", terá na verdade de construir uma organização centrada em ideias — um empreendimento comercial focado especificamente na geração de ideias inéditas, que revelem aos clientes outras maneiras de pensar não só acerca dos produtos e soluções que você oferece, mas também de suas próprias atividades.

NÃO HÁ COMO SE ESQUIVAR DA "PERGUNTA DEB OLER"

"Por que seus clientes comprariam de você, e não da concorrência?"

A VENDA DESAFIADORA

Se você não consegue responder essa pergunta, não está seguindo o Modelo Desafiador de Vendas.

A abordagem Desafiadora trata de reestruturar a visão de mundo do cliente, de modo que ele considere novas maneiras de economizar ou ganhar dinheiro. Das muitas ideias para ganhar ou poupar dinheiro que seus clientes podem valorizar, porém, a maioria não terá relação com recursos em que você supera a concorrência. Se você não for capaz de identificar seus diferenciais — por que seus clientes devem comprar de você, e não de um concorrente —, não poderá ensiná-los a valorizar aquilo que o torna único.

Toda empresa possui algum diferencial exclusivo, do contrário provavelmente não existiria. Portanto, quando se trata das ideias que levam a esses benefícios únicos, não há necessidade de começar do zero. As boas organizações de marketing compreendem que contam com Desafiadores em campo neste exato momento, apresentando aos clientes novas ideias para renovar seus próprios esforços a fim de criar recursos mais escalonáveis e sustentáveis de didática comercial.

JAMAIS PRONUNCIE ESTAS DEZ PALAVRAS

Dê uma boa olhada em seu discurso padrão de vendas, expresso na seção "quem somos" do site da sua empresa ou no seu material de RP. Localize todas as ocorrências das palavras "líder", "único", "solução" ou "inovador". Assinale, principalmente, todas as vezes em que aparece a frase "trabalhamos para compreender as necessidades únicas dos nossos clientes e criamos soluções customizadas para atendê-las". Feito isso, apague tudo — porque todas as vezes que você lança mão de um desses chavões, a mensagem para os seus clientes é "somos exatamente iguais a todo mundo".

Por ironia, quanto mais tentamos ressaltar nossas diferenças, mais indiferenciado parece o discurso. O especialista em relações públicas Adam Sherk recentemente analisou as expressões utilizadas nas comunicações empresariais, e suas conclusões foram devastadoras. Eis as dez primeiras:

224

LIÇÕES DE IMPLEMENTAÇÃO DOS PIONEIROS

Chavão/ Jargão de marketing/ Expressão usada com exagero	Citações em *press releases*
1. Líder	161 000
2. Primeiro	44 900
3. Melhor	43 000
4. Principal	32 500
5. Único	30 400
6. Ótimo	28 600
7. Solução	22 600
8. Maior	21 900
9. Inovador	21 800
10. Inovação	21 400

Por definição, só pode haver um líder por indústria — e 161 mil empresas julgam ocupar essa posição. Mais de 75 mil empresas se acham as "melhores" ou as "principais"; 30,4 mil se consideram "únicas". "Solução" também aparece, em sétimo lugar — portanto, se você acha que chamar o que você oferece de "solução" é um diferencial, trate de rever os seus conceitos. Se todo mundo diz que oferece uma "solução líder", o que o cliente vai pensar? Já podemos prever o que ele vai responder: "Ótimo — mas quero 10% de desconto". Não queremos parecer antipáticos. Você vai ver que é difícil evitar esses termos — afinal, chamamos nosso próprio setor de consultoria de "SEC Solutions"!

Em todo o nosso tempo no SEC, jamais conhecemos um membro que não acreditasse que a proposta de valor de sua empresa arrasava com a da concorrência. É compreensível. Afinal, por que iríamos querer trabalhar para uma empresa cujo produto é de qualidade inferior — sobretudo quando nosso trabalho é justamente vender esse produto? Por ironia, o que a mera pasteurização da linguagem nos informa aqui é que adotar a estratégia de descrever com maior precisão as vantagens dos nossos produtos em relação aos da concorrência está fadado a ter exatamente o efeito oposto — acabamos cada vez mais parecidos com todos os outros.

Os clientes dos membros do SEC nos disseram a mesma coisa: por melhores que sejam seus produtos, não são tão diferentes assim dos da concorrência. Por mais que você diga e repita aos seus clientes "estamos aqui para agregar um valor quantificável aos seus negócios", não se esqueça de que o próximo vendedor que entrar pela porta dirá exatamente a mesma coisa. Certa vez conversamos com um executivo de compras de uma empresa de alimentos que comentou: "Sempre que eu ouço a palavra 'valor' todas as minhas defesas se armam, porque é aí que eu sei que vão tentar me vender alguma coisa". Assim como um pai ou uma mãe consegue discernir entre seus filhos gêmeos como mais ninguém é capaz, você consegue perceber as nuances e exclusividade de seus produtos — mas seus clientes, provavelmente, não.

Entretanto, é possível, sim, se diferenciar da concorrência. O truque é não tentar descrever seus diferenciais, mas fazer com que seus clientes os valorizem. Para tanto, lembre-se de duas coisas: primeiro, seja memorável, não agradável. É prazeroso bater um papo de negócios sobre lucros e recursos, ou ter uma conversa informal sobre esportes e filhos, mas a menos que você conduza o diálogo de modo a que gire em torno de uma ideia provocante ou sem igual, o cliente vai esquecer tudo o que você tiver dito assim que você sair. Ser diferente pode parecer arriscado, mas é melhor do que ser esquecido.

Segundo, construa um discurso que leve à sua solução, não que comece por ela. Antes mesmo de falar dos seus recursos, mostre aos clientes um problema que eles nem ao menos sabiam que tinham — e que justamente você é capaz de resolver melhor do que os seus concorrentes. Só então introduza os detalhes da sua solução específica.

Lições para todos os gerentes da linha de frente

TOLERE UM GRAU (LIMITADO) DE REJEIÇÃO AO MODELO

Uma das perguntas que ouvimos com maior frequência diz respeito aos profissionais de alto desempenho que não são Desafiadores. Será que as organizações devem obrigar aqueles de seus vendedores que ultra-

LIÇÕES DE IMPLEMENTAÇÃO DOS PIONEIROS

passam as metas, mas são mais propensos a uma abordagem de vendas peculiar, diferente da do Desafiador, a mudar seu modo de lidar com os clientes? Nossa resposta é não, isso é desnecessário, mas há alguns alertas importantes a considerar aqui.

Uma das lições que aprendemos acerca de qualquer tipo de alteração na organização de vendas é que as empresas não devem almejar 100% de adoção. Descobrimos que as melhores empresas visam a 80% de adesão a qualquer mudança — seja ela uma nova competência, ferramenta, processo ou sistema. Os 20% restantes são sempre dificílimos de alcançar. As organizações modelares aspiram aos 80% e deixam que o restante acompanhe em seu próprio ritmo, desde que esses profissionais estejam cumprindo as metas (e não estejam prejudicando o esforço mais amplo de transformação).

A mesma regra vale para a introdução da abordagem do Desafiador entre os profissionais de vendas. Alguns destes vão simplesmente opor resistência e apontar seu desempenho como prova de que não precisam mudar. Tudo bem, desde que continuem batendo as metas. Nossa opinião é a seguinte: quando um novo padrão de excelência em vendas tiver sido definido pela organização (nesse caso, o Modelo Desafiador de Vendas), os que se recusarem a enveredar por esse caminho serão de fato os novos Lobos solitários. E, como já discutimos aqui, a regra para líder com esse tipo de profissional é "viva pela espada, morra pela espada": assim que seu desempenho escorregar, eles terão de adotar a nova abordagem ou ceder seu lugar na organização para quem a aceitar.

Os profissionais de alto desempenho seguem um código comum — estão sempre ávidos por descobrir como melhorar seus próprios resultados. Portanto, em geral são os primeiros a experimentar as novidades. São como atletas de elite. Os atletas de alto desempenho estão sempre procurando aquele quê a mais capaz de ampliar sua vantagem. Se houver uma nova tecnologia capaz de ajudar, eles a adotam. Se houver um novo método de treinamento em que acreditem, vão incorporá-lo. Caso se demonstre que uma nova competência gera melhores resultados, eles querem. Os vendedores de maior destaque não são diferentes. São aqueles que leem sobre vendas (e muitos provavelmente passaram à sua frente na leitura deste livro). Estão sempre em busca de ferramentas e

227

A VENDA DESAFIADORA

modos de se comunicar e de se posicionar nas negociações que tenham sido usados com êxito por seus pares.

Como atletas de elite, porém, os vendedores de alto desempenho são altamente segregacionistas. Se não virem valor em uma nova abordagem, vão rejeitá-la. Portanto, se as empresas identificarem seus Desafiadores de melhores resultados (bem como os gerentes de alto desempenho que apresentem habilidades de Desafiadores) e os transformarem em ícones desde o começo, o resto da organização provavelmente os acompanhará.

Atualmente, o Modelo Desafiador de Vendas é uma abordagem nova, mas logo se tornará o padrão. Os que se recusarem a adotá-lo enfrentarão dificuldades crescentes para lidar com seus clientes quando estes cada vez mais forem abordados pelos representantes de outras empresas que façam uso dessa metodologia. O estado da arte se transforma e evolui. Os pioneiros se verão em vantagem, naturalmente, mas cedo ou tarde a adoção deixará de ser uma opção para tornar-se incontornável.

Para os líderes de vendas que estiverem lutando com aqueles "20% restantes" que se recusam a aderir agora ao novo esquema, é apenas uma questão de tempo. Se esses profissionais estiverem superando as metas, que vendam como bem entenderem. Mas será cada vez mais difícil para eles sustentar sua superioridade a cada ano, e a frustração por verem usurpado seu lugar nos rankings da organização acabará por induzi-los a experimentar os novos métodos também.

BAIXAS ESPERADAS

Alguns dos seus profissionais de vendas — a julgar pela nossa experiência, entre 20% e 30% — provavelmente não conseguirão fazer a transição para o modelo Desafiador, talvez por estarem demasiado presos ao seu próprio estilo, ou talvez por, ao depararem com o perfil Desafiador, sua reação seja "esperem aí, não era isso que me interessava aqui".

Isso não significa que sejam maus funcionários. Mas não significa também que você vá querê-los em cargos em que seja preciso cumprir metas, sobretudo em suas contas mais complexas. Muitos dos membros do SEC descobriram que esses profissionais são muito adequados, por exemplo,

228

para funções de atendimento ao cliente, ou (o que pode parecer mais intrigante) para uma atribuição de marketing ou especialista em produto — lugares em que sua familiaridade com a linha de frente dos negócios é importante, mas eles não se veem obrigados a lidar com os clientes de maneira desafiadora, como os representantes comerciais terão de fazer.

De todo modo, não se esqueça de que se 20% a 30% da sua força de vendas não conseguir realizar a transição, isso significa que 70% a 80% conseguirão — uma ótima notícia para líderes de vendas. Lembre-se de que não se trata de reescrever o DNA de ninguém, nem de mudar quem as pessoas são. Trata-se de muni-las das competências, ferramentas e *coaching* necessários para agirem como Desafiadoras quando se virem diante do cliente — algo que muitos profissionais não só serão capazes de fazer, como se mostrarão entusiasmados para tentar. Trata-se de um caminho novo e muito mais palpável para o êxito profissional do que qualquer possibilidade que já se tenha descortinado diante deles no passado. Não estamos pedindo a ninguém que mude quem é, apenas que modifique seu estilo de venda.

UM PILOTO ANTES DO LANÇAMENTO PODE SER UMA BOA IDEIA

A W.W. Grainger, Inc., cujo perfil traçamos no capítulo 5, adotou uma abordagem muito cautelosa, baseada em um projeto piloto, a fim de lançar o novo modelo de vendas e apresentar os novos materiais de vendas. A maioria das empresas realiza testes com novas ferramentas a fim de compreender que modificações devem ser efetuadas antes de adotá-las em toda a organização, mas a Grainger vai um passo adiante. Adotam ferramentas-piloto para compreender quando e por que a implementação vai estacionar. São quatro as perguntas que pretendem responder, especificamente:

1. Qual o tamanho do grupo pioneiro para essa ferramenta (ou seja, quando a curva de adoção provavelmente vai estabilizar)?
2. Quem são os pioneiros, e em que diferem dos que não adotam o novo método?

A VENDA DESAFIADORA

3. Que critérios podemos mensurar para prever com maior acurácia o impacto dessa ferramenta?
4. O que podemos aprender com essa experiência para melhorar o impacto da ferramenta e ampliar a adesão entre a maioria que não vai adotá-la?

Respondendo a essas perguntas, a equipe de operações de vendas da Grainger consegue elaborar um plano para romper a cristalização quando ela se instalar durante a implementação.

A Grainger percebe que a equipe de vendas tende a agrupar-se naturalmente em um destes quatro grupos na hora de decidir aderir ou não a uma ferramenta: pioneiros, maioria, retardatários e recusantes. Qualquer tentativa muito precoce de impor a adoção a um dado segmento antes de conseguir consolidar o segmento anterior pode ser um desperdício de energia organizacional. Por exemplo, a maioria da população espera para observar o êxito inicial da ferramenta, ao passo que os retardatários precisam ver o sucesso junto a um colega mais próximo do seu grupo antes que sua aceitação se dê. Visar à população correta no momento certo, com os aliados mais adequados e por meio dos canais certos é a chave para que a adoção ultrapasse o "abismo" com que as empresas costumam se deparar depois da adesão de todos os pioneiros — de maneira muito similar à introdução de um novo produto no mercado.

Uma última observação a respeito da prática da Grainger: a proximidade faz diferença. Se há uma coisa que os gerentes de vendas adoram fazer é dizer aos seus profissionais de desempenho mediano que façam o mesmo que os de desempenho mais alto. Contudo, usar o comportamento dos representantes comerciais de maior destaque como exemplo para "vender" a mudança entre seus funcionários pode acabar levando ao fracasso. Em termos de prescrição das medidas certas, seguir o exemplo do pessoal de melhor desempenho é a melhor jogada — e este livro explica em detalhes nossa perspectiva de um leque específico de comportamentos de vendedores de alto desempenho que você deve procurar reproduzir — mas, quando se trata de implementar essa mudança, a abordagem de "faça o que os profissionais de melhores resultados estão fazendo" pode acabar causando mais mal do que bem.

230

Por quê? As pessoas não começam a usar uma ferramenta ou a praticar determinados comportamentos por causa do desempenho de seus colegas mais bem-sucedidos, mas porque pessoas como elas estão logrando êxito. Para disseminar a nova abordagem pela força de vendas como um todo, você deverá buscar e registrar exemplos de profissionais medianos em mercados distintos ou com carteiras de produtos distintas que conseguiram passar, com sucesso, de não Desafiadores a Desafiadores — o que, naturalmente, só vai acontecer com o tipo certo de piloto.

A TERMINOLOGIA IMPORTA

Sabemos que o termo "Desafiador" pode causar nas pessoas a impressão errada. Nesse sentido, já presenciamos todo tipo de reação de repulsa. Algumas empresas temem que a palavra leve seus representantes a pensar que podem se expressar de maneira agressiva ou bruta no mercado. Outras temem que o estabelecimento do contraste com o Construtor de relacionamentos levará os profissionais de vendas a achar que os relacionamentos perderam a importância para os negócios.

Alguns dos membros do SEC nos perguntam por que não chamar o Desafiador de "Novo Construtor de relacionamentos" se, de fato, dizemos que o Desafiador na verdade constrói relações mais fortes com os clientes. O motivo é simples: ninguém quer saber de "Novos Construtores de relacionamentos". Se você não acredita, pergunte-se o seguinte: você teria comprado este livro se ele falasse do desenvolvimento de "Novos Construtores de relacionamentos"? A resposta quase certamente é não.

Para fazer a organização prestar atenção à mudança que você está tentando promover, é preciso criar dissonância cognitiva. É preciso haver um momento em que os vendedores ouçam, com clareza, um "faça isto, não aquilo". Se o novo modelo parecer não passar de uma variação do antigo... bem, por que nem sequer se dar ao trabalho? Afinal, mudar dá muito trabalho. Se os profissionais anteveem um claro movimento de A para B (em vez de uma passagem de A, versão 1.0, para A, versão 2.0), serão muito maiores as chances de que percebam uma mudança efetiva em vez de enxergar apenas a onda desta semana — ou, pior, mais do mesmo.

Não dilua a mensagem. Parte do vigor desta pesquisa (como confirmam os pioneiros na adoção do modelo) reside no contraste por ela estabelecido entre o estilo antigo de venda e o novo, mais eficaz. Se a mensagem for alinhada ao estilo antigo, os profissionais entenderão que podem ajustar seu comportamento de maneira marginal, não conseguirão enxergar a novidade nem farão nada diferente, em consequência. A melhor medida da força da mensagem enviada à organização é o número de pessoas que discordam e querem discutir — o que provavelmente se aplica a qualquer coisa, mas é particularmente verdadeiro quando se trata da promoção de mudanças na organização de vendas, cuja inércia em relação ao "modo como as coisas sempre foram feitas" pode ser, no mínimo, difícil de romper.

Se você for um líder de vendas ou profissional de treinamento, portanto, precisará ser, você mesmo, um Desafiador. Ensine os vendedores a valorizar a mudança que você está vendendo para eles. Escolher palavras doces, que não exasperem ninguém, talvez faça todo mundo na organização sentir-se bem, mas pode ter certeza de que poucos se lembrarão do que você disser e, por conseguinte, suas chances de provocar uma mudança serão bem menores. E, como sabemos, o mesmo vale para representantes comerciais em suas apresentações para seus clientes — é justamente o desejo dos Desafiadores de gerar uma tensão construtiva (em geral por meio de uma linguagem específica e dados que reestruturam a visão de mundo do cliente) que cria uma experiência de vendas diferenciada, que tenha como efeito último criar clientes mais fiéis.

CUIDADO COM A ARMADILHA DO
"AQUI ESSE NEGÓCIO DE DESAFIAR NÃO FUNCIONA"

Uma pergunta que ouvimos dos membros do SEC que operam organizações de vendas em âmbito global é se o Modelo Desafiador de Vendas seria adequado para mercados não ocidentais. Em sua origem, essa in-

LIÇÕES DE IMPLEMENTAÇÃO DOS PIONEIROS

dagação normalmente se baseia na preocupação de que em determinados mercados, sobretudo no Pacífico asiático, o "desafio" possa ser considerado agressivo, arrogante e potencialmente ofensivo aos clientes.

Argumentamos que um dos preceitos fundamentais do modelo Desafiador (o de que os clientes recompensam as organizações e representantes comerciais que têm ideias a contribuir) é válido independente de onde ou para quem se venda — o que é corroborado não só por nosso próprio estudo de fidelidade, que incluiu clientes do mundo todo, mas também pelos membros do SEC, muitos dos quais têm anos de experiência gerenciando organizações de vendas em mercados estrangeiros. A ânsia por novas ideias que ajudem a ganhar ou economizar dinheiro não se limita aos clientes ocidentais.

Por outro lado, certos conceitos provavelmente precisam ser adequados para que os profissionais de vendas e seus gerentes, em determinados mercados geográficos como o Pacífico asiático, não os rejeitem logo de saída. Constatamos que certas organizações de vendas asiáticas hesitam diante do termo "Desafiador" e não gostam da ideia de "ensinar" os clientes. Problema e solução são de natureza semântica. Embora objetemos à diluição da mensagem do Desafiador mediante uma mudança de nome, é relativamente fácil substituir termos como "ensinar" por "compartilhar e apresentar ideias".

Uma de nossas integrantes contou-nos sua experiência ao apresentar o trabalho sobre o Desafiador às suas forças de vendas na China. Para sua surpresa, a reação às suas primeiras apresentações não podia ter sido menos entusiástica. Após três sessões com as equipes de vendas locais, ela puxou um de seus mais antigos subordinados diretos de lado para lhe perguntar por que os vendedores e seus gerentes não demonstravam o menor interesse pelo conceito de Desafiador — afinal, seus colegas americanos e europeus haviam ficado muito empolgados. Seu subordinado explicou que as equipes de vendas achavam a pesquisa interessante, mas a linguagem os preocupava um pouco. Então, sugeriu uma ligeira modificação: que ela acrescentasse a palavra "respeitosamente" a verbos como "ensinar", "desafiar" ou "assumir o controle". Na sessão seguinte, com essa pequena alteração, ela percebeu um envolvimento muito maior de seus ouvintes na discussão, fazendo muitas perguntas e debatendo abertamente como "desafiar respeitosamente" o pensamento de seus clientes mediante a apresentação de novas ideias.

Por mais válido que seja o desafio nos mercados não ocidentais, o modo de desafiar provavelmente será ligeiramente diferente. O modo de apresentar e discutir as ideias com o cliente pode variar, dependendo de padrões culturais de comportamento, mas isso em nada difere do modo como as vendas sempre se deram. Embora os princípios básicos sejam os mesmos para todas as culturas, sua execução varia conforme as normas locais de comportamento e diálogo. Em outras palavras, desafie, mas não deixe de personalizar!

COMECE JÁ

Já dissemos, mas vamos repetir. Se você quer uma solução rápida, melhor buscar em outro lugar. Já vimos alguns resultados rápidos do Modelo Desafiador de Vendas — uma empresa que ajudamos a implementar o modelo relatou um aumento de 6% em sua participação no mercado em doze meses, e outra fechou o maior negócio de sua história um trimestre após iniciado o treinamento —, mas a "instalação" não é completada de uma hora para outra.

O Modelo Desafiador de Vendas é uma transformação comercial. Para implementá-lo corretamente são necessárias mudanças significativas no modo como vendas e marketing interagem, no tipo de ferramentas que você fornece aos seus profissionais de vendas, no tipo de representantes comerciais que você recruta, no tipo de treinamento que lhes oferece e no modo como os gerentes interagem com eles. Implementar tudo isso corretamente não é tarefa fácil. A maioria das empresas cujo perfil traçamos neste livro é testemunha de que tamanha transformação levou não apenas meses, mas anos, e que seu trabalho continua até hoje. Como já dissemos antes, o Modelo Desafiador de Vendas constitui um novo sistema operacional para a organização comercial, não apenas mais uma aplicação "turbinada" para o sistema já existente.

Nem tudo são más notícias, porém. Mexer-se agora significa mudar o modo como seus representantes comerciais interagem com os clientes

LIÇÕES DE IMPLEMENTAÇÃO DOS PIONEIROS

antes que a concorrência o faça — e os dados são muito claros quanto ao que os clientes querem. Enquanto a concorrência espalha Construtores de relacionamentos preparados apenas para conversas baseadas em fatos, características e benefícios, os seus profissionais Desafiadores estarão compartilhando ideias e revelando aos clientes problemas que eles nem sabiam que tinham. Os representantes da concorrência ganharão olhares mal disfarçados para o relógio e ofertas vazias de "retorno sobre a sua proposta". Os seus conquistarão mais tempo com o cliente, convites francos para que voltem e promessas sinceras de medidas a tomar. Enquanto a concorrência concentra suas energias em procurar clientes, você estará em campo conquistando os seus.

Posfácio
Um desafio para além da venda

O COMENTÁRIO SE DEU NO INTERVALO de almoço de um de nossos encontros de membros, em fins de 2009. Havíamos acabado de apresentar nossas descobertas a respeito do Desafiador aos cerca de trinta membros participantes e o diretor de vendas de uma empresa de alta tecnologia virou-se para nós e disse: "Achei fascinante essa coisa de Desafiador, não pelo que fala sobre os vendedores, mas porque é a história da minha carreira nesta empresa".

Intrigados, perguntamos o que ele queria dizer. "Nem sempre trabalhei com vendas", explicou. "Cresci na engenharia, mas depois passei algum tempo no departamento de TI, em RH e em marketing. Vendas, na verdade, é novidade para mim. O mais interessante é que eu acho que a abordagem do Desafiador se aplica a quase todas essas funções." E prosseguiu: "Quando eu estava em TI, vivíamos discutindo como aumentar a capacidade da nossa equipe de agregar valor aos nossos clientes internos na empresa... isso de deixar de ser 'anotadores de pedidos' e passar a ser vistos como conselheiros de confiança, consultores, essas coisas. Depois, quando fui para o RH, era a mesma discussão. Idem no marketing. Esse é o espírito do Desafiador... e não é um problema apenas para o pessoal de vendas.

A VENDA DESAFIADORA

Vocês nunca pensaram em analisar esse modelo em um contexto que não seja o de vendas?".

Nós, na verdade, não, mas nossos colegas aqui do Corporate Executive Board sim.

Uma das maiores vantagens de se fazer parte de uma empresa como a nossa é que temos centenas de colegas no mundo inteiro produzindo conteúdos de ponta para toda função corporativa imaginável. O SEC faz parte da nossa divisão mais ampla de vendas e marketing, mas somos apenas uma de cinco grandes unidades da empresa; as outras são recursos humanos, finanças e estratégia, jurídico e conformidade e tecnologia da informação. No total, a empresa atende mais de 200 mil líderes de cerca de 4,8 mil organizações, em mais de cinquenta países. É uma perspectiva bastante abrangente para abordar qualquer questão empresarial. Assim, pegamos o telefone e perguntamos a alguns dos nossos colegas pesquisadores, e mesmo a alguns dos membros do SEC, se o modelo Desafiador se aplicava ao seu universo.

Fizemos uma descoberta fascinante, que sugere que o palpite do nosso amigo talvez estivesse certo.

Clientes internos também querem ideias

A essa altura do livro, uma coisa que deveria estar muito clara é que o que os clientes querem, acima de tudo, é que seus fornecedores lhes deem novas ideias para economizar e ganhar dinheiro, de maneiras que eles até então não haviam considerado. Não deveria ser nenhuma surpresa que os clientes internos queiram — ou, talvez seja mais acertado dizer, esperem — o mesmo dos outros cargos com que trabalham.

Vejamos o exemplo do RH. Nossa divisão que atende diretores de recrutamento, a CLC Recruiting, chegou à conclusão de que, de todos os fatores que contribuem para a eficácia dos recrutadores, sua capacidade de atuar como consultores estratégicos respondia por 52% da eficácia, comparados a 33% relacionados à gestão de infraestrutura e apenas 15% à capacidade de gerenciar o processo de recrutamento. É uma descoberta notável. O mais interessante, porém, é que apenas

UM DESAFIO PARA ALÉM DA VENDA

19% dos recrutadores efetivamente se qualificariam como verdadeiros consultores para os colegas, segundo seus líderes.

Já ouvimos algo muito similar de nossos colegas da unidade de TI do CEB. No ano passado, nosso programa que atende CIOS (gerentes/diretores de TI), o CIO Executive Board, examinou a questão de como aumentar o valor agregado pelos elementos de ligação de TI (o pessoal de TI que faz a interface com os executivos de linha) aos seus clientes internos. Tradicionalmente, é uma área em que os departamentos de TI encontram oportunidades de sobra para melhorar.

O CIO Executive Board descobriu que, entre 2007 e 2009, o percentual de líderes empresariais que classificavam seus respectivos departamentos de TI como "eficazes" no tocante à aplicação dos recursos de TI às necessidades da empresa havia caído, na verdade. Em 2007, 31% dos líderes classificavam seu pessoal de TI como "eficaz", mas em 2009 esse número havia encolhido para 26%. E não é apenas a alta gerência que acha que o departamento de TI tem espaço para melhorar; os usuários finais também. Em uma pesquisa de 2009, realizada junto a mais de 5 mil usuários finais, descobrimos que assombrosos 76% discordavam da afirmação de que seu desempenho no trabalho havia melhorado graças a algum novo sistema introduzido pelo pessoal de TI.

O que constatamos em TI é muito semelhante à nossa descoberta em recrutamento e, claro, vendas. Os clientes internos querem que seus colegas de TI lhes apresentem novas formas de usar a tecnologia para economizar ou poupar dinheiro. É ótimo que prestem serviços com eficiência, mas o que a empresa valoriza de verdade são ideias para aumentar sua eficácia na competição.

Vamos refletir sobre os paralelos. Em nosso estudo sobre clientes pessoas jurídicas, constatamos que 53% da fidelidade deviam-se à experiência de vendas — especificamente, a capacidade do fornecedor de dar ideias únicas ao cliente. São resultados muito parecidos com o que vimos que faz com que recrutadores e pessoal de TI sejam percebidos como eficazes em seus respectivos cargos. Percebemos também que os profissionais de vendas capazes de apresentar as ideias únicas que os clientes desejam — os profissionais Desafiadores — representam apenas 27% de toda a força de vendas. Novamente, um dado muito similar ao descoberto por nossos colegas em recrutamento e TI.

Deixando de ser um "anotador de pedidos"

O corolário de ser um Construtor de relacionamentos como vendedor é que você será visto como um "anotador de pedidos" por outras áreas funcionais. Ouvimos essa afirmação vezes sem conta em nossas discussões com nossos colegas do CEB.

Nossa unidade de comunicações corporativas, o Communications Executive Council [Conselho Executivo de Comunicação], informou-nos que os comunicadores lutam há muito tempo para subir na cadeia de valor junto a seus clientes internos. Querem passar de "gerenciar a mensagem" a "gerenciar a discussão" — mas, para tanto, precisam praticar uma certa "surdez tática". Em outras palavras, os líderes de comunicações empenham-se em fazer com que suas equipes deliberadamente ignorem a tática específica solicitada por determinado cliente (por exemplo, "precisamos de um *press release* sobre tal e tal assunto") para, em vez disso, investigar as razões estratégicas por trás do pedido ("precisamos fazer com que nossos concorrentes saibam que estamos entrando nessa área"). Assim, o comunicador experiente não raro vai identificar oportunidades de oferecer um valor muito maior do que o que se conseguiria mediante o mero "atendimento do pedido".

Uma das melhores práticas que ensinamos aos membros do SEC em nossos programas de comunicação nos foi apresentada pela VP de comunicações de um fabricante automobilístico, que ensinou sua equipe a praticar um processo de cinco passos a fim de aplicar um rigoroso pensamento crítico aos problemas de seus parceiros. O processo faz com que as soluções de comunicações da empresa tenham como alvo as lacunas de desempenho mais significativas desses parceiros. A adoção de tal processo de resolução de problemas por parte do pessoal de comunicações reforçou a qualidade e o impacto de suas soluções para os problemas empresariais e aumentou a transparência

UM DESAFIO PARA ALÉM DA VENDA

da contribuição das comunicações para as melhorias de desempenho. Assim, essa prática tem ajudado a posicionar a função como um parceiro consultivo, capaz de incrementar os resultados. Às vezes, o que está em jogo é ainda mais alto, quando as empresas recorrem a funções centrais como estratégia, P&D e compras não só para anotar pedidos, mas para certificar-se de que a empresa como um todo esteja rigorosamente atenta às suas premissas — quer elas digam respeito a uma nova oportunidade de mercado ou ao preço a pagar por informações e materiais críticos.

Nosso programa de compras, o Procurement Strategy Council [Conselho Estratégico de Aquisições], recentemente examinou como os líderes de compras podem preparar seus gerentes para desafiar em profundidade as crenças mais arraigadas de seus clientes. "A fim de gerar ideias de fato inovadoras", explicaram-nos os nossos colegas, "o pessoal de compras deve ser capaz de compreender a estratégia e — mais importante — as premissas a ela subjacentes. Munidos desse conhecimento, podem ir além da análise dos dados sobre gastos e buscar outras áreas que poderiam se beneficiar de suas competências especializadas. Uma vez apreendidos os pressupostos por trás da estratégia de negócios, o pessoal de compras deve atacar os pontos fracos, a fim de identificar aquelas partes da estratégia que se baseiam em premissas falsas ou questionáveis. Desafiá-las e propor uma alternativa superior vai acarretar melhorias significativas para a empresa."

Pesquisa e desenvolvimento (P&D) é outra área em que o questionamento de premissas e crenças muito arraigadas é de suma importância para que a organização não seja pega de surpresa por riscos imprevistos nem acabe aprisionada em suas próprias propensões. Para conseguir emergir da economia vacilante em vigor, as empresas partiram em busca de "inovações transformadoras" por parte de seus grupos de P&D — em outras palavras, estão à procura de alimento para as engrenagens da inovação. A recompensa é imensa: nossa unidade de P&D, o RTEC (Research and Technology Executive Council) [Conselho Executivo de Pesquisa e Tecnologia], descobriu que as organizações de P&D que conseguem alimentar o crescimento com ideias transformadoras geram o dobro de vendas de novos produtos em relação às demais. Além disso, as ideias transformadoras apresentam ciclos de desenvolvimento 11% mais acelerados que os da concorrência, já que, por serem bem estruturadas e ligadas às necessidades do mercado, demandam menos retrabalho. Nossos colegas descobriram que, de todas as competências que um departamento de P&D deve possuir, "influência estratégica" — isto é, a capacidade de influenciar as estratégias corporativas e de negócios — foi a que apresentou o melhor retorno em termos de possibilitar essas ideias transformadoras. Ao mesmo tempo, quase 70% dos diretores de P&D pesquisados por nossa empresa informaram que faltava às suas equipes essa habilidade fundamental.

A questão aqui, para a maioria das organizações, é que é justamente na boca do funil de inovações que muitas boas ideias morrem. O fato é que as empresas com frequência deixam escapar inovações transformadoras em virtude da incapacidade do setor de P&D de convencer seus parceiros internos do mérito de uma ideia. A razão por que tão poucas boas ideias alcançam sucesso no mercado é, em geral, porque o pessoal de P&D as produz mas não consegue convencer a empresa da sua relevância ou não consegue relacioná-las a necessidades do mercado.

Em resposta, nossos colegas do RTEC reuniram uma série de melhores práticas — não muito diferentes das que apresentamos para sustentar o Modelo Desafiador de Vendas. As práticas que têm ensinado a seus membros estão relacionadas a novas maneiras de preparar os profissionais de P&D para desafiar as premissas mais arraigadas da empresa, evitando a rejeição automática de novas oportunidades e reduzindo o tempo necessário à obtenção de feedback para ideias ainda em seus estágios iniciais.

Falando a linguagem dos negócios

Uma armadilha corriqueira, mas muito tática, com que vemos os diversos setores das empresas se depararem é a dificuldade de comunicar-se com seus parceiros internos em termos que eles compreendam. Em geral, isso se dá por serem especializados no domínio específico de suas atribuições, e, por mais confiança que esse conhecimento — seja

UM DESAFIO PARA ALÉM DA VENDA

no campo jurídico, de TI ou RH — inspire em seus parceiros, não ajuda muito esses especialistas em apresentar ideias e novidades de uma maneira instigante.

Uma prestadora de serviços financeiros com que trabalhamos em nosso programa de atendimento a clientes, o Client Contact Council, descreveu-nos um problema permanente nessa área: fazer a empresa agir a partir das reclamações dos clientes. Tradicionalmente, costumavam apresentar esses dados em "termos de *call center*", ou seja, expressos em número de chamadas, tempo total necessário para lidar com as reclamações etc. Perceberam, porém, que era difícil sensibilizar seus clientes internos. Desenvolveram então um modelo de "impacto da queixa sobre o mercado" que os ajudou a calcular, para cada reclamação de cliente, o impacto financeiro mais provável para a empresa. De repente, seus clientes internos eram todos ouvidos. Segundo o VP de atendimento ao cliente, "sempre há problemas de atendimento que acabam arraigados na organização. Esses dados — por serem expressos em termos claros, que não é possível ignorar — expõem os problemas de forma inegável. Ajudam a identificar problemas sistemáticos e a convencer os outros de que vale a pena associar-se à gente para corrigi-los".

Um dos problemas mais graves, no que diz respeito ao jargão técnico, é o jurídico, como função técnica dentro das grandes empresas. Um membro do nosso programa jurídico, a General Counsel Roundtable, contou-nos que essa é uma área em que ele despende uma bela quantidade de tempo e energia desenvolvendo sua equipe: "as competências adquiridas pelos advogados na faculdade de direito não são as mesmas que garantirão sua eficácia em um contexto empresarial. Como estudantes de direito, aprendem a escrever longas petições técnicas — ótimas para os juízes, mas terríveis para as pessoas de negócios. Dedicamos um bom tempo mostrando como comunicar-se com os parceiros internos. Chego a fazer *coaching* de comunicações para ajudá-los a parar de usar expressões como 'ao passo que' e 'supracitado' em suas apresentações. Eles devem ser capazes de se envolver com a empresa para serem bem-sucedidos nesse meio".

Ele explica ainda que não é só o jargão técnico que prejudica a efi-

243

cácia dos advogados em suas relações com os clientes internos, mas também sua predisposição natural a limitar-se a descrever possibilidades, em vez de apresentar opções que facilitem a tomada de decisões: "Os advogados gostam de dar respostas vagas — tal decisão 'pode ser favorável ou não' —, que não são úteis para os nossos clientes. Não dá para tomar decisões bem fundamentadas assim". Para ajudar a desfazer essa mentalidade advocatícia, ele recruta um especialista externo, que ensina a fazer projeções de risco em litígios. "Ninguém tem bola de cristal", explica, "mas podemos descrever as probabilidades das decisões e fazer estimativas de prejuízos em potencial — o que é muito mais útil para nossos parceiros do que dizer que determinado julgamento pode ter 'este ou aquele resultado'."

Conquistando um lugar à mesa

Se livrar dos jargões e falar em linguagem empresarial talvez bastem para que você seja ouvido pela organização, mas dificilmente lhe valerão convites para reuniões importantes sobre estratégia ou o converterão em uma voz "obrigatória" nos momentos de decisão de alto risco. São medidas que o ajudarão a não ser ignorado, mas provavelmente não farão com que você seja procurado. Para conquistar "um lugar à mesa", a equipe de apoio organizacional precisa apresentar ideias instigantes, e não haverá muitas segundas ou terceiras chances junto aos atarefados executivos da linha de frente.

Uma das nossas táticas prediletas para aproveitar essas ocasiões para "fincar a bandeira" e fazer da sua equipe um parceiro de negócios indispensável nos foi apresentada por nosso programa de pesquisa de mercado, o Market Research Executive Board [Conselho Executivo de Pesquisa de Mercado]. Os pesquisadores de mercado enfrentam todos os problemas que discutimos até aqui — na maioria das empresas, criam uma reputação de não passarem de "anotadores de pedidos" e têm grande dificuldade para estabelecer uma troca com seus parceiros, por se manterem restritos ao próprio campo de atuação.

A abordagem em questão nasceu em uma empresa de alta tecnologia

UM DESAFIO PARA ALÉM DA VENDA

cujo líder de pesquisa havia identificado uma série de oportunidades de pesquisa de mercado que gerariam dados cruciais para os debates estratégicos em curso nos escalões mais altos da companhia. O problema era que a função de pesquisa de mercado tinha acabado de ser centralizada na empresa, e não havia ainda conquistado um lugar à mesa, entre as demais lideranças seniores. Como explicou o líder de pesquisa na época, "conseguíamos identificar tópicos em que poderíamos fornecer orientações estratégicas à empresa, mas não estávamos ainda em posição de sermos ouvidos pela gerência. Primeiro, eles precisariam experimentar exatamente do que um consultor estratégico era capaz; o desafio, portanto, era encontrar a oportunidade para demonstrar as habilidades da minha divisão".

Para assegurar-se de que seu pessoal começaria com o pé direito, ele estabeleceu alguns critérios para não desperdiçar a chance de causar a melhor primeira impressão possível junto à alta gerência: (1) o projeto deveria corresponder a uma questão de peso entre os interesses da cúpula; (2) seria preciso uma alta probabilidade de que a equipe de pesquisa faria revelações significativas; (3) o projeto teria de se situar dentro do escopo de especialidade de sua divisão; (4) teria de haver uma alta probabilidade de resolução do problema; e (5) o projeto deveria ter pouca demanda de recursos. Parece familiar? Os critérios traçados por esse diretor de pesquisa de mercado são de fato muito semelhantes às características de um bom discurso didático. Aliás, alguns deles são idênticos à Estrutura SAFE-BOLD, que discutimos no capítulo 5.

Esses critérios ajudaram o departamento de pesquisa a expor ideias instigantes em sua primeira apresentação para a gerência, o que acabaria duplicando o número de projetos estratégicos nos quais sua presença era requisitada e aumentando em 65% seu orçamento. "O truque", explicou o diretor da equipe, "é encontrar o problema certo. Uma vez obtidos esses sucessos iniciais, as portas começam a se abrir e os executivos abrem espaço nas suas agendas para nós, porque sabem que teremos algo relevante a dizer."

Uma renovação permanente?

No Corporate Executive Board, oferecemos uma série de programas similares de treinamento para o pessoal de apoio nas empresas. Nossos programas de liderança em finanças e RH, por exemplo, têm como foco o desenvolvimento de competências de consultoria por profissionais de alto desempenho nessas diferentes funções em nossas empresas-membros. Analogamente, nosso programa de pesquisa de mercado promove treinamentos em competências de consultoria e apresentação. Todos esses serviços têm uma saída consistente, o que sugere que, ao menos por ora, trata-se de uma questão premente para os líderes funcionais. No entanto, será que a demanda por esse tipo de competência e recurso vai diminuir?

É difícil prever que competências estarão em voga daqui a cinco ou dez anos nas grandes empresas, mas podemos argumentar que dificilmente nossos clientes reduzirão o nível de exigência para seus colegas em funções de apoio num futuro próximo. Os clientes internos, assim como os externos, continuarão abertos a novas ideias para economizar ou ganhar dinheiro, e vão recompensar os fornecedores — sejam fornecedores externos ou aquelas funções da organização que lhes dão apoio interno — que trouxerem novas ideias à baila. Por mais que a cúpula não tenha alternativa senão trabalhar com um fornecedor interno, em geral é em seu bolso que a carteira fica guardada — e a diferença entre o orçamento necessário para manter o departamento funcionando e os recursos destinados a projetos e soluções de larga escala pode ser bem grande.

Suspeitamos que o conceito de Desafiador encontra tanto eco entre outras áreas funcionais além de vendas justamente por indicar uma alternativa promissora à situação atual em que muitos líderes se encontram. Assim como o fornecedor que luta pela fidelidade de um cliente, o que os líderes funcionais querem — para si mesmos e suas equipes — é um lugar à mesa onde as maiores decisões de negócios são tomadas. O modelo Desafiador oferece ao menos um ponto de partida para que essas equipes se destaquem e sejam incluídas de uma maneira fundamentalmente distinta daquela do universo reativo dos anotadores de pedidos.

Apêndice A

Guia de *coaching*
do Desafiador (fragmento)

ENSINAR

Perguntas de planejamento antes da visita

- Que problema de gestão você vai tratar com este cliente? Como você sabe que esse ponto é de vital importância para eles? Como, na sua experiência, empresas similares abordam esse problema?
- O quanto esta ideia parecerá nova ou intrigante para o cliente? Por que ela ainda não lhe ocorreu por conta própria?

Perguntas para o *debriefing* após a visita

- O quanto seu cliente ficou intrigado ou instigado pela(s) ideia(s) que você apresentou? Como você sabe?

Exercício para o *coaching* desafiador

Compreenda o contexto: escolha um cliente, real ou potencial, e responda as seguintes perguntas:

- Quais são os objetivos estratégicos da empresa para os próximos um a três anos?
- Em que ponto eles são mais fortes contra a concorrência? Onde ficam para trás?
- Como a função do seu contato ou alvo afeta os objetivos estratégicos e os pontos fortes e fracos da empresa?

Para o *coaching*, o gerente deve estabelecer uma parceria com o profissional de vendas a fim de identificar oportunidades de vincular as oportunidades comerciais do cliente aos pontos mais fortes da sua empresa, a fim de estruturar um discurso didático mais instigante.

PERSONALIZAR

Perguntas de planejamento antes da visita

- Quais são algumas das últimas tendências na indústria desse cliente? Como elas podem afetar essa empresa?
- O que a posição dessa empresa tem de único no mercado? Onde estão mais vulneráveis?

Perguntas para o *debriefing* após a visita

- O que você descobriu acerca dos motivadores econômicos do cliente?
- Que objetivos, motivações ou informações inesperados você encontrou? Como você respondeu?

APÊNDICE A

TOMAR O CONTROLE

Perguntas de planejamento antes da visita

- Quais são seus próximos passos a fim de assegurar o andamento do processo de compra?
- Qual é o seu entendimento do processo de compra do cliente?

Perguntas para o *debriefing* após a visita

- Qual a contribuição dessa conversa para o andamento da negociação?
- Nos momentos de tensão, seu impulso foi mitigar a tensão ou continuar pressionando? O que você fez?
- Quais são seus próximos passos?

Baixe um guia mais abrangente em <www.thechallengersale.com>

Incluindo:
- Exercícios de *coaching* e desenvolvimento
- Guias detalhados de comportamento do Desafiador
- Outras perguntas para antes e depois da visita
- Dicas para o desenvolvimento de uma equipe Desafiadora
- Exercícios de reunião de equipe
- Seu papel como líder Desafiador

A disponibilidade de materiais on-line é garantida até 10 de novembro de 2016.

Apêndice B

**Autodiagnóstico
do estilo de venda**

INSTRUÇÕES

Classifique cada uma das afirmações abaixo considerando como, em sua opinião, ela descreve o modo como você vende para seus clientes.

1 = Discordo inteiramente
2 = Discordo
3 = Neutro
4 = Concordo
5 = Concordo inteiramente

Declaração	Classificação
1) Sempre conquisto relacionamentos duradouros e úteis com os clientes.	
2) Proporciono efetivamente aos meus clientes uma perspectiva ímpar, transmitindo-lhes ideias novas e exclusivas que conduzem aos produtos e serviços da minha empresa.	
3) Sou um verdadeiro especialista nos produtos e serviços que vendo, superando confortavelmente o conhecimento que qualquer comprador especializado possa ter.	
4) Com frequência corro o risco de ser reprovado ao expressar minhas crenças acerca do que é melhor para o cliente.	

APÊNDICE B

Declaração	Classificação
5) Ao negociar uma venda, compreendo o que gera valor para diferentes pessoas na organização-cliente, adaptando minha mensagem adequadamente.	
6) Sou capaz de identificar as principais forças motrizes dos negócios do cliente e de personalizar minha abordagem com base nessas informações.	
7) Com relação ao atendimento dos pedidos do cliente, em geral resolvo tudo por minha própria conta.	
8) Nas negociações mais difíceis, sinto-me à vontade para induzir o cliente a tomar uma decisão.	
9) Sou capaz de discutir questões relacionadas a preços e reembolsos com meus clientes, em seus próprios termos.	
10) Provavelmente dedico mais tempo que os outros à preparação prévia de minhas visitas ou reuniões de vendas.	

GUIA DE PONTUAÇÃO

- Some sua pontuação nas respostas 2 e 3. Anote esse número na caixa "Ensina para diferenciar", abaixo.
- Some sua pontuação nas respostas 5 e 6. Anote esse número na caixa "Personaliza para encontrar eco", abaixo.
- Some sua pontuação nas respostas 8 e 9. Anote esse número na caixa "Assume o controle", abaixo.

Se você se atribuiu uma nota alta nas respostas 1, 4, 7 ou 10, isso significa que você apresenta tendências naturais de outros perfis de vendas. (1 é o Construtor de relacionamentos, 4 é o Lobo solitário, 7 é o Solucionador de problemas, 10 é o Empenhado).

Ensina para diferenciar

Personaliza para encontrar eco

Assume o controle

Em cada caixa:

- 8 ou mais: já é um belo começo; siga em busca de maneiras de desafiar os pontos de vista de seus clientes.
- 5 a 7: é uma boa base sobre a qual construir; escolha uma área de desenvolvimento e comece a se empenhar para desafiar mais.
- 4 ou menos: talvez esta seja uma abordagem nova para você; identifique a área em que se sente mais confortável e comece seu desenvolvimento pessoal por aí.

Apêndice C

Guia de contratação de Desafiadores: perguntas essenciais a serem feitas na entrevista

Competência	Definição	Exemplos de perguntas	Diretrizes de avaliação	Alertas vermelhos
Oferece ao cliente pontos de vista ímpares	• Reestrutura e desafia o modo como os clientes veem suas próprias atividades. • Alinha ideias com as maiores prioridades do cliente e as vincula aos diferenciais exclusivos do fornecedor.	• Como você costuma iniciar o diálogo com seus clientes? • Descreva uma ocasião em que você induziu um cliente a enxergar seu problema/necessidade de outra maneira. • Como você decide o que vai incluir em seu discurso de vendas? • Como você sabe que um cliente está se deixando convencer pelo seu raciocínio? • Descreva uma ocasião em que sua apresentação foi um fracasso. Qual foi a sua reação? • Como você adapta seu discurso de vendas a diferentes interlocutores?	• Estrutura o discurso de vendas de modo a destacar os benefícios para o cliente antes das vantagens oferecidas pelo fornecedor. • Apresenta ideias relevantes para os negócios do cliente e as relaciona claramente com os recursos do fornecedor. • Adapta o discurso de vendas a partir das reações do cliente.	• Discurso de vendas enfoca recursos e benefícios. • Ideias não alinhadas com as prioridades do cliente. • Incapaz de identificar os diferenciais do fornecedor. • Não consegue fazer ajustes durante sua exposição.

A VENDA DESAFIADORA

Competência	Definição	Exemplos de perguntas	Diretrizes de avaliação	Alertas vermelhos
Realiza comunicação de mão dupla	• Descreve com clareza a proposta de valor do fornecedor e envolve o cliente na atenção conjunta às prioridades de negócios. • Lê as pistas não verbais e identifica necessidades imprevistas por parte do cliente. • Capaz de coordenar e obter a adesão dos vários envolvidos na organização-cliente.	• Como você descreveria seu relacionamento típico com um cliente? • Como você induz os clientes a falar de suas prioridades de negócios? • Que pistas não verbais você busca durante as interações de vendas? • Descreva uma ocasião em que você abordou proativamente uma necessidade implícita do cliente. • Como você lida com os intermediários, a fim de obter acesso a executivos de agenda apertada? • Apresente um exemplo em que você superou uma dificuldade na coordenação de relações multidisciplinares.	• Seus relacionamentos baseiam-se na capacidade de contribuir para sanar pontos fracos do cliente. • Bem-sucedido na coordenação de vários silos, em resposta a necessidades complexas por parte do cliente.	• Não parece aberto e/ ou disponível. • Inflexível, gosta de ter a última palavra. • Incapaz de leitura de linguagem corporal. • Tem dificuldade para equilibrar relacionamentos múltiplos.
Conhece os valores que motivam cada cliente	• Possui profundo conhecimento das atividades do cliente e consegue discutir questões de diversos ângulos diferentes. • Fica à vontade conversando com um vasto leque de influenciadores.	• Que processo você adota para obter a adesão dos envolvidos na organização-cliente? • Como você identifica os principais responsáveis e influenciadores da decisão? • Como você decide o que tem e o que não tem importância para os responsáveis pelas decisões?	• Segue um processo estruturado para identificar os principais tomadores de decisões e suas principais prioridades. • Adapta seu discurso de vendas às demandas exclusivas do cliente.	• Não identifica todas as partes envolvidas na negociação. • Utiliza o mesmo discurso para todos os contatos na organização-cliente. • Seus relacionamentos mantêm a natureza transacional.

254

APÊNDICE C

Competência	Definição	Exemplos de perguntas	Diretrizes de avaliação	Alertas vermelhos
Conhece os valores que motivam cada cliente (continuação)	• Capaz de relacionar os recursos do fornecedor a metas individuais, a fim de superar obstáculos à compra.	• Descreva seu processo de pesquisa quando precisa informar--se a respeito das atividades do cliente. • Como você localiza potenciais inimigos nas organizações--clientes? • Descreva uma ocasião em que a sua oferta não correspondia às necessidades do cliente.	• Consegue realizar a transição do relacionamento fornecedor/vendedor para uma parceria para o cumprimento dos objetivos do cliente.	• Não tem clareza a respeito das prioridades de negócios do cliente.
Capaz de identificar motores econômicos	• Monitora atentamente a atividade econômica e industrial e compreende suas implicações para os negócios do cliente, inclusive novas oportunidades de negócios em potencial. • Mostra aos clientes as tendências da indústria e as melhores práticas adotadas por empresas similares.	• Como a atual crise econômica afetou um setor para o qual você vende? • Descreva uma ocasião em que você ajudou a moldar ou modificar as prioridades de um cliente. • Seus colegas o consideram um especialista em acontecimentos econômicos ou setoriais? Por quê? • Que recursos você alavanca para se informar acerca do ambiente empresarial? • Dê um exemplo de uma nova oportunidade de cliente que você identificou e buscou. • Conte um episódio em que você tenha compartilhado uma melhor prática da indústria com um cliente.	• Mantém-se a par do clima econômico e setorial e o correlaciona às atividades do cliente. • Clientes tomam a iniciativa de consultar o vendedor durante o processo de planejamento. • Com frequência identifica novas oportunidades de negócios que ampliem a participação na carteira.	• Não possui conhecimento aprofundado da indústria. • Incapaz de relacionar os fatos econômicos aos objetivos do cliente. • Incapaz de criar novas oportunidades para o cliente. • Incapaz de orientar os clientes com relação às suas prioridades de negócios.

A VENDA DESAFIADORA

Competência	Definição	Exemplos de perguntas	Diretrizes de avaliação	Alertas vermelhos
Sente-se à vontade discutindo sobre dinheiro	• Conhece a política de preços do fornecedor e da concorrência, e tem consciência do orçamento do cliente. • Relaciona claramente o valor dos produtos e serviços do fornecedor ao custo do acordo, a fim de superar objeções de preço. • Reconhece quando abrir mão de uma venda.	• Descreva uma ocasião em que você tenha conseguido a aprovação de um aumento de preço. • Qual é a sua resposta aos clientes que solicitam concessões de preço? • Descreva uma ocasião em que você tenha negociado com êxito a partir de diretrizes pouco claras de apreçamento. • Como você reage a um rival que procura recorrentemente batê-lo no preço? • Descreva uma ocasião em que você abriu mão de um acordo por causa do preço.	• Mostra-se à vontade para discutir preços em qualquer estágio do ciclo de vendas, e não depende de diretrizes rígidas de apreçamento. • Leva os clientes a ver para além do preço e apreciar os diferenciais exclusivos do fornecedor. • Já fechou acordos com rentabilidade significativa.	• Incapaz de usar o valor para justificar com clareza o preço. • Desconhece a capacidade de compra do cliente. • Cede com frequência em preços e descontos.
Capaz de pressionar o cliente	• Compreende o processo decisório e possui a capacidade de influenciar os principais tomadores de decisões. • Antecipa-se às objeções do interlocutor e empurra o cliente para um resultado favorável.	• Qual é a principal coisa que os clientes associam à sua pessoa, ou dizem a seu respeito? • Como você obtém consenso entre todos os envolvidos na venda? • Descreva um caso em que você logrou recolocar em movimento uma negociação paralisada.	• É um rematado negociador, que compreende o processo decisório e as prioridades dos diversos envolvidos. • Gera consenso entre os envolvidos e fecha acordos independentes.	• Exageradamente agressivo ou passivo com os clientes. • Acha difícil criar consenso entre os envolvidos. • Faz concessões de preço para encerrar negociações.

256

APÊNDICE C

Competência	Definição	Exemplos de perguntas	Diretrizes de avaliação	Alertas vermelhos
Capaz de pressionar o cliente (continuação)	• Cria aliados na organização--cliente, que vendem e obtêm consenso em favor do fornecedor.	• Como você lida com clientes incomodados com as suas táticas de negociação? • Descreva uma ocasião em que você cedeu para fechar um acordo. Qual foi a sua oferta? • Descreva uma ocasião em que você convenceu um cliente a assumir a sua defesa e vender por você.	• Visa antes de tudo à conquista de aliados, não de contatos mais graduados na organização--cliente, a fim de assegurar adesão à sua proposta.	• Enfoca exclusivamente os contatos mais graduados.

AGRADECIMENTOS

Principais colaboradores

EMBORA CONSTEM DOIS AUTORES na capa deste livro, ele é fruto, como todos os estudos do Corporate Executive Board, de uma vasta empreitada coletiva. No topo da lista de colaboradores há três pessoas que, junto com os autores, compuseram o núcleo da equipe de pesquisa por trás desta obra:

KAREN FREEMAN foi diretora de pesquisa do SEC de 2008 a 2010, tendo sido a força motriz e principal pensadora por trás da investigação original sobre Desafiadores, *Replicating the New High Performer* [Como reproduzir o novo profissional de alto desempenho], em 2009, bem como do estudo sobre eficácia gerencial que se seguiu, *Building Sales Managers for a Return to Growth* [Como desenvolver gerentes de vendas para a retomada do crescimento], de 2010. Foi o seu comprometimento irredutível com a realização da pesquisa mais prolífica e provocadora possível — com efeito, sua ambição era expandir os limites do pensamento até dos membros mais progressistas — que acabaria fazendo do levantamento sobre Desafiadores o mais bem-sucedido da história do SEC. Karen trabalhou também como diretora de pesquisa do programa-irmão do SEC, o Marketing Leadership Council, tendo sido agraciada com o prêmio Force of Ideas [Poder das ideias], uma das mais altas honras conferidas aos funcionários do Corporate Executive Board, em 2010. Atualmente, é gerente geral de aprendizagem e desenvolvimento do Corporate Executive Board.

TIMUR HICYILMAZ é diretor de pesquisas quantitativas do SEC desde 2005. Tem sido nosso "visionário" nesse campo, autor de estudos e principal modelador e analista de dados por trás das maiores pesquisas realizadas pelo SEC, inclusive todos os grandes estudos quantitativos que promoveram as descobertas discutidas neste livro. O afiado talento quantitativo de Timur só perde para sua incrível capacidade de utilizar dados para reestruturar a visão que os gerentes têm de suas organizações e seu vasto cabedal de conhecimentos sobre marketing e vendas B2B. Atualmente, Timur é diretor sênior da divisão de marketing e vendas do Corporate Executive Board, onde continua supervisionando todas as pesquisas quantitativas do SEC, do Marketing Leadership Council e programas afins. Até hoje é um dos pesquisadores mais requisitados por nossos membros, sobretudo para discutir questões estratégicas de larga escala.

TODD BURNER foi o gerente de projeto tanto do estudo de 2009 quando do de 2010. Como líder da equipe, Todd foi quem mais dedicou tempo a ambos — contabilizando-se aí infindáveis horas extras de manhãzinha, tarde da noite e nos fins de semana — que qualquer outro membro da equipe. Um rematado perfeccionista, Todd estabeleceu para sua equipe parâmetros incrivelmente altos, sabendo que só o conteúdo mais rico seria digno do tempo e da atenção dos nossos membros. Sem seu rigor intelectual, compromisso com a excelência e dedicação à equipe, dificilmente esses estudos teriam sido concluídos no prazo, e muito menos com tamanha qualidade. Líder talentoso, Todd atua hoje como diretor de pesquisa do IT Leadership Exchange, programa do Corporate Executive Board para diretores de TI de pequenas e médias empresas.

AGRADECIMENTOS

Nossos mais sinceros agradecimentos

Além dos principais colaboradores citados acima, há uma longa lista de pessoas e organizações sem cujo comprometimento e apoio esta pesquisa e este livro jamais teriam se tornado realidade. Primeiro, devemos toda a nossa gratidão à liderança de nossa empresa, sobretudo ao nosso CEO e presidente do conselho, Tom Monahan, e ao gerente geral da divisão de marketing e vendas, Haniel Lynn. Foi o seu compromisso com os valores básicos de nossa empresa, sobretudo o que chamamos de "Poder das ideias", que manteve o foco inabalável da organização na realização de um trabalho significativo e inovador para os nossos membros, mesmo nas trevas da recessão, quando teria sido mais fácil e prático desviar recursos para outras atividades.

Com o apoio de Tom, Haniel e da alta gerência de nossa empresa, pudemos concentrar todo o poder de fogo de uma equipe de pesquisa realmente incrível na descoberta e definição do Modelo Desafiador de Vendas. Gostaríamos de agradecer especificamente aos atuais membros do grupo de pesquisas do SEC e do Marketing Leadership Council, Jamie Kleinerman, Victoria Koval, Patrick Loftus, Patrick Spenner e Josh Setzer; e também ao atual diretor de pesquisas do SEC, Nick Toman, que continua à frente da equipe na exploração do Modelo Desafiador de Vendas e no desenvolvimento de recursos que ajudem nossos membros a implementá-lo em suas próprias organizações.

Temos ainda uma enorme dívida com diversos ex-pesquisadores do SEC e do Marketing Leadership Council, que exerceram um impacto profundo sobre a pesquisa descrita neste livro: Mary Detterick, Brianna Goode, Jason Grimm, Rob Hamshar, Hadley Heffernan, Andrew Kent, Aaron Lotton, Ashok Nachnani, Laurel Nguyen, Woody Paik, Tom Svrcek, Alex Tserelov e Barry Winer.

Além da equipe de pesquisa, contamos com o apoio de um elenco estelar de consultores executivos, encarregados de apresentar esse conteúdo aos nossos membros. A função de consultoria, encabeçada por Tom Disantis, no SEC, e Katherine Evans, no Marketing Leadership Council, desempenha um papel crítico no processo de pesquisa do Corporate Executive Board. Além de Tom e Katherine, outros consultores que exerceram uma profunda influência sobre este processo foram Dave Anderson, Anthony Anticole, Anthony Belloir, Jonathan Dietrich, Michael Hubble, Doug Hutton, Meta Karagianni, Rick Karlton, Matt Kiel, Ted McKenna, Peter Pickus e Stacey Smith.

Quando os consultores de nossos membros saem de cena, entra em ação nossa própria unidade de consultoria, o SEC Solutions. Conforme assinalamos neste livro, a equipe do SEC Solutions é responsável por prestar assistência personalizada às empresas-membro que desejem implementar qualquer dos elementos do Modelo Desafiador de Vendas. Liderada pelo diretor executivo Nathan Blain, pelo coordenador de práticas Simon Frewer e pelo coordenador de atendimento aos membros Sean Carr, a equipe do SEC Solutions é um grupo da maior qualidade — e o produto por eles criado nesse espaço, o Programa de Desenvolvimento de Desafiadores, é objeto da inveja de todos no setor.

Além desses três profissionais, muitos membros da equipe do SEC Solutions — entre eles Joe Bisagna, Charlie Dorrier e Jason Robinson — forneceram um feedback contínuo sobre este trabalho. Nesse ponto, uma integrante da equipe — Jessica Cash — merece um agradecimento especial pelas horas intermináveis que passou com o manuscrito deste livro, ajudando-nos a aprimorar significativamente os ensinamentos e as ideias nele contidos. Temos ainda uma dívida tremenda com a equipe de facilitadores do SEC Solutions — ex-líderes de marketing e vendas de nossas empresas-membro, tais como Tyrone Edwards, ex-diretor de vendas na América do Norte da Merck, e Drew Pace, ex-diretor de vendas do Bank of New York Mellon — que sempre nos ajudaram a divulgar o Modelo Desafiador de Vendas e refinar nossas ideias a respeito do significado da apropriação do controle no diálogo com o cliente.

Nosso ofício é único, e tanto nós quanto nossas respectivas equipes dependemos da condução e liderança dos integrantes de nossa empresa que são os melhores em nossa atividade. Eric Braun, diretor de pesquisa de marketing e vendas, esteve intimamente envolvido com a pesquisa sobre Desafiadores, atuando não só como coordenador do controle de qualidade de pesquisa como "mestre zen" do grupo. Há marcas suas por toda parte neste estudo, o que assegurou um resultado final muito melhor.

Antes de Eric assumir essa função, tivemos o privilégio de estudar sob várias lendas das pesquisas e mestres do "Estilo CEB", entre eles Pope Ward, Tim Pollard, Derek van Bever e Chris Miller. Em diferentes momentos ao longo da última década, esses profissionais nos ensinaram o significado de uma investigação e ideias dignas do tempo e atenção de nossos membros.

Por fim, mas não menos importante, temos uma profunda dívida para com a própria equipe comercial do Corporate Executive Board. Desde o começo, tivemos a sorte de poder contar com a experiência e as ideias da própria "prata da casa" — Desafiadores como Kevin Hart e Kristen Rachinsky, profissionais que permitiram que acompanhássemos suas visitas de vendas e suportaram bravamente uma saraivada de perguntas sobre os motivos de venderem como vendem. Fora do Corporate Executive Board, temos uma dívida de gratidão, claro, com Neil Rackham, autor de *Alcançando excelência em vendas* e tantas outras obras renomadas nesse campo, por todo o tempo e minuciosa reflexão ao longo de todo o projeto. Para nós é uma honra nos associarmos a Neil, "professor emérito" do mundo das vendas.

Tudo o que fazemos no Corporate Executive Board é inspirado por nossos membros. São eles que nos apontam suas questões mais prementes, concedem-nos uma fatia generosa de seu tempo para que possamos entender como essas questões se manifestam em seu dia a dia e no de suas organizações comerciais, permitem-nos entrevistar seus vendedores, gerentes e até clientes, e, quando necessário, traçar um perfil de suas melhores práticas e táticas a fim de poupar outros membros de ter de redescobrir a pólvora.

De um corpo de membros que atualmente compreende centenas de empresas e milhares de líderes de marketing e vendas, gostaríamos de agradecer especificamente a alguns de nossos atuais e ex-integrantes, por suas contribuições insuperáveis para esta pesquisa:

Debra Oler, vice-presidente e gerente geral de marca da Grainger, embarcou nesta jornada Desafiadora muito antes de ela sequer ter um nome. As muitas realizações e contribuições de sua organização para o Modelo Desafiador de Vendas foram discutidas em detalhes neste livro, e a própria Debra demonstrou uma infalível generosidade com seu tempo desde quando deparamos com sua abordagem inovadora de vendas pela primeira vez, no fim de 2007. Verdadeira "guru" em seu campo de atuação, ela sempre nos desafiou a refinar a definição do modelo Desafiador e perguntar qual será o próximo passo em marketing e vendas B2B.

Kevin Hendrick é vice-presidente sênior de vendas da divisão de Atendimento aos Empregadores Norte-Americanos da ADP. Verdadeiro pioneiro, Kevin aderiu ao Modelo Desafiador de Vendas e foi aplicando-o instantaneamente à sua organização, à medida que nossa pesquisa se desenrolava. À parte o tremendo êxito que logrou com o modelo, Kevin tem se mostrado um recurso inestimável para nossa equipe. Contar com um membro tão ávido por aplicar as conclusões de nosso trabalho e manter-nos a par de suas próprias observações ajudou-nos a garantir que este trabalho permanecesse ancorado na realidade do marketing e vendas B2B e que suas lições fossem eminentemente práticas, não apenas teóricas.

Por fim, gostaríamos de agradecer a Dan James, ex-principal executivo de vendas da DuPont, que nos serviu de guia desde os primórdios desta jornada. Como um de nossos principais membros, Dan cedeu-nos um número incontável de horas de seu tempo para orientar nossa investigação e nos fornecer seu feedback. Como executivo de vendas, Dan nos conferiu acesso aos seus vendedores, gerentes e clientes, além de consentir em ter investigadas as melhores práticas arquitetadas por ele e por sua equipe na DuPont. Desde que se aposentou da empresa, Dan é um dos principais facilitadores dos programas de Desenvolvimento de Desafiadores e de Gerentes oferecidos pelo SEC Solutions, atuando como consultor permanente deste livro, tendo conduzido numerosas entrevistas, ajudando-nos em nossas reflexões acerca de algumas das questões mais capciosas com relação à implementação do modelo Desafiador e até editando pessoalmente as primeiras versões do manuscrito deste livro.

E por falar em editar, seria uma grande negligência da nossa parte se não reconhecêssemos o fantástico apoio concedido pelos muitos profissionais talentosos e dedicados que pastorearam este livro ao longo de cada etapa do caminho: nosso agente, Jill Marsal, da Marsal-Lyon; a incrível equipe da Portfolio, inclusive nossa talentosíssima editora Courtney Young e seu assistente editorial, Eric Meyers; nosso

AGRADECIMENTOS

tão paciente designer, Tim Brown; a excelente equipe de marketing e RP do Corporate Executive Board, entre eles Rory Channer, Ayesha Kumar-Flaherty e Leslie Tullio; e, por fim, mas igualmente importante, Gardiner Morse, editor sênior da *Harvard Business Review*, por seu apoio e ajuda na divulgação do Modelo Desafiador de Vendas junto à comunidade mais ampla de gestão.

O último agradecimento é o mais importante. Esta pesquisa e este livro jamais teriam sido possíveis se não fosse pelo apoio e incentivo de nossas famílias. Todo mundo que já escreveu um livro sabe que é uma empreitada e tanto, e que quem paga o preço pelo tempo necessário para sua realização em geral são aqueles mais próximos do autor.

A linda e talentosa esposa de Matt, Amy, e seus quatro filhos maravilhosos, Aidan, Ethan, Norah e Clara, foram só paciência e amor por seu pai, ajudando-o a permanecer são e a manter os pés no chão no decorrer de todo o projeto. Ele só lamenta que *A venda desafiadora* provavelmente não vá figurar entre os livros da Magic Tree House, e portanto dificilmente será lido pelas crianças da família num futuro próximo.

Brent pode apenas maravilhar-se com sua esposa extraordinária, Ute, cuja paciência não tem limites — apesar de ter enfrentado provas duríssimas —, e as duas lindas filhas do casal, Allie e Kiera, que o desafiam a enxergar o mundo com novos olhos todos os dias. Que, ao crescer, vocês se tornem Desafiadoras no que quer que escolham fazer. Mas, antes... vamos à Disney World!

ÍNDICE REMISSIVO

Adamson, Brent, 16
Adoção do Modelo Desafiador
de Vendas, 216-9, 221-5,
227-31, 233-4; adoção
plena, dificuldade de,
227-9; clientecentrismo,
abandonando, 223;
construção de capacidade
organizacional, 220-1;
discurso, termos a evitar,
224, 226; e eficácia do
gerente de vendas, 181-2; e
operações globais, 232, 234;
identificação/ contratação
de Desafiadores, 219;
para profissionais de alto
desempenho, como questão,
226-8; pergunta Deb Oler,
224; programa piloto, 229,
231; razões para, 227-8,
235, 246; terminologia
Desafiadora, usando, 231;
treinamento, abordagem de,
221-2
ADP Dealer Services, 130-1,
133-4; Clínicas do Lucro,
133; desafios, 131-2; discurso
didático comercial,
133-4; êxito da, 134;
informações da empresa, 131
Agressão; elementos da,
165; *versus* asserção, *ver*
Assertividade
Alocação de recursos, por
gerentes de vendas, 188, 190,
205-6
Alternativas, perguntas de
incentivo, 212

Altos executivos, em pesquisa
de fidelidade, 137, 141
Análise fatorial, 39, 40
Angústia controlada; no discurso
didático comercial, 99; no
discurso didático da W. W.
Grainger, 122-3, 125
Anotadores de pedidos, 241, 244
Aquecimento; no Discurso
didático comercial, 96-7; no
discurso didático da W. W.
Grainger, 120
Assertividade, dos
Desafiadores, 65, 166, 168;
e controle da venda, 165-7,
169-70; elementos da, 165;
formas de, 65
Autodiagnóstico de Estilo de
Venda, 250-1
Aversão ao risco, clientes, 30

BayGroup International,
método de Negociação
Situacional de Vendas, 172-4
Brainstorming, estrutura
SCAMMPERR, 213-4
Burner, Tod, 260

CIO Executive Board, 238
CLC Recruiting, 238
Cliente, atendimento ao;
ideias, necessidade de, 243;
modelo de impacto da queixa
sobre o mercado, 243

Cliente, necessidades do;
abordagem do Desafiador
a, 92-3; abordagem
orientada para resultados,
148, 150-2, 155; análise,
em pesquisa de fidelidade,
140; e Venda Baseada em
Hipóteses, 97; necessidades
de personalização, 31;
segmentação baseada em,
92-3; venda de soluções,
abordagem, 70-1
Cliente, objeções do,
concessões, lidando com, 173-
7; objeção "somos diferentes",
contraposição a, 100, 164
Clientecentrismo; definição,
223; impacto negativo de,
169, 223
Clientes; aversão ao risco por
parte de, 30; competências
do Desafiador relacionadas
a, 60-4, 66; e venda baseada
em consenso, 29; e venda de
soluções, 28-9, 31-2; fator
FUD, 99; necessidades, *ver*
Cliente, necessidades do;
objeções de, *ver* Cliente,
objeções do; pesquisa de
fidelidade, 73-5, 77-9, 81-2;
principais desafios, avaliação,
96-7; respondendo a *versus*
definindo, 99; segmentação,
92-3

ÍNDICE REMISSIVO

Clínicas do lucro, ADP Dealer
Services, 132-3
Coaching, 188-94, 196-201;
abordagem democrática
a, 196; *coaching* baseado
em hipóteses, 200, 202;
definição, 193; e iniciativa
própria, aumento da, 196;
fundamentos do, 193; Guia
de *Coaching* Desafiador, 197,
199-200, 247-9; impacto
empresarial do, 194, 196;
PAUSE, estrutura, 201-2; por
gerentes de vendas, 188-91;
versus gerenciamento, 194
coaching baseado em hipóteses,
200, 202
Cobradores, papel dos, 10
Communications Executive
Council, 240
Comportamento de compra,
tendências relacionadas a,
30-2
Comportamento passivo;
causas do, 169; Construtores
de relacionamentos, 165, 168;
elementos de, 165; *versus*
asserção, *ver* Controle da
venda
Compras; consultores
terceirizados para, 31-2;
facilidade, importância
para os clientes, 80;
ideias, necessidade de,
241; imprevistas, custos

de, *ver* W. W. Grainger,
discurso didático; pesquisa,
história de, 12; tendências
relacionadas a, 29, 31-2
Comunicações, ideias sobre
programas, necessidade de,
241
Concessões; lidando, método
da DuPont, 173-7; padrões a
evitar, 178, 223
Conclusão inicial, propensão
à, 210
Concorrência, superando, com
exclusivos pontos fortes do
cliente, 84-7
Confiança, dos Desafiadores,
156-60, 162-6, 168-71, 173-7,
179-80
Confirmação, propensão à, 210
Construtores de
relacionamentos; apropriação
do controle, limitações
de, 157, 161-2, 164; baixo
desempenho dos, 15-6, 47-8;
características de, 15-6, 40,
42, 48-9; comportamento
passivo dos, 165, 168;
discurso didático seguro, 113-
4; vínculo, ênfase excessiva
em, 89, 157
Consultores; Desafiadores
como, *ver* Ensinando
para diferenciar; para os
clientes, em decisões de
compra, 31, 32

269

Contratação; Autodiagnóstico de Estilo de Venda, 250-1; Guia de Contratação de Desafiadores, 219, 253, 255-8

Controle da venda, 65-6, 156-60, 162-6, 168-71, 173-7, 179-80; asserção *versus* agressão, 65-6, 165, 167-8, 170; como competência do Desafiador, 46, 56, 156-7, 161-3, 171; concessões, lidando com, 173-7; dificuldade de, 170; DuPont, estudo de caso, 171, 173-8; e Construtores de relacionamentos, 157, 161-2, 164; e processo de venda, 179; equívocos a respeito, 158-9, 161-5, 167-9; exemplos de, 67; preparando os profissionais de vendas para, 170-1, 173-4; reestruturação em, 163-4

Corporate Executive Board; ofertas de treinamento de, 246; pesquisa do, *ver* Sales Executive Council (SEC), pesquisa

Credibilidade, construindo no discurso, 97

Crise econômica; e desempenho dos Desafiadores, 50, 52; e lacuna de desempenho, 36; e venda de soluções, 26

Customer Contact Council, 243

Dados, apresentação de, no discurso didático comercial, 99, 123, 125-6

Desafiadores; ambiguidade, aceitação da, 170; assertividade dos, 65, 166, 168; características dos, 15, 40, 43, 46, 48-9; controle da venda, perícia dos, 47, 56, 156, 158, 162-3, 171; desempenho e clima econômico, 50, 52; desempenho positivo dos, 15, 17, 44, 46-9; discussões de preço pelos, 66-7, 156-7; habilidade dos, para reestruturar, 163-4; identificação, para contratar, 219, 250-1, 253, 255-8; modelo venda baseado nos, *ver* Modelo Desafiador de Vendas; SDPS, abordagem às, 160; sucesso, base do, 66; talentos exclusivos dos, 46, 49, 53, 55-6, 156-7, 220; treinamento para, 54, 219; *versus* profissionais de alto desempenho, 216-7, 219

Desconhecido, inovando em torno do, 207-8

Descontos, *ver* Concessões

Desempenho de vendas; pesquisa, história de, 11; SEC, pesquisa, *ver* Sales Executive Council (SEC), pesquisa

ÍNDICE REMISSIVO

Diagnóstico de Liderança em Vendas, 182-5; conclusões, aplicação, 185-6; variáveis testadas, 183-4

Didática comercial, 82, 84-90, 92-3; cálculo do retorno sobre o investimento, foco do, 90; catalisação da ação, 89-90; controle de ideias como essência da, 164; definição, 83; eficácia, razões da, 91-3; pergunta Deb Oler, usando, 86-7, 224; premissas do cliente, desafiando, 87, 89; reações a esperar do cliente, 84, 88-9, 98-9, 106; reestruturação em, 66, 88, 90, 92; sobre as vantagens exclusivas do cliente, 84-5, 87; sobre segmentação, 92-3; Venda Baseada em Hipóteses em, 97; vínculo entre ideia e cliente, criando, 87, 89; vínculo entre ideia e fornecedor, criando, 84-7

Didático, discurso, *ver* Discurso didático

Diferenciação; Desafiadores ensinando, *ver* Ensinar para diferenciar

Discurso didático; abordagem simplificada, 107; de Construtores de relacionamentos, 113-4; de Desafiadores, *ver* Discurso didático comercial; palavras a evitar, 224, 226; SAFE-BOLD, estrutura, 112-4; sucesso, elementos de, 112

Discurso didático comercial; Angústia Controlada em, 99; Aquecimento em, 96-7; comparado à venda consultiva, 110; construção de recursos organizacionais em, 111; construção do discurso, ordem de, 106; construção, abordagem de equipe, 109-10; credibilidade, incorporando a, 97; da ADP Dealer Services (estudo de caso), 130-2, 134; da W. W. Grainger (estudo de caso), 114-7, 119-24, 126-9; dados de apoio, apresentação, 99; desafios do cliente, avaliação, 98; e estrutura SAFE-BOLD, 112-4; entre "levar a" *versus* "abrir com", 107, 130; etapas do (diagrama), 95; fornecedor, primeira referência ao, 103-4; Impacto Emocional em, 100-1; Novo Caminho em, 102; objeção "somos diferentes", contraposição, 100, 164; palavras a evitar, 224, 226; recursos do cliente, enumeração, 101; Reestruturação em, 98;

resistência ao uso, 108;
simplicidade de, 108-9, 111;
Soluções em, 102-4
Dixon, Matt, 16
DuPont, 171, 173-8; concessões,
lidando com, 173-7; controle
da venda por, 171, 173-7,
179; informações sobre
negócios, 172; Situational
Sales Negotiation (ssn),
método, 172-4; *workshop* de
negociação, 175-6, 178-9

Empenhados; aspectos
positivos de, 52;
características de, 40-2; em
pesquisa da sec, 15
Ensinando para diferenciar,
60-2, 71-2, 75-7, 79-81, 83-90,
92-101, 103-4, 106-9, 111-7,
119-24, 126-32, 134; base de,
59-60; como competência do
Desafiador, 46, 56; discurso
didático, *ver* Discurso
didático comercial; exemplos
de, 60-2; experiência de
venda, importância da,
78-81; expressões a evitar
na venda, 104-5; ideias,
compartilhando, 82;
importância para os clientes,
81-2; método didático,
ver Didática comercial;
recursos organizacionais,
incorporando, 84; sdp,

remodelando para
fornecedores, 62
Envolvidos; e nova física das
vendas, 143; em pesquisa
de fidelidade, 135-9, 141-2;
personalizando mensagem
para, 146-51, 153-5
Equipes, Discurso didático
comercial, construção, 110
Experiência da venda,
importância para os clientes,
78-80, 82
Exportabilidade, propensão à,
210

Ficha de viés funcional, 150-1
Fornecedores; abordagem
preço *versus* exclusividade,
86; atividades do cliente,
conhecimento de, 88;
Desafiador, abordagem,
ver Modelo Desafiador de
Vendas; empresas preferidas,
visão que o cliente tem de,
86; indiferenciados, escolha,
85-7; pergunta Deb Oler,
86-7, 224; vínculo ideia-
-fornecedor, estabelecendo,
84-7
Freeman, Karen, 259
fud, fator, 99

General Counsel Roundtable,
243
Gerentes de vendas; alocação

272

ÍNDICE REMISSIVO

de recursos por, 188, 190, 205-6; *coaching* por, 188-91; competências de vendas de, 187, 189; contratação, base de, 185-6; Diagnóstico de Liderança em Vendas, 182-5; eficácia, falta de, 182, 185; excelência, elementos da, 187-92; inovação por, 188-90
Gerentes, *ver* Gerentes de vendas

Hendrick, Kevin, 130, 132, 264; *ver também* ADP Dealer Services
Hicyilmaz, Timur, 260

Ideias; apresentação, *ver* reestruturação; em didática comercial, 84-9; funções internas da empresa, necessidades de, 238-41, 243-6; importância para os clientes, 81; no discurso didático da W. W. Grainger, 122, 129; participação do marketing, 111; vínculo entre ideia e cliente, 87-9; vínculo entre ideia e fornecedor, criando, 84-7
"Impacto do planejamento de imprevistos, O", 118-9
Impacto Emocional; no Discurso didático comercial, 100-1; no discurso didático

da W. W. Grainger, 126-8; objeções, contrapondo-se a, 100-1; vínculo emocional, estabelecendo, 101, 128
Índice preço-valor; e fidelidade do cliente, 77-8
Influenciadores, em pesquisa de fidelidade, 139
Iniciativa própria, *coaching* e aumento da, 196
Inovação, 202, 204-6, 208-11, 213; componentes de, 202, 204-5; e o desconhecido, 207-8; importância de, 191-2; no contexto de vendas, 190-1; perguntas de incentivo, 211-3; por gerentes de vendas, 188, 191-2; propensões como obstáculos a, 211; restritivo *versus* expansivo, pensamento, 209-11; SCAMMPERR, estrutura, 213-4
Intenção do Comandante, 187, 191

Jargão técnico, evitar, 243
Jurídico, necessidade de ideias, 243-4

KPMG e estrutura SAFE-BOLD, 112-4

"Levando a" *versus* "começando por", método, 107, 130
Lobo solitário; aspectos

negativos de, 218;
características de, 40, 42;
desempenho positivo de, 217-8; na pesquisa da SEC, 15

Market Research Executive Board, 244

Marketing; como máquina geradora de ideias, 111, 146; Discurso didático comercial, construção, 110-1; vendas, colaboração com, 110-1

Marketing Leadership Council, pesquisa do; empresas preferidas, visão do cliente, 86

modelo de "impacto da queixa sobre o mercado", 243

Modelo de proposta de projeto personalizado ao cliente, 154-5

Modelo Desafiador de Vendas; aplicações nas funções internas da empresa, 238, 240, 242-6; *coaching* no, 188-94, 196-201; competências organizacionais, construção, 57, 84, 128-9, 220-1; controle da venda no, 65-6; ensinando para diferenciar no, 60-2; fatores temporais no, 58-9; implementação, *ver* Adoção do Modelo Desafiador de Vendas; inovação no, 191-2, 202, 204-6, 208-11, 213; personalizando para encontrar eco no, 63, 65;

pilares do, 53, 55-6, 163; *ver também* Controle da venda, Personalizar para encontrar eco, Ensinar para diferenciar

Necessidades, cliente, *ver* Cliente, necessidades do

Negociação; Negociação de Venda Situacional, método, 172-4

Negociação *versus* controle da venda, 159-60, 162-3

Nova física das vendas, 143-4

Nova perspectiva, apresentação, *ver* reestruturação

Novo caminho; no discurso didático comercial, 102; no discurso didático da W. W. Grainger, 128-9

Objeções, *ver* Cliente, objeções do

Oler, Debra; Deb Oler, pergunta, 86-7, 117, 224; posição de, 116, 263; *ver também* W. W. Grainger

Operações globais, Modelo Desafiador de Vendas em, 232-4

Organizações; construção de recursos e venda Desafiadora, 57, 59, 84, 129, 220-1; funções internas, necessidade de ideias, 238-41, 243-6; jargão técnico, uso de, 243

ÍNDICE REMISSIVO

Pacotes de produtos/ serviços e venda de soluções, 27, 90

PAUSE, estrutura de *coaching*, 201-2

Pensamento expansivo; definição, 210; e inovação, 210, 212; perguntas de incentivo, 212-3; propensões como obstáculos, 210-1

Perguntas de incentivo, para estimular a inovação, 212-3

Personalização, demanda do cliente por, 31

Personalizando para encontrar eco, 63-5, 145, 147-51, 153-5; abordagem concreta a, 150, 153-5; base de, 63; camadas de personalização, 145, 147; como competência do Desafiador, 46, 56, 66; exemplos de, 64-5; modelo de proposta de projeto, 154-5; na Solae, estudo de caso, 148-55; obstáculo a, 147-8; resultado, foco no, 148; roteiros, uso de, 152; variabilidade, redução, 148

Pesquisa de fidelidade, 73-5, 77-80, 82; comportamento dos altos executivos em, 138; comportamento dos influenciadores em, 139; comportamento dos tomadores de decisão em, 135-7; comportamento dos

usuários finais em, 138-40, 142; experiência em vendas, importância de, 78; fidelidade dos vários envolvidos, análise da, 135-9, 141-2; fidelidade, motivadores da, 73, 74, 76-8, 136, 138-9, 142; principais atributos em, 79-80, 87; tópicos abarcados, 73

Pesquisa de mercado, necessidade de ideias, 244-5

Pesquisa e desenvolvimento (P&D); competência de influência estratégica, 242; ideias, necessidade de, 241

Pragmatismo, propensão ao, 210, 213

Preço; abordagem do Desafiador ao, 66-7, 156-7; concessões, lidando com, 175-6, 223

Premissas do cliente, desafiando, 87, 89

Procurement Strategy Council, 241

Produtores, papel de, 9

Programa de Desenvolvimento de Desafiadores; ferramentas para apropriação do controle, 179; guia de *coaching*, 200; identificação de Desafiadores, Guia de Contratação, 219; treinamento, 221-2

programas de liderança em finanças, 246

Propensão pessoal, 210
Propensões; como obstáculos
à inovação, 210-1; superação,
211-3
Psychology of Selling, The
(Strong), 10

Rackham, Neil, 112, 160, 221,
263
Recursos Humanos (RH),
ideias, necessidade de, 238
Reestruturação; como
apropriação do controle
da venda, 163-4; como
competência do Desafiador,
163-4; e discussão acerca do
retorno sobre o investimento,
90; fatos para fundamentar,
apresentação, 99, 123,
125-6; importância de, 98,
224; no discurso didático
comercial, 98-9; no discurso
didático da W. W. Grainger,
121-2; reações esperadas
do cliente, 88-9, 98, 106,
122; SDP, remodelando para
fornecedores, 62-3; sucesso,
base do, 89, 92, 98
Repetição, propensão à, 210
Research and Technology
Executive Council (RTEC),
melhores práticas, 241-2
Responsáveis pela tomada de
decisões; em pesquisa de
fidelidade, 136-7, 141; itens

importantes para, 136-7;
nova física da venda para,
143-4; palavras a evitar, 224,
226; papel de, 136
Restritivo, pensamento, 210-1;
definição, 209
Resultados; ficha de viés
funcional, 150-1; para as
necessidades do cliente,
mapeamento, 147-8;
personalizando para
encontrar eco, 145, 147-51,
153-5
Retorno sobre o investimento,
cálculo; abordagem do
Desafiador ao, 91; abordagem
típica a, 90; fatos para
fundamentar, apresentação, 99
Risco e discurso didático, 112
Ritmo, criado pelos
Desafiadores, 157

SAFE-BOLD, Estrutura, 112-4
Sales Executive Council (SEC),
pesquisa, 12-5, 20-1, 25-7,
32, 34-6, 38-43, 45-6, 48-52;
análise fatorial em, 39-40;
áreas não estudadas, 38;
ideias de, 20-1, 25-6; lacuna
de desempenho na força de
vendas, 32, 34, 45-6; perfis
da força de vendas em, 15,
40-3; pesquisa de fidelidade,
73-5, 77-80, 82; tamanho da
amostra, 14, 36, 72; variáveis

ÍNDICE REMISSIVO

testadas, 38; venda de soluções, descobertas sobre, 26, 28-9, 31-4

SCAMMPERR, estrutura, 213-4

Segmentação; Didática comercial sobre, 92-3; necessidades, baseada em, 92-3; tradicional, 92

Sherk, Adam, 224

Situational Sales Negotiation (Negociação Situacional de Vendas, SSN), método; oficina sobre, 175-6, 178-9; processo de, 172-4

Solae, 149, 151-2, 154-5; desafios enfrentados, 149; envolvidos, uso de informações sobre, 150-1; ferramenta de personalização, 150, 152; ficha de viés funcional, 150-1; informações sobre a empresa, 149; personalizando para encontrar eco, 148-51, 153-5; roteiros, uso de, 152

Solicitação de proposta (SDP); abordagem do Desafiador a, 160; como consultoria gratuita para o cliente, 161; melhor acordo, comportamento do cliente, 160; remodelando para o fornecedor, 62

Solucionador reativo de problemas; características de,

40, 43; na pesquisa da SEC, 15

Soluções; e inovação, 204-5; em W. W. Grainger discurso didático, 129; no discurso didático comercial, 102-4

Strong, E. K., 10

TI, recursos de, necessidade de ideias, 239

Treinamento; aprimoramento, diretrizes para, 221-2; Corporate Executive Board, programas, 246; custos de, 221; de Desafiadores, 54, 219; prática segura, 222; Programa de Desenvolvimento de Desafiadores, 221-2; Situational Sales Negotiation, método, 172-6, 178-9; *versus coaching*, 193

Usuários finais, em pesquisa de fidelidade, 138-40, 142

Valor; ferramenta de planejamento, personalizada para o cliente, 154-5; e aumento de preço, *ver* Índice preço-valor

Venda; baseada em consenso, ascensão, 29; Baseada em Hipóteses, 97; consultiva, comparada a método Desafiador, 110; de soluções, 26, 28-9, 31-4; crescimento de, 27; fadiga de soluções, 29; foco de, 27, 71; lacuna de desempenho, 32, 34; necessidades do cliente em, 70-1; no mercado em recessão, 26; pacotes de ofertas em, 27, 90; responsabilidade do cliente em, 29, 31-2; responsabilidade do representante comercial em, 32, 34; colaboração com o marketing, 110-1; nova física das, 143-4; relacionais, declínio de, 16

W. W. Grainger; desafios enfrentados, 116; informações sobre a empresa, 114-5; programa-piloto de vendas, 229; recursos exclusivos, descobrindo, 116-7

W. W. Grainger Didática comercial, estudo de caso, *ver* W. W. Grainger, discurso didático

W. W. Grainger, discurso didático; "Impacto do planejamento de imprevistos, O", 118; Angústia controlada em, 122-3, 125; Aquecimento em, 120; cliente como foco, 119; Impacto emocional em, 126-8; Novo caminho em, 128-9; pergunta Deb Oler, 86-7, 117; recursos organizacionais, construção, 128-9; Reestruturação em, 121-2; Solução em, 129

Workshops, oficina de negociação, 175-6, 178-9

TIPOLOGIA Miller e Akzidenz
DIAGRAMAÇÃO Mateus Valadares
PAPEL Pólen, Suzano S.A.
IMPRESSÃO Geográfica, janeiro de 2025

A marca FSC® é a garantia de que a madeira utilizada na fabricação do papel deste livro provém de florestas que foram gerenciadas de maneira ambientalmente correta, socialmente justa e economicamente viável, além de outras fontes de origem controlada.